依赖与自主：
异地校区办学模式演变研究

燕山 / 著

中国社会科学出版社

图书在版编目（CIP）数据

依赖与自主：异地校区办学模式演变研究／燕山著．—北京：中国社会科学出版社，2022.9
ISBN 978 - 7 - 5227 - 0308 - 4

Ⅰ.①依…　Ⅱ.①燕…　Ⅲ.①高等教育—办学组织形式—研究—中国
Ⅳ.①G649.21

中国版本图书馆 CIP 数据核字（2022）第 100195 号

出　版　人	赵剑英
责任编辑	赵　丽
责任校对	王　龙
责任印制	王　超

出　　　版	中国社会科学出版社
社　　　址	北京鼓楼西大街甲 158 号
邮　　　编	100720
网　　　址	http://www.csspw.cn
发 行 部	010 - 84083685
门 市 部	010 - 84029450
经　　　销	新华书店及其他书店

印　　　刷	北京明恒达印务有限公司
装　　　订	廊坊市广阳区广增装订厂
版　　　次	2022 年 9 月第 1 版
印　　　次	2022 年 9 月第 1 次印刷

开　　　本	710×1000　1/16
印　　　张	17
字　　　数	245 千字
定　　　价	89.00 元

序　一

　　高校异地办学能否办好？理论上讲，应该可以。实践中，也有成功的案例。异地办学能否成功，关键是以下几个问题是否得到很好的解决：异地创办新校区的目的是什么？机制的设计能否保证异地校区很好发展？是否有足够的资源配备支持可持续发展？异地校区的领导是否有创新创业的精神和才能，并为之全力付出？

　　首先，异地办学的目的是什么？如果仅仅是为了帮助本部校区获得更多资源，促进本部院系的发展，那么异地办学就很难真正办好。北京大学深圳研究生院是 2001 年由北京大学与深圳市人民政府共同创办的，最初的目的并不明确，既有帮助深圳发展高等教育的目的，也有帮助本部院系获得科研经费、实验室空间、学费收入的目的。后来经过几年的实践，学校将北京大学深圳研究生院定位为北京大学"扎根深圳的国际化校区""创建世界一流大学的重要组成部分""教育教学改革的重要试验田"，为此，北京大学深圳研究生院一度得到了快速发展。许智宏教授任校长期间曾说过，"北京大学深圳研究生院如果办得比本部好，也是北京大学的骄傲"。可见，只有坚持把异地办学作为大学整体发展的重要组成部分，甚至作为创新增量来推动整体改革，异地办学才有成功的可能。

　　其次，机制的设置至关重要。异地校区究竟算哪一级机构？异地校区的院系跟本部院系又是什么关系？如果异地校区的院系都由本部院系来办，成为本部院系的延伸，学科发展、招生名额、学位审核等都必须通过本部院系和各个部门决定，那么异地院系永远不可能超过本部院系，甚至在本部眼里永远只是一个三级单位。当年学校主要领导派我负责深研院工作时说，"深研院要想办好，只能用加州大学模式"。我认同这个观点，这个模式的特点是各校区保持相对的独立性，不仅异地校区的院系要独立于本部院系，异地校区的决策权要相对独立，发展初期的政策也要相对宽松。虽然中国高校的体制与加州大学不同，但在异地办学中，本部若能给予异地校区更多的独立自主权，相当于给了更多发展的机会。

再次，异地办学的资源亦非常重要。高等教育尤其是理工科教育的发展，需要大量且持续的资金投入，而不是仅仅提供土地和建设校园。一些地方政府急于引进"大院""名校"，划拨土地，修建校区，设立大学城，但又缺乏可持续支持的资金。中国高校的体制都是公立的，学费标准和招生名额受到严格控制，学校基本上没有完全靠自筹资金自主运营的能力。异地校区的开办，地方政府认为本部应当承担部分办学费用，本部则觉得是在为地方服务，经费理应全部由地方承担，甚至觉得异地校区还应为本部提供支持。这种情况下，异地办学的结果往往不尽如人意。

最后，也是最重要的一点，负责异地办学的主要领导是否具有创新创业的精神和才能。异地办学无疑是一种创业，而不是一般的行政工作。负责人不仅需要有较高的学术地位、领先的教育理念和卓越的领导能力，还必须具备与本部各级领导和地方政府部门的沟通谈判能力，更要有不怕困难、不怕挫折、坚持创新、锲而不舍的精神。最重要的是负责人必须将异地办学作为一项事业，而非只是一份工作，也不只是当作未来晋升的一个台阶。从学校层面上说，要保持负责人工作的稳定性和连续性，尤其在初创阶段。任何新生机构的稳定与发展，尤其是教育事业，都需要一定时间的坚持和积累。

当然，即使解决好了这四个方面的问题，也并不能保证异地办学一定成功，很多时候也受制于整个社会环境和发展机遇。北京大学深圳研究生院在过去 20 年的发展过程中，不断适应内外环境的变化，不断探索创办异地校区的成功道路。有成果，也有艰辛；有成功的经验，也有失败的教训。作为主管北京大学深圳研究生院的副校长，我实际主持了八年的工作。为发挥在深圳的新校区的比较优势，我提出了北京大学深圳研究生院"前沿领域、交叉学科、应用学术、国际标准"的办学方针。我们成功地创办了汇丰商学院、国际法学院等高度国际化的专业学院和生物技术、新材料、环境能源、信息工程、城市规划与设计等深度交叉的前沿和应用型科技学院。我们培养了近万名优秀的北京大学研究生，为中国高校异地办学作出了有益的尝试与探索。但是，与最初的目标相比，仍有很多不足和遗憾。

关于高校异地办学，既是一个实践问题，也有很多理论需要探讨。作为高等教育领域异地办学的实践者，我非常乐意看到这样一本关于研究中国高校异地办学的著作。作者燕山自 2011 年开始在北京大学深圳研究生院工作，通过十年工作的积累与观察，切实关注到了异地办学的现实问题。她在攻读教育学博士期间，做了大量访谈工作，从深圳市、北京大学和北京大学深圳研究生院三方收集了许多第一手材料，并从资源依赖理论的视角探究组织的变迁与发展，探索高校异地办学的模式与问题，是这一领域研究的有益尝试。

异地办学是多方长期博弈和合作的过程，在这个过程中，高校本部、当地政府、异地校区等参与方的目标和利益，既有共同点，也有不同处。正如本书研究的那样，异地校区始终在依赖与自主中博弈和平衡，依赖校本部学术资源的支持和地方政府经费等方面的投入，同时也需要自主发展差异化和具有比较优势的学科。如何依赖与自主？如何行动与决策？如何发展与突破？燕山博士的《依赖与自主：异地办学校区模式演变研究》一书从实际案例着手，对这些问题进行了详细的叙述和分析。

今天，中国高等教育异地办学所面临的问题复杂多样，效果褒贬不一，但异地办学确实是解决中国一流高校不足和高等教育发展不平衡的措施之一。我希望本书的出版能够引起教育界对中国高校异地办学的关注，在异地办学的立法和政策制定，以及在解决异地校区发展问题上逐渐形成共识，从而促进高校异地校区的健康发展，推动国家科教兴国战略目标的实现。

海 闻

北京大学原副校长

北京大学深圳研究生院原院长

于南国燕园

2022 年 7 月

序　二

自 1999 年高等教育大扩招以来，高校异地办学就成为中国高等教育扩张的重要方式之一，自然也就推动着中国高等教育分布格局产生重要的变化。区域对高等教育的需求主要源于经济社会的发展。随着产业的发展和升级换代，产业对高科技以及高科技人才的需求日益旺盛，经济发达地区对异地办学的兴趣日益浓厚。尤其是对东部一些经济较发达而高等教育因历史原因不太发达的地区而言，吸引省内或国内知名高校到当地办学就成为当地发展高等教育的快速而有效的方式。

高校是一个追求成本无限大的组织，存在着突出的资源依赖现象，因此许多高校把资源获取作为高校发展的重要战略。在资源获取方面，一流高校相比普通高校而言有着更为突出的优势。因此，经济发达地区与国内或省内一流高校之间就存在自然的结合倾向，这种结合是异地办学中的主要力量，"南深圳""北青岛"的异地办学现象就是突出的集中体现。

从异地办学历史看，深圳作为改革开放的前沿和重要窗口，也是最早吸引国内一流高校进行异地办学的地区之一。从北京大学、清华大学和哈尔滨工业大学到深圳建立研究生院算起，已有 20 多年的历史。深圳模式不断向全国扩散，一些国内高校开始在其他经济发达地区设立研究生院，或是建立异地校区，如苏州在近些年也成为异地办学的重要集中地，吸引了西北工业大学等高校在苏州举办校区。因担心位于中西部的一流高校到东部经济发达地区办学会稀释中西部原本就稀缺的高等教

1

育资源，同时也因担心大量高校异地办学校区可能会因为教育资源不能得到保证而出现质量下降的问题，教育部在 2021 年出台相关政策，明确叫停高校异地办学行为，要求对异地办学现象进行规范和清理，但高校以研究院的形式设立规模较大的学生培养基地的现象仍然在不断地发展。

尽管在过去的 20 年间，中央教育行政部门关于高校异地办学的相关政策在不断演变，异地办学作为高校重要的举办形式一直存在着。这种办学形式存在的利弊虽然在媒体上不时地引起讨论，但学术界的相关研究还相对较为薄弱。整体上看，尤其是缺乏深入系统的案例研究，来揭示异地校区或异地研究生院发展的内在规律与内在机制，揭示异地办学如何能或者如何不能在当地发展得更好的基本机制。

令人欣慰的是，燕山在攻读北京大学教育学院博士期间，选择了北京大学深圳研究生院作为异地办学现象的典型案例，开展博士学位论文的研究工作。燕山长期在北京大学深圳研究生院工作，在某种意义上可以说是北京大学深圳研究生院的"当地人"或"局内人"，对北京大学深圳研究生院的发展演变情况以及发展过程中存在的问题有着长期的观察和深入的理解，有着开展学术研究的便利条件。

燕山选择组织学中的资源依赖理论考察北京大学深圳研究生院发展的不同阶段，北京大学深圳研究生院、作为母体的北京大学与作为合作举办方的深圳市政府这三者是如何围绕着深圳研究生院发展进行互动的，分析三者的互动框架是如何深刻地影响着北京大学深圳研究生院的发展变化：如何为北京大学深圳研究院的发展注入资源、注入活力，给予机会，同时互动框架中内在的局限性又是如何限制了北京大学深圳研究院的发展，而北京大学深圳研究生院又如何试图挣脱相关约束求得自主和更多的资源。

燕山提供的案例非常生动，案例发展过程清晰、完整，细节丰富，可读性强，同时又具有强调的理论性，是把理论与高等教育管理的实践相结合的一个优秀的案例研究。从国内学术界来看，从组织理论的角度研究异地办学现象的成果并不多见，案例研究更是凤毛麟角。

总的来说，燕山的案例研究不仅为高等教育学界提供了组织理论指导下优秀的教学案例，同时也为关心高等教育发展的人士打开高校异地办学校区发展的黑匣子做出了重要努力。期待着以这本案例研究专著的出版为契机，能够有更多的学者来关注和研究中国高等教育发展的这一重要方式和重要现象。

是为序。

郭建如

北京大学教育学院教授

于北京大学教育学院

2022 年 7 月

目　　录

绪　　言

　　20 世纪 80 年代以来，异地办学在各地蓬勃发展，但同时也面临着一些困境。在全国重点高校的异地办学中，尤以深圳市最为突出，异地办学试验已有 20 多年的历史，异地办学中出现的问题也比较充分。本书聚焦北京大学深圳研究生院在异地办学不同阶段的办学实践，从资源依赖理论视角出发，分析办学主体三方对北京大学深圳研究生院资源投入带来的组织行动选择和办学模式的演变。

　　资源依赖理论强调从环境出发理解组织，北京大学深圳研究生院的诞生依赖于北京大学和深圳市投入的资源。在第一阶段（2001—2007年），北京大学深圳研究生院发展的关键资源来自于校本部院系提供的学生名额、师资力量、学科建设等，同时也受制于这些关键资源，这些资源形塑了第一阶段北京大学深圳研究生院"校本部院系主导"的办学特征。

　　资源依赖理论认为组织有着主观能动性，在应对外部力量时，组织的变革和适应性比较大，同时关注组织的行动与决策。面对第一阶段的问题和压力，北京大学深圳研究生院积极采取组织行动，院领导一方面从深圳市政府争取资金和硬件资源促进办学发展，另一方面与校本部互动博弈，通过争取独立招生名额、全球师资招聘、寻求可替代资源，重点发展与校本部差异化的学科，减少了对校本部院系的唯一性依赖，形成了第二阶段（2008—2014 年）"差异化发展"的办学特征。第二阶段北京大学深圳研究生院掌握了一定的办学主动权，但学术评价、学生名额等关键资源依然掌握在校本部，组织虽有发展但依然脆弱。从资源依赖的视角关照现实，一个组织影响其他组织的可能性主要来自两个方面：一是对其他组织所需资源的控制，二是其他组织对该资源的依赖性，并且这种抵消性的资源或者替代性的资源是稀缺的。本书从理论上揭示了北京大学深圳研究生院"差异化发展"办学阶段发展的基本缘由。

关注环境的变化对理解组织尤为重要，组织的生存和兴旺不是通过单纯的内部调整就能够实现的。处理和管理环境与组织绩效具有同等重要的作用。北京大学深圳研究生院第三阶段（2015年至今）面临的外部环境发生了巨大变化，深圳市高等教育体系更加完善，财政资源和空间资源竞争更加激烈。北京大学深圳研究生院要保持现有地位和作用，需要进一步争取资源并进行校区升格，获得更大的办学主动权。受国家政策收紧、本科资源稀缺、北京大学担心的声誉影响和校区升格后的控制问题，北京大学深圳研究生院校区升格无果而终。一个组织对另一个组织的依赖与对方能提供的资源成正向关系，对外部资源的依赖导致了潜在的服从，资源可替代性越少，依赖越强，权力的控制也越强。但是，重要资源提供者减少提供，或者资源提供不稳定时，组织发展方向就会不确定，可能会陷入彷徨的困境中。

本书通过对北京大学深圳研究生院组织形塑变迁的研究，笔者得出如下研究结论：

一、异地办学校区的诞生需要市校双方共同投入资源，但高校掌握着更多的权力，权力的背后是学术、品牌、师资资源的支撑。排名越靠前的学校，权力越大，议价能力越强。异地办学校区的办学主体三方存在着互动与博弈、依赖与自主的关系，通过以资源为载体的互动和博弈，不断形塑着异地办学校区的办学模式。

二、异地办学校区有着一般组织自主选择和发展的能力。在发展过程中，组织不断与环境进行互动，在对地方政府和校本部产生依赖的同时，也在不断寻找替代性资源增强办学资源权力。办学主体三方都存在着依赖与自主的关系，当替代性资源出现时，自主选择的能力更大。

三、异地办学校区的权力增长是试探性的。校本部对异地办学校区的权力在给予和控制之间徘徊，放权意味着异地办学校区更为独立，而控制太多又有资源不济的隐患。校本部对异地办学权力的收放如何把握，是发展中的难题。异地办学校区面临尴尬局面的背后是办学主体三方资源与权力的互动和责权利的界定。

四、异地办学校区办学主体三方之间存在着模糊的边界，维系着脆弱的关系。异地办学校区诞生于地方政府与大学间的合作协议，这种协议型组织没有长期一体化组织的稳定性，会随着办学主体投入资源的多少进行摇摆，既可能往长期一体化的组织方向发展，也可能偏向短期协议组织的形态。同时，异地办学校区机构归属的模糊性，影响地方政府长期稳定的资源投入和积极的政策、制度支持，远离校本部的办学也使得异地办学难以得到母校关注，在"两不靠"的制度体系下，异地办学校区发展所需要的稳定资源难以得到保障。

北京大学深圳研究生院的组织变迁启示我们，组织的变迁与相关组织给予的资源和构建的环境密切相关。资源投入与取舍应当审慎选择时机与背景，适时调整利益格局和资源配置。异地办学校区谋求生存与发展，要有自己的优质资源和核心资源，同时，要努力创造环境和适应环境，处理好与本部、地方政府的关系，争取外部资源，二者不可偏废。

本书诠释了异地办学模式的变迁过程，拓展了资源依赖理论的实践检验范围，尝试勾勒出了同类组织发展的基本形式，对大学组织和组织理论领域的知识增进做出了有益尝试。本书试图进一步丰富资源依赖理论的内涵，从组织缺失关键性资源的角度出发，理解组织的行动。当组织拥有不可替代、难以再生的关键性资源时，这种资源在面对另一个组织的依赖与交换时，组织的行动是审慎的，影响组织与环境的互动和组织的行动决策。

第一章 绪论

第一节 研究问题

一 异地"办学热"与现实困境

近年来，异地办学备受关注。异地办学在中国发展历史不长，主要分为三个阶段，第一阶段为 20 世纪 80 年代初、中期，第二个阶段为 20 世纪 90 年代末到 2010 年左右，第三个阶段为 2010 年至今。

第一阶段异地办学的目标主要满足地方需求，办学实用性强。20 世纪 80 年代初、中期，国家高等教育快速发展，地方的行政区划出现变动，为解决旺盛的高等教育需求，满足地方发展需要，同时解决因为"十年动乱"而导致的学历补偿问题，异地办学悄然兴起。1983 年，国务院在批转教育部、国家计委《关于加速发展高等教育的报告》中指出："建议充分发挥现有高等学校，特别是老校的潜力，一方面要根据需要尽可能再多招些学生，有条件的本科院校，要办些专科；另一方面可以分出一批教师和干部，采取'下蛋'办法，举办分校或夜大学，这种分校不只在高等学校集中的大城市办，还应帮助教育基础差的外地城市办，以办专科为主。"1984 年，山东大学在威海设立了第一个校区，这是中国高校和地方政府共建的第一所大学。1985 年，北京理工大学在秦皇岛设立分校，主要承办少数民族预科教育、现代远程教育和中外合作办学教育，属于典型为学历补偿而创办的分校区。1987 年，东北大学在秦皇岛设立东北大学秦皇岛分校，学生毕业生、学生证及学生档案上都统一注明"东北大学"。河海大学常州校区、东南大学无锡分校都诞生于 20 世纪 80 年代。

第二阶段的异地办学覆盖面广,办学规模和办学层次有所提升。20 世纪 90 年代末至 2010 年左右,高等教育急速扩张。1999 年教育部《面向 21 世纪教育振兴行动计划》提出:"到 2010 年,高等教育毛入学率将达到适龄青年的 15%。"随着该计划的实施,中国的高等教育从精英式教育迈向大众化。地方经济进一步发展,特别是沿海开放城市不断寻求新的增长点,发展定位瞄准于高新技术科技,对人才需求旺盛。高校面临突破经费和空间资源的限制,拓展办学资源,解决主校区空间资源不足问题。地方政府则看中知名高校吸引人才、产学研一体化的优势,期望合作办学促进经济和社会文化发展。这一阶段异地办学校区引进的代表城市主要是深圳市与珠海市。深圳市积极寻求与知名高校的合作,期望补齐高等教育资源欠缺的短板,采取创办研究生院的模式进行异地合作办学,北京大学深圳研究生院、清华大学深圳研究生院应运而生。在珠海市创办的异地合作办学模式则以分校为主,中山大学珠海校区、北京师范大学珠海校区为典型代表。

第三阶段的异地办学更加注重质量与内涵和国际化程度。21 世纪第二个十年,地方特别是沿海城市经济发展进入转型期,地方政府对于优质的高等教育资源需求更为迫切。一是地方政府需要高等教育资源提升城市的综合竞争力。二是地方政府面对产业结构的转型,需要更多高层次人才。三是地方政府积极打造科创中心,布局基础研究重点实验室等。青岛市、深圳市、重庆市等对于优质高等教育资源需求大,积极引进国内外重点高校进行异地办学。《青岛市"十三五"教育事业发展规划》提出:"到 2020 年,有若干学科初步达到世界一流水平,1—2 所高水平大学接近世界一流大学水平,5 个以上学科进入国家世界一流学科建设行列,30 个左右的学科在服务青岛市经济社会发展、对接青岛市重点产业、引领青岛市产业结构调整方面发挥重大作用。"2014 年,深圳市成立特色学院建设领导小组,强调要着力集聚国内外优质高等教育资源。2015 年，深圳市高等教育财政性投入达 66.22 亿元，占全年一般公共预算支出的 1.9%，占教育财政性投入的 19.4%，比 2010 年增长 105%。① 2016 年深圳市出台《关于加快高等教育发展的若干意见》，

表 1-1　　深圳市引进异地合作办学和中外（港澳）合作办学情况

	办学名称	创办年份	转型升级
深圳市引进国内高校合作办学情况	暨南大学旅游学院	1996 年	2017 年，学校与深圳市政府正式签订《深圳市人民政府—暨南大学深化合作办学协议》
	北京大学深圳研究生院	2001 年	2016 年，北京大学与深圳市签署共建北京大学深圳校区备忘录，协议未签署，转型中
	清华大学深圳研究生院	2001 年	2016 年，清华大学与深圳市签署协议，在清华大学深圳研究生院、清华—伯克利深圳学院的办学基础上，进一步深化合作、拓展升级，共建清华大学深圳国际校区
	哈尔滨工业大学深圳研究生院	2001 年	2017 年，教育部同意哈尔滨工业大学深圳校区以单独招生代码开展本科教育。哈尔滨工业大学深圳研究生院转型校区，命名为哈尔滨工业大学（深圳）
	南开大学深圳金融工程学院	2001 年	2006 年撤离深圳市
	中山大学深圳校区	2015 年	2015 年，中山大学与深圳市签署合作协议，签约仪式在珠岛宾馆举行，市校双方将按照世界一流大学的标准在深圳市新建中山大学深圳校区
	中国人民大学深圳校区	2016 年	2016 年，中国人民大学与深圳市签署合作协议，合作共建中国人民大学深圳校区。协议签署后，该校区建设叫停
	武汉大学深圳校区	2016 年	武汉大学与深圳市人民政府签署合作办学备忘录，拟建立武汉大学深圳校区。后项目暂停
	中科院深圳理工大学	2018 年	2018 年，中国科学院与深圳市人民政府签署协议书，合作共建中国科学院深圳理工大学

---

① 深圳市人民政府：《深圳市人民政府关于高等教育发展情况的专项工作报告》，深圳市人大常委会网站，http://www.szrd.gov.cn/szrd_jdgz/szrd_jdgz_zxgzbg/201905/t20190530_17746729.htm，2016 年 6 月 13 日。

	办学名称	创办年份	转型升级
深圳市引进中外（港澳）合作办学高校情况	香港中文大学深圳	2014 年	2014 年，教育部正式批准设立香港中文大学（深圳）
	深圳吉大昆士兰大学	2014 年	8 月 25 日，吉林大学、昆士兰大学和深圳市人民政府三方签署了《吉林大学、昆士兰大学和深圳市人民政府关于在深圳举办中外合作办学机构的备忘录》。后项目暂停
	深圳北理莫斯科大学	2016 年	2016 年 10 月 27 日，教育部向广东省政府发出《教育部关于批准正式设立深圳北理莫斯科大学的函》，同意正式设立深圳北理莫斯科大学
	深圳墨尔本生命健康工程学院	2015 年	2015 年，深圳市政府与广州中医药大学、澳大利亚皇家墨尔本理工大学签署了合作办学协议。2017 年，正式向中国教育部递交材料申请成立中外合作办学机构
	南大罗切斯特设计学院	2015 年	2015 年，深圳市政府、湖南大学和罗切斯特理工学院三方共同决定在深圳市宝安区合作建设湖南大学罗切斯特设计学院（深圳），后项目暂停
	天津佐治亚理工深圳学院	2016 年	2016 年，美国佐治亚理工学院与天津大学、深圳市政府共同签署了合作办学协议。三方承诺共建天津大学佐治亚理工深圳学院

资料来源：作者自行整理所得。

明确提出到 2025 年，深圳市高校将达到 20 所左右，建立国际化、开放式、创新型高等教育体系，建设成为南方重要的高等教育中心，深圳市异地办学蓬勃发展的态势备受关注。

2001 年深圳市用超常态发展高等教育，创办深圳大学城。以资源共享、优势互补和社会化的后勤运作模式选择与国内外知名高校合作办学。2007 年前后，媒体人金心异的一篇《深圳大学城模式的是与非》将异地办学推到风口浪尖，校本部投入资源不够，异地办学模式不能吸引好学生和好老师，地方政府行政管理错位等一系列关于异地办学模式的批判与探讨引起了广泛关注。

官方的抱怨主要体现在 2004 年 12 月，深圳市审计负责人在深圳市人大计划预算委员会会议透露：包括深圳大学城项目在内的八大审计项目，均不同程度存在问题。其中配套项目难以完成计划、办学规模与签订协议规定有出入。关于学生培养经费方面，由深圳市财政负担的经费如期划拨，但校方筹措的经费并未到位。

深圳大学城三校的深圳方负责人处于一种比较尴尬的地位，远离本部的北京大学深圳研究生院与校本部难以融为一体，每个研究生院都像是大学本部的孤儿，学生不愿意来深圳市读书，老师也不愿意来深圳市工作，学校的办学经费也并没有完全保障。与此同时，深圳市方面又不把他们当作本地大学看待，三院孤处西丽一角，远离深圳市公共生活，大都是理工科，枯燥无味，学生们对这种生活也难以忍受，觉得没有大学氛围；政治待遇上地方政府亦未给予足够的重视，比如市、区人大代表、政协委员的安排上，考虑不到，人家堂堂国家一流大学，在深圳市还要接受深圳市教育局的领导，甚至许多方面，还要受所谓大学管委会的"领导"，很不爽。[①]

清华大学、北京大学、哈尔滨工业大学在深圳市异地办学的艰难和呈现的问题，引起了众多质疑。《创建深圳大学城总体方案》规划明确：到 2005 年，深圳大学城在校生计划达到 10000—15000 人，同时开办多元化继续教育并形成一定规模。到 2010 年，在校生预计达到 20000 人以上。2005 年大学城三校在校生共 3000 人左右。到 2010 年，三校在校生总人数也未突破 10000 人。

2014 年《南方日报》报道《深圳市高等教育资源匮乏　异地合作办学遭质疑远离初衷》，中国教育科学研究院研究员储朝晖直言，异地合作办学是"规模不经济"的做法，即高校的规模扩张了，却要耗费更大的成本，但不会有活跃的、自主的发展。"分校区只是总部的一根

---

① 金心异：《深圳大学城模式的是与非》，《深圳，你是来到还是离去？——金心异深圳评论集》（1999—2008 年），第 234—235 页。

手指头，不能形成主神经"①。异地办学在发展过程中虽受到诸多质疑，但办学势头不减。早期与深圳市合作办学的高校积极拓展，期望通过发展赢得支持与资源，从而摆脱办学困境。

2014 年哈尔滨工业大学与深圳市人民政府签订《合作共建哈尔滨工业大学（深圳）协议书》，重点开展本科生培养条件和培养能力建设，满足高水平大学规模化培养本科生的要求。2016 年北京大学与深圳市人民政府签署了《合作举办北京大学深圳校区备忘录》，但由于国家政策收紧等各方面的原因，校区合作协议尚未达成。2018 年清华大学与深圳市人民政府签署《合作共建清华大学深圳国际校区协议书》，在清华大学深圳研究生院、清华—伯克利深圳学院的办学基础上，以培养全日制研究生为主，面向全球招生，计划用 5—10 年的时间建设一支高水平、国际化的师资队伍。清华大学通过升格校区获得更多的资源，解决历史遗留的人员编制和差额拨款等现实问题。另一方面，试图到深圳市进行合作办学的高校络绎不绝，中山大学、中国人民大学、武汉大学、香港大学等国内外高校纷纷与深圳市探讨合作办学事宜，有的高校在谈判中受制于教育部政策而放弃合作办学，有的高校签署了合作办学协议，有的高校办学规模受到不同程度局限，高校异地办学遇到不同的问题和困境。

二　问题的提出

异地办学，特别是高校与地方政府合作办学的效果究竟如何？这些异地办学校区是否既能得到母校优质的高等教育资源，又能得到经济发达地区提供的雄厚财力支持，能否持续健康地成长，实现校地合作双方的美好初衷呢？或陷入启动时轰轰烈烈，发展时"爹不亲娘不爱"的不死不活状态中呢？从媒体报道看，这两种情况在现实中都可能存在，那么究竟是什么因素和机制决定高校与地方政府合作办学的发展轨

---

① 昌道励：《深圳市高等教育资源匮乏 异地合作办学遭质疑远离初衷》，《南方日报》2014 年 1 月 6 日第 SC01 版。

迹呢？

与其他高校相比，异地办学属于在母校所在城市之外的地方建立的另一个办学机构。从表面上看，异地办学校区和其他高校最大的不同就是在远离校本部之外的"异地"发展。因为空间上的差异，异地办学校区会受到校本部和所在城市的影响。当我们从开放系统的视角去审视异地办学组织的时候，可以发现异地办学组织主体之间互动博弈的关系，而这种互动博弈往往是通过资源的依赖和交换形式呈现的，这种互动与博弈下的资源依赖与交换使得异地办学校区在不断依赖资源和自主选择资源中发展。

一方面，对于异地办学校区而言，校本部是它的外部环境，异地办学校区和校本部是两个相对独立的系统。虽然异地办学校区远离校本部并相对独立，但是这个外部环境掌握着招生名额、学科发展、师资力量、干部任免等影响异地办学校区的重要资源，决定着异地办学校区的结构与发展。

另一方面，由于异地办学校区远离校本部，是一个独立的子系统，它的管理独立于校本部，在办学上又依赖所在地政府资金、土地、学生就业、人才政策等资源的支持。所在地政府和城市的经济、政治、文化是异地办学校区的另一个外部环境，与异地办学校区也有强烈的联系。这些外部环境带来的资源对异地办学校区的发展产生影响，不断博弈、形塑着异地办学校区的结构、形态与特征。

随着异地办学的开展，异地办学校区面对的不仅有空间上的"异地"，更面临着不同经济、文化、制度的"异地"。异地办学校区是校本部形态的延伸和变异，理应尊重校本部大的文化氛围，在校本部的制度下进行管理与发展。但实际上，异地办学校区远离校本部的"异地"发展，也需要融入当地文化，更需要满足当地政府的管理体系和制度要求。而校本部的制度文化与当地政府的制度文化并不完全一致，在经济、文化氛围上也有差异，处于二者之间的异地办学校区在适应和吸收校本部和当地政府文化的过程中，难免存在"不适应"的情况。校本部和当地政府都掌握着办学资源，这些资源的使用是有代价和要求的。如果把校本部和当地政府资源利用好了，很容易发展起来。同时也有可能成为"夹缝中的皮球"，两头不靠，谁都不管。异地办学校区争取政府资源的时候需要校本部出面，但是校本部是异地办学校区的上级，下级难以协调上级办事情，更何况上级远在千里之外，对异地办学校区发展的实际情况并不十分了解。同样，异地办学校区在向校本部请求资源支持的时候，也面临需要解决的问题并不一定是校本部迫切需要解决的问题，导致一些关键问题悬而不决，不能及时解决，阻滞了异地办学校区发展。异地办学校区在办学主体之间的互动、合作和博弈中发展，在发展中形成了办学特点和办学模式，产生了异地办学特有的问题。

三 研究意义

异地办学作为一种新型的高等教育发展模式，在中国的发展时间并不长。异地办学将地方政府与高校紧密联系在一起，二者在中国高等教育大众化过程中，根据自身利益共享资源、开展合作，解决了高校、地方政府在高等教育大众化过程中面临的一些问题，同时也产生出一些新的现象与困境，这种异地办学的模式值得深入研究。"对任何一个时代问题作出适当的解答，都绝不能只靠迫切的愿望和渊博的知识，还需要真正的理论视角和方法论的根本创新。"[①] 本书以异地合作办学的校区——北京大学深圳研究生院为案例，关注现实世界特别是高等教育领域的真实问题，具有典型性与针对性。异地办学展现出来的独特办学模式与特征以及产生的问题，是组织办学主体互动、合作、博弈而产生的，也是异地办学校区对于资源产生的依赖和自主行动的体现。本书聚焦异地合作办学的特征与问题：异地办学校区的办学主体三方，即校本部、地方政府、异地办学校区在互动、合作、博弈的过程中是如何形塑异地办学校区的？分析办学主体三方对异地办学校区资源投入带来的组

---

① ［德］马克斯·舍勒：《知识社会学问题》，艾彦译，华夏出版社2000年版，第6页。

织行动选择和办学模式的演变，以及这些问题背后的逻辑和机制，具有深刻的理论意义与现实意义。

就理论意义而言，目前对于异地办学组织的研究系统性缺乏，鲜见用组织领域理论对异地办学进行深入分析。本书以北京大学深圳研究生院为异地办学组织的具体研究案例，在组织领域相关理论框架的支持下，对异地办学组织形态的发展变迁以及组织行动进行剖析，努力揭示异地办学的办学主体三方在异地办学校区发展形塑中的互动与博弈，以及通过何种载体进行互动与博弈。将异地办学校区的生长轨迹置于大学组织与环境互动的语境中加以考察，同时在纵向的发展历史演变中分析异地办学组织的行动轨迹。在研究中，从理论的视角关注组织变迁，同时又紧密联系现实，在理论与现实中来回穿梭，互为印证。研究将资料数据与分析工具深入结合，用中国高校异地办学的案例验证了资源依赖理论的解释力，进一步丰富了理论模型的概念工具。研究一方面希望通过观察异地办学主体三方之间的互动和博弈为研究异地办学组织的发展变迁探索出新的研究视角，另一方面也为组织领域的实践性拓展进行有益尝试，通过理论与实践的结合，拓展西方资源依赖理论的实践检验范围。

就现实意义而言，异地办学已经引起多方关注，但学界对于异地办学现实案例进行深入梳理和剖析的研究鲜有。异地办学的初衷是为了合作多赢，大学本部有扩大声誉、发展学科、社会服务的诉求，城市有提升地位、引进人才、发展经济的需要，异地办学校区自身从诞生之日起，作为高等教育组织的新形态也有自己的发展逻辑。异地办学背后的三方由于地理位置的疏离以及体制机制的磨合原因，互相深入了解交流少，信息不对称。本书通过分析办学主体三方各自的行动意图，试图厘清三方之间的关系，明确三方在异地合作办学过程中的定位，以及各方需履行的职责与义务。通过办学主体三方互动、合作与博弈，探究异地办学校区的发展轨迹，厘清异地合作办学的管理体系、办学思路及相应对策和措施。通过系统详实地梳理案例学校的发展路径，从组织发展的角度分析自身的问题和阻滞发展的障碍，总结异地合作办学的经验教训。通过研究搭建可供三方交流探讨的平台，呈现完整的异地合作办学中地方政府、高校本部与异地办学校区的关系图。从三方视角切入对异地办学组织研究，对在建的异地办学校区和希望开展异地办学的大学组织和地方政府提供有价值的参考。

第二节　文献综述

一　国内异地办学研究综述

在目前的研究中，"异地"产生的问题和办学模式为研究焦点，"异地"是这种办学形式最为显著的操作化概念，异地办学校区由于与母校之间的距离产生了众多问题，这些问题为研究者所关注。在异地办学的各类研究中，离不开对异地办学组织、母校和地方政府的关系梳理。这些梳理体现在异地办学的发展动机、权力与管理模式、具体问题和案例的分析之中。应当看到，这些研究方法单一，研究碎片化，重复研究比较普遍。提炼总结异地办学实践能力还不强，体系建构也不充分，这在一定程度上制约了异地办学的研究水平。为此，在异地办学研究中，应加强理论创新，从不同的学科视角出发，运用不同的研究方法，揭示问题背后的本质，推进高校异地办学研究更加专业化、多元化、精细化。使高校异地办学研究能够精细下去，扩展开来。

（一）异地办学的发展动机：城市的经济与大学的资源需求

在对异地办学发展动机的研究中，不少学者从办学主体出发，分析异地办学现象产生的原因。就地方政府而言，一方面引入异地办学主要是城市经济发展的需要。如邢志杰分析异地办学的起因一般是由地方政府主动发起，另一方面高校也通过在沿海开放城市和经济发达城市建立分校，从而延伸自身的办学空间，特别是与较为开放的城市氛围和高科技的产业环境相结合。[①] 何万宁、蔡文慧等在研究论文中也均有此观

---

① 邢志杰：《中国大学异地办学的发展与问题研究》，《现代大学教育》2005 年第 3 期。

点，丰富了地方政府对异地办学之所以主动的内在动机，如希望高等学校为区域经济提供高新技术与高层次人才，城市发展对高质量教育资源的需求等。此外，钱勤元认为异地办学对高校而言，可以在专业和学科上有所尝试，开展教学科研改革，使"没有包袱"的异地办学校区成为母校进行教育改革的试验田。[①]

就母校而言，异地办学是基于大学对资源拓展的需求和大学功能定位的角度去理解办学动机的。由于异地办学现象大规模产生在 1999 年之后，部分学者认为，异地办学与高等教育扩招及整个社会对教育的需求有着密切联系。崔秋灏等认为扩招给高校带来了突出的矛盾和问题，其中最尖锐的莫过于母校办学空间的饱和。异地办学在此背景下能扩展办学空间，改善办学环境，缓解扩招压力，缓和供需矛盾。[②] 李舟认为，异地办学校区是高等教育内部改革的试验田，社会的发展和科学的进步，使得高校的各种矛盾逐一呈现，高校必须改革。新校区的建设就是改革的措施，可以给校本部提供好的借鉴。[③]

从异地办学的诞生而言，地方政府和大学都是有需求的，都认为办学能推动自身的发展，地方政府是资金资源和土地资源的投入方，一般从经济发展、产业升级、市民服务、人才引进的角度去考量异地办学对于城市发展的作用。大学则更多从空间资源的拓展和教育改革的角度理解异地办学。

（二）异地办学的个案问题：如何界定与厘清三方关系

众多学者对于异地办学的个案和在异地办学的过程中遇到的实际问题进行分析，如师资力量、学生管理、校园文化、教学质量、办学定位等。这些实际问题和个案的背后，深层次的逻辑是如何界定异地办学、地方政府和母校之间的关系。如孔环等以山东科技大学青岛校区为例对

[①] 钱勤元：《关于高校异地合作办学的几个问题》，《东南大学学报》（哲学社会科学版）2000 年第 4 期。

[②] 崔秋灏等：《高校异地办学的利弊及建议》，《吉林教育科学》（高教研究版）2001 年第 2 期。

[③] 李舟：《广东省高校异地办学现状调查与初探》，《高校教育研究》2009 年第 1 期。

教师数量、年龄、职称和学历结构进行研究，发现异地办学校区师资配置失衡，师资建设难度较大。① 韩明英以广西财经学院防城港校区为例分析了异地合作办学模式下的学生管理工作，他认为异地办学导致管理模式发生变化，在管理初期会出现各种管理服务的断层，从而导致学生不稳定。此外由于异地办学校区的环境问题及信息不畅，也会给学生管理工作带来不畅。② 林英杰等着重分析了校区建制中的校园文化建设与发展的问题，并详细阐述了新校区的文化移植，提出要解决异地办学文化融合的问题，可以通过直接移植即新校区文化要素的实现和间接移植即价值观念的传播等方式解决与承接。③ 孟祥林认为异地办学校区的发展目标难以协调，因为异地办学校区的师资配备、硬件设置、办学环境与学生质量与校本部不同，所以即使一个专业，学校很难统一的标准要求，于是学校就会出现同一方向的多层次办学、同一目标的多重制度管理问题。④ 异地办学校区由于距母校较远，校领导很难完全掌握实际情况，往往导致异地办学校区定位不准和不能按照实际发展的情况及时进行调整。

国内学者对异地办学过程中个体问题的研究，反映了异地办学在现实中存在的问题。但众多个体问题的背后，反映的是异地办学组织与母校、地方政府的关系问题。崔东方认为，异地办学涉及高等教育宏观布局和结构调整，加之处于体制转轨的特殊事件，不可能通过充分的市场竞争选择途径实现，政府在其中起着不可替代的作用，同时高校习惯找政府主管部门解决问题。⑤ 唐安阳等认为，制约异地办学可持续发展的

---

① 孔环等：《多校区异地办学师资队伍建设的实践与研究》，《理工高教研究》2010 年第 2 期。

② 韩明英：《浅谈高校异地合作办学模式下学生管理工作——以广西财经学院防城港校区为例》，《科技风》2015 年第 1 期。

③ 林英杰等：《高校新校区建制与校园文化移植》，《中国大学教学》2003 年第 2 期。

④ 孟祥林：《高等学校多校区办学的国外实践与我国的发展选择》，《华北电力大学学报》（社会科学版）2009 年第 4 期。

⑤ 崔东方：《对当前高校布局结构性调整的理性思考》，《郑州纺织工业学院学报》1999 年第 10 期增刊。

瓶颈是管理体制的问题，校本部、地方关系没有理顺，资金渠道不畅、投入无保障。[①] 在异地办学的实际过程中，地方政府和母校的责任田如何划分，又如何合作，部分学者进行了研究，但并不充分。许建飞认为，从校本部的角度考虑应该从长远出发，淡化经济回报。而异地办学校区应增强大局意识，抛弃局部利益，从而实现共赢。[②] 但从意识形态的角度协调办学主体的资源过于理想化。

（三）异地办学的模式背后：三方关系的权力分配逻辑

目前，国内异地办学模式的研究主要集中在权力管理方面，即校本部、地方政府对于异地办学校区分别赋予怎样的权力。

汪小布等将异地办学实践分成了三种典型的模式：创生型、分割型和延伸型。创生型异地办学是高校到所在城市之外的另一城市，在与当地政府的合作下，再创建一所高等教育机构。地方政府和重点高校都充当"投资人"的角色，创生型异地办学机构自身就是一个法人，有比较独立的身份。分割型异地办学是指高校与异地政府合作创办新校区，然后把部分专业和学生放在新校区。分割型的异地办学在本质上和校本部没有太大区别，因为并没有产生新的办学实体（独立法人），和校本部的关系比较密切。延伸型异地办学是高校与异地地方政府依托高校的强大教育科研实力，在异地创办培养当地需求的高层次创新人才和创新研发为目的的教育科研机构。[③] 创生型、分割型和延伸型的分类主要区别在于异地办学校区的权力范围，创生型身份独立，是一个新的高等教育机构，有较大的自主权力。分割型权力集中在母校，只是本部部分专业和学生的挪移。延伸型是母校功能的延伸，异地办学校区有一定的权力，但很大程度受母校的制约。

孟祥林根据集权与分权的管理将异地办学分为三类。一是一体化发

---

① 唐安阳等：《重点高校异地办学共建管理体制问题探析》，《高校教育管理》2010年第2期。

② 许建飞：《高校与地方政府合作办学的探索与实践——张家港校区发展的思考》，《江苏科技大学学报》（社会科学版）2010年第2期。

③ 汪小布等：《重点高校异地办学的三种模式分析》，《教育学术月刊》2012年第10期。

展的校区模式，该模式下虽然校区和校本部有空间的差别，但都是学校的核心部分，学生统一招生、统一教学，代表性的校区有中国地质大学汉口校区、厦门大学漳州校区等。二是独立运作的分校模式，分校独立于主校，运行与主校没有太大的关系，有独立招生、人事以及行政组织方面的职能。①

陈芳也是通过权力的集中与分散来划分异地办学的管理模式，他认为通过权力的划分能明确校本部与异地办学校区的控制程度。在她的研究中，异地办学的管理模式主要有以下三种类型：第一，分散型管理，目前主要应用于合并分校的高校管理模式；第二，集权型管理，是以校本部为核心的管理模式，在各分校区设立相应的管理机构对应部门，并设有校区管理委员会起到统一协调的作用；第三，分和集相结合的管理。这种管理模式是前两种管理模式的结合，在分校区的管理上没有那样的权力集中和权力下放，采取中间的管理方法。在部门设置上是校本部在分校区管理的延伸，两校区管理权限均等，不存在主导的地位。②

蓝汉林等提出，目前，中国多校区办学的高等学校在管理模式上大致分为三种模式：一、"以条管理到底"型，即核心校区统一管理，分校区作为其下属学院所在地，教学组织及其管理统一安排。二、"以条为主、条块结合"型，即分校区作为部分年级学生所在地，设有专门的管理机构，依照核心校区的统一部署进行管理。三、"以块为主、条块结合"型，即在核心校区的统一管理下，校区作为一个或多个学院相对独立，有各自独立的体系。③

许建飞将异地办学校区划分为两种模式，一是具有相对完备办学功能的"分校型校区"模式。二是以校本部学院办专业、校区属地协调

① 孟祥林：《高等学校多校区办学的国外实践与我国的发展选择》，《华北电力大学学报》（社会科学版）2009 年第 4 期。
② 陈芳：《高校多校区管理模式的探讨》，《教育教学论坛》2012 年第 29 期。
③ 蓝汉林等：《中外多校区大学管理的比较研究》，《高教探索》2005 年第 4 期。

服务，即不具备办学功能、以协调服务为主要任务的"服务型校区"模式。①

关于校区之间的地位与建制管理在高等教育界也存在两种"主义"。延伸主义认为，校区之间在地位上应该主次分明，学校内部的行政管理应该采用延伸主义的原则，分校区的建制主要是主校区的延伸，是主校区的下属派出机构。而建制主义则强调地位的平等，分校区应该有自己的特色和独立发展的权力与空间。

在异地办学模式的研究中，众多学者通过权力关系对异地办学模式进行划分，主要是校本部给予异地办学校区什么样的权力，异地办学校区的办学权力是通过什么渠道获得的。对办学权力是如何控制和影响办学模式的动态过程，并没有学者完整深入地分析，这是异地办学模式中的研究空白。

随着教育全球化深入发展，异地办学关系越来越复杂多元，一些新兴问题得到了众多学者的高度重视，他们在对异地办学的一流学科建设，组织管理建设，依托校本部寻求自我发展，为国家战略发展提供强有力人才和学术支撑，建设成为世界一流，引领中国高等教育发展的新型校区等方面进行了一些研究。通过关键词检索的方式搜索关于异地办学组织的信息，资料记录并不充分，这与中国异地办学的发展实践历程不长相关。异地办学产生的问题多源于实践，所以对该类问题关注的多为异地办学的实际管理工作者。在目前对异地办学的论文研究中，众多异地办学的管理工作者贡献了较多论文。这些研究中，基于实践案例分析比重较大，但基于发表篇幅和其他原因，所有案例分析并不透彻，问题重复性高，缺少深入的访谈，对案例的总结也未上升到理论高度，适用理论缺乏。

二 国外高校多校区研究综述

国外的多校区办学和中国的异地办学不能等同起来，对美国高等教

① 许建飞：《高校与地方政府合作办学的探索与实践——张家港校区发展的思考》，《江苏科技大学学报》（社会科学版）2010 年第 2 期。

育系统而言，大学的主校区与分校区之间相对独立平等，我们一般称美国大学的分校区也是用"分校"而不是"校区"。而中国的异地办学校区与主校区之间是被领导与领导的关系，一般称中国大学的异地办学的分校区是用"校区"而不是"分校"，两国大学的分校区从管理体系的本质上是不一样的。但美国多校区的实际管理模式和历史发展经验对于中国的异地办学来说，仍是值得借鉴研究的。一是主校区和分校区的管理模式建立需要经历长时间的探索，在探索发展的过程中，冲突在所难免，目前中国异地办学校区和校本部之间有连接也有矛盾，不断认识矛盾和解决矛盾的过程是异地办学组织成长的过程。二是从国外多校区的实践来看，分校区不可能一直依附于主校区，分校区自身发展不可避免会走向独立。从大学战略角度需慎重考虑。① 三是主校区资源对于分校区发展的重要影响，分校区可以借用主校区的品牌、师资资源来确立学术标准。四是通过构建基金会、董事会制度等从市场上争取更多的资源投入，保障异地办学校区的经费支持。五是异地办学校区在面临与校本部之间的矛盾时，要分步有序地解决。六是异地办学组织形态的演变，必须充分考虑到地方政府的文化背景、财政制度等因素，考虑不断演变的历史发展进程和国家对于高校建设目标的要求。

本书提及的国外高校的多校区仅局限于在本国进行的多校区实践。从学者们的研究角度而言，多校区的借鉴模式主要在利益的博弈、权力的争取，多校区系统发展、总分校关系演变以及董事会制度在处理主校区、分校区关系中的作用等。

孟祥林对比了中国和美国的多校区管理模式，认为在管理职能上，美国的大学系统只是一个政策协调者、公共事务提供者以及政府与分校之间的代理者，真正办学的主动权掌握在分校自己手中。中国的大学分校区没有完全的独立自主性，是在大学母校的统一领导下运作。在模式特点上，美国大学系统的董事会制度在处理主校区和分校区的关系上发

---

① 谢广宽等：《美国加州大学多校区系统的发展及其总分校关系的演变》，《高等教育管理》2013年第5期。

挥着重要作用，中国大学的分校区则具有"散、全、杂、大"的特点，是规模式外延式地扩展。①

陈运超从美国多校园大学系统和中国多校园系统的管理比较研究的角度，探讨了中国多校区大学管理的理论研究问题。通过回顾两国多校区发展的历史和实际情况，陈运超认为美国的各分校是相对独立的办学实体，在分类统计中被单独计算，而不只是主校区的一部分，但在政府拨款中，则是对大学系统进行拨款，由大学校长办公室及附属部门负责大学系统的总预算和政策协调。而中国大学主校区与分校区的关系处理在地理上是分离的之外，其他的管理制度都是统一的，大学本部和校区之间的关系是领导和被领导的关系。② 陈运超认为，不能用美国高等教育研究领域的"大学系统"来研究中国的多校区办学，因为美国的体制和其政体、国体完全一致，美国的分校在很大程度上是独立的实体，系统确实是一个联邦。

彭永宏等也对美国多校区的管理模式与中国高校的管理模式进行分析对比，在陈运超研究的基础之上提出了中国高校分校区的发展要考虑历史因素，尊重特色，促进融合。③

对于国外异地办学可借鉴的经验与模式，众多学者都提及美国的加州大学模式。其中，谢广宽等对加州大学多校区的系统进行了较为全面的梳理与分析。他描述了加州大学多校区系统的发展过程，并考察了加州大学总校与分校之间在集权与分权上的矛盾变化。他认为加州大学多校区系统的建立不是精心设计出来的，而是多方利益博弈的结果。而在博弈之中，加州大学在不断下放权力给各分校区，使其越来越独立。与加州大学多校区系统相比，中国异地办学在财政上与加州大学各分校区

---

① 孟祥林：《高等学校多校区办学的国外实践与我国的发展选择》，《华北电力大学学报》（社会科学版）2009 年第 4 期。

② 陈运超：《略论多校区大学管理的实践研究——兼论美国多校园大学系统与中国多校区大学的管理》，《清华大学教育研究》2002 年第 4 期。

③ 彭永宏等：《美国多校区大学管理模式对我国高校管理模式的启示》，《惠州学院学报》（社会科学版）2010 年第 1 期。

有明显不同，中国异地办学分校区很少从主校区获得财政支持，其背后是美国教育体制分权化与中国教育集权化的运行逻辑。① 谢广宽等从历史发展的角度探讨了加州大学系统发展的过程，特别是大学与分校的治理结构关系的演变及大学的目标与价值对于中国双一流高校进行异地办学具有现实的借鉴意义。

王国均认为由于在高等教育发展过程中存在联合主义（The Federal Principle）的传统，院校董事和行政人员在美国模式中的影响较大，美国多校区大学在美国高等教育模式中找到了适合生长的土壤。但中国的主校区和分校区之间因为资源分配、办学职能分化存在着一定矛盾，应有步骤有计划地解决矛盾，从而丰富中国高等教育系统的内涵。②

Robert Birgeneau 等为了保障加州大学系统的资金来源的可持续性与学术水平的稳定性提出了新的管理模式，强化董事会的作用并使加州大学各分校朝着更加差异化的方向发展。③

对于异地办学主体三方的研究，研究者主要对异地办学产生的动机、异地办学由于三方关系不畅产生的具体问题，如教学、科研、师资、学生等方面进行了探讨。此外，对于校本部和分校区的权力控制强度，研究者对异地办学及国外多校区办学进行了分析。国内研究者虽然通过权力关系对异地办学模式进行了划分，但权力是通过何种渠道获得，是如何控制和影响办学模式的动态过程缺乏完整分析，虽然进行了一定的案例研究，但案例过于平面化，没有深入到实际办学过程中进行横、纵向系统研究，研究问题并不突出。总体上，异地办学主体的互动研究在理论深度、实践性和应用性方面较为欠缺，各种关于异地办学的

---

①　谢广宽等：《美国加州大学多校区系统的发展及其总分校关系的演变》，《高等教育管理》2013 年第 5 期。

②　王国均：《美国多校区大学研究及其启示》，《比较教育研究》2002 年第 2 期。

③　Robert Birgeneau, George Breslauer, Judson King, John Wilton, and Frank Yeary, "Modernizing Governance at The University of California: A Proposal that the Regents Create and Delegate Some Responsibilities to Campus Boards" *Research&Occasional Paper Series*: *CSHE*, Vol. 4, No. 12, June 2012, pp. 1–15.

表述并没有经过缜密的学术阐释和解读。本书填补了这一研究领域的缺陷，即横向关注办学主体三方的资源互动对异地办学组织纵向发展转变的影响与形塑，关注异地办学在发展过程中呈现的现实问题和困境，探讨三方背后互动的机理，以及异地办学组织行动选择的缘由。

第三节　研究理论

组织是一个具有适应能力的社会系统，每个组织都存在于特定的物理、技术、文化和社会环境之中，并要与之相适应。没有任何组织可以做到自给自足，所有组织的生存都取决于该组织与其所在的更大系统建立的各种关系。环境指的是组织之外有影响组织生存和实现其目标能力的重要因素。环境包括作为组织服务对象向组织提供为达到其目的所需的资源和客户、制约机构或顾客。① 伯顿·克拉克研究指出："高等教育组织的心脏，是各学科和各事业单位之间形成的相互交织的矩阵，把各种系统连接，转变为千万个有相互关系的交叉点。"②

大学作为组织形态的一种，从诞生起就与环境紧密相连。早期的大学是中世纪致力于传授知识的行会组织，诞生于中世纪的社会环境之中。随着时代的发展和环境的变迁，如今的大学组织研究的内容和传授的知识虽不能与中世纪大学同日而语，但组织与制度有着高度同质性和延续性，同时与环境保持着密切联系。纽曼、克尔从功能轨迹刻画了大学与环境的互动和博弈。19世纪，大学的变革源于大学对于环境变化的反应，在洪堡和阿尔托夫等人的推动下，柏林大学率先改制，摆脱中世纪的学术传统，倡导"以大学为研究中心"的理念。20世纪50年代，美国高等教育面对苏联人造卫星上天构建的环境做出了改变。如

---

① ［美］W. 查理斯·斯科特、杰拉尔德·F. 戴维斯：《组织理论：理性、自然与开放系统的视角》，高俊山译，中国人民大学出版社2011年版，第22页。

② ［美］伯顿·克拉克：《高等教育新论——多学科的研究》，王承旭等译，浙江教育出版社2001年版，第129页。

今，在中国大学建设世界一流大学的使命之下，大学组织也在不断变革与发展。大学的组织的动态轨迹表明了与环境不断互动的进程。

异地办学校区作为大学组织形态的一种，也是在不断发展变革的。将异地办学校区置身于大学组织与环境互动的关系中考察，其组织变迁和互动博弈的过程具有重要的研究价值。

20 世纪 60 年代以后，环境对组织的影响、组织与环境的关系问题成为组织研究的重要问题，将组织问题与环境问题联系起来的观点被称为开放系统模式，其中种群生态理论和新制度主义理论、资源依赖理论最为盛行。这三种理论都是研究组织和环境的关系。但这三种理论有明显的不同视角。资源依赖理论和种群生态理论都强调从环境层面去理解组织的重要性，但资源依赖理论更加强调能动性，认为组织改变其所处环境的可能性较高。而种群生态理论则从更宏观的角度认为组织种群的变革是通过出生和死亡的进程来达到不同选择的目的。资源依赖理论与新制度理论比较相似，但新制度理论更加强调于社会规则、社会期望、社会准则与价值观给予组织造成的压力，而资源依赖理论更加关注的是环境的物质条件。①

一 种群生态理论

学者汉南和弗里曼认为，以往的研究过分强调了组织可以发生根本性的变化，以适应环境的要求，而相对忽略了组织无法适应环境需求和环境对于组织的选择。种群生态理论认为，组织死亡主要是由组织的结构惯性引起的，组织的结构惯性使得组织无法对环境变化做出及时的调整。② 组织种群生态理论关注组织种群的动态变化，解释新的组织种群为何出现，发展以及死亡的过程。汉南和弗里曼通过种群生态理论解释

---

① ［美］杰弗里·菲佛、杰勒尔德·R. 萨兰基克：《组织的外部控制：对组织资源依赖的分析》，闫蕊译，东方出版社 2006 年版，第 9 页。

② Michael T. Hannan and Glenn R. Carroll, *Dynamics of Organizational Populations—Density, Legitimation, and Competition*, Oxford：Oxford University Press, 1992, p. 32.

了为什么随着新公司的增加，组织多样性增加的问题。① 而在变革的过程中，有些公司生存与发展，而有些公司则消亡。20 世纪 80 年代后期，汉南和弗里曼对研究进行拓展，探讨了组织类型和环境之间的关系，认为只有相类似的组织群体与环境才能产生依附模式。种群生态理论认为，认受性机制与竞争性机制不是截然区分的，而是此消彼长的关系，一个新兴组织种群的出现是由环境变化引起的。种群生态理论是从宏观的角度关注组织种群生长与死亡的过程，以及在这个过程中与环境的互动关系。

二 新制度主义理论

新制度主义是在 20 世纪 70 年代发展起来的理论流派，主要代表人是约翰·迈耶、布莱恩·罗恩、W. 查理斯·斯科特等学者。约翰·迈耶的主要研究兴趣是教育社会学，他提出：第一，我们必须从组织环境的角度去研究、认识各种各样的组织行为，去解释各种各样的组织现象。这是他的根本出发点。第二，研究环境不能只考虑技术环境，必须要考虑制度环境（institutional enviornment），即一个组织所处的法律制度、文化期待、社会规范、观念制度等。② 新制度主义强调"合法性"（legitimacy）机制的重要性。约翰·迈耶和布莱恩·罗恩认为，组织要想获得存续空间，就必须取得合法性，合法性的重要来源就是采用广为认可规范化、理性化的组织结构，即使这种结构无法满足技术效率标准，因为融合了制度化神话的组织更具有合法性。③ W. 查理斯·斯科特的研究主要集中于制度如何创造、扩散、采纳、改变和失效，他认为制度理论处理社会结构中更深层次的内容，并考察结构（包括计划、规则、标准）成为指导社会行为权威的过程。新制度主义学派更加注

---

① 张明星等：《种群生态理论研究文献综述》，《华东经济管理》2006 年第 11 期。

② 周雪光：《组织社会学十讲》，社会科学文献出版社 2010 年版，第 74 页。

③ John W. Meyer and Rowan Brian，"Institutionalied Organizations：Formal Structure as Myth and Ceremony"，*American Journal of Sociology*，Vol. 83，No. 2，1977，pp. 340 –363.

重象征系统，如计划、符号在影响组织结构和行为的作用，组织并不是完全按照理性原则的行为，在合法机制下，制度的传播使得组织采取一些"理所当然"的做法。

三 资源依赖理论

20 世纪 70 年代，美国学者杰弗里·菲佛和杰勒尔德·R. 萨兰基克提出了资源依赖理论（resource dependence theory）。资源依赖理论关注的问题是组织运用哪些策略和技巧处理这些源于交换关系的权力关系？组织怎样从外部获取生存所需的资源，并保持对外强势组织的掌握和避免对它们的过度依赖？

资源依赖理论的逻辑非常清晰，认为组织为了生存和发展，必须获取一定的资源，而资源是从组织外部（环境）获得的，在资源交换过程中，组织要与其他组织建立一定的关系。因此，其他组织就会影响该组织的行为。从这个意义上讲，组织是由外部环境控制的。[①] 组织所需要的资源包括人员、资金、社会合法性、顾客以及技术和物质投资等。

他们认为，一个组织对另一个组织的依赖程度取决于三个决定性因素：资源对于组织生存的重要性；组织内部或外部一个特定群体获得或处理资源使用的程度；替代性资源来源的存在程度。因此，组织的资源来自于所依赖的外部环境，组织不是孤立存在的，只有将组织置于相关的环境中，获取、吸收以及转化资源，使组织与外部环境紧密相连，形成相互依赖依存的网络。资源依赖理论在某种意义上解释了组织自身的选择能力，组织可以通过对依赖关系的了解来设法寻求替代性的依赖资源，从而减少"唯一性依赖"，更好地应付环境，关注的是组织之间权力的问题。[②] 该理论的贡献在于，组织通过与环境的互动来选择资源适应环境的策略行动，能通过资源依赖理论进行很好的解释。

---

① PfefferJeffrey and Salancik Gerald R，*The External Control of Organizations*：*A Resource Dependence Perspective*，California：Standford University Press，2003，pp. XI – XIII.

② 马迎贤：《资源依赖理论的发展和贡献评析》，《甘肃社会科学》2005 年第 1 期。

资源依赖理论强调最核心的主题为环境或组织的社会环境在有关问题决策的制定过程中的重要作用。该观点认为，如果想真正了解组织的抉择和行动，就应该更多的关注组织所处的位置，以及所在位置上的压力与限制因素，而不是将重点放在组织内部的动力机制和领导的价值观与信念之上。[①] 他认为，组织根植于相互联系的以及由各种各样的联系交织的网络之中，而所需的资源包括：财政资源、物质资源、信息资源。这些资源都是从环境中获得的，因此使得组织不得不依赖这些资源外部提供者。依赖的关系常常是互惠的，并且有时是间接构成的。

资源依赖理论通过三个核心观点解释了组织如何管理自己与其他组织的关系。一、社会情境的作用：组织许多所作所为并不完全是领导者的作用，而是组织针对其所在组织世界里其他组织的反应。二、组织拥有各种不同策略增强其独立性和追求自己的权益。三、资源依赖理论的标志性特征就是除了理性和效率，特别强调权力，以及权力对组织内外活动的重要因素。[②]

外部限制条件对组织的利益和决策自主权产生影响，但组织仍具有强烈的愿望去进行适合自己的战略选择，从而发展自身。当努力改变所处的环境时，由于相互联系的方式发生了改变，所以组织面临新的与以前不同的限制条件，迫使组织进行新一轮的磋商。当各种社会角色寻求各自的利益的时候，我们就能看到一幅组织、环境和组织关系间积极的互相作用和演变的动态画面。[③] 资源依赖理论学派的重要贡献在于面对环境的约束，组织也在与环境积极互动，以减少对外部环境的依赖。

资源依赖理论学派认为组织应该选取受约束最少的途径去协调与其他组织的关系，减少交换关系带来的依赖性。这些对策包括：一、使自

---

① ［美］杰弗里·菲佛、杰勒尔德·R. 萨兰基克：《组织的外部控制：对组织资源依赖的分析》，闫蕊译，东方出版社 2006 年版，第 3 页。

② ［美］W. 查理斯·斯科特、杰拉尔德·F. 戴维斯：《组织理论：理性、自然与开放系统的视角》，高俊山译，中国人民大学出版社 2011 年版，第 266 页。

③ ［美］杰弗里·菲佛、杰勒尔德·R. 萨兰基克：《组织的外部控制：对组织资源依赖的分析》，闫蕊译，东方出版社 2006 年版，第 5 页。

己变强大，表现在规模上。大型组织对于他们的环境拥有更多的权力和杠杆手段。它们拥有更强大的力量对抗变化的直接压力，拥有更多的时间认识并适应外部的威胁。二、通过寻找和接受不同的选择而保持开放的态度。三、桥联机制：控制或协调自己其他形式上独立的实体有关的行动。

每个组织都具有社会性，都不可能独立于社会之外。因此每个组织都不可能自给自足，所有组织的生存都取决于该组织与其所在的更大系统建立的关系，这种关系在一定程度上取决于可用交换或合作的资源。资源依赖理论解释了组织如何管理自己同其他组织的关系。对于异地办学组织而言，必须要处理好与外部环境组织的关系，才能生存发展。母校是这个独立系统的一个外部环境，异地办学组织所在地政府和城市则是这个独立系统的另一个外部环境。异地办学组织作为相对独立的系统，需要更好地应对依赖环境，善于营造组织环境，创造资源并消费资源，逐步减少对"唯一性资源"和外部环境的依赖。资源依赖理论认为组织拥有各种不同策略增强其独立性和追求自己的利益。这个思路与赛尔特和马奇的"议定环境"以及汤姆森的侨联策略的观点类似。① 需要注意的是，资源依赖理论的标志特征在于分析组织获取权力的途径，强调权力因素。

异地办学校区的诞生与校本部和地方政府投入的资源紧密相关，异地办学校区从小到大发展的过程是一个不断吸收资源和创造资源的过程，其组织模式发展变迁的背后与异地办学主体三方资源给予联系密切，资源的给予与互动的背后是校本部、地方政府、异地办学校区的互动博弈的动态轨迹。异地办学校区发展受制于母校和地方政府的双方投入的资源多少、投入资源的稳定性和可持续性，以及作为独立法人的新校区自我筹措办学资源的影响。对于组织受制于资源的现象，杰弗里·菲佛、杰勒尔德·R.萨兰基克的资源依赖理论有较多研究，且较为适

① ［美］W.查理斯·斯科特、杰拉尔德·F.戴维斯：《组织理论：理性、自然与开放系统的视角》，高俊山译，中国人民大学出版社 2011 年版，第 266 页。

洽。从资源依赖理论的角度看，掌握着某一组织所需要资源的其他组织相应地会对该组织的生存和发展有着更大的影响力，会使组织产生相应的依赖，但是该组织为了摆脱依赖，会积极寻找替代资源，使自己在与资源提供者的互动中争取到自主性。依照资源依赖理论，异地办学校区从小到大的发展过程是一个不断吸收资源和创造资源的过程，是一个依赖于重要资源提供方，又不断寻求自主的过程。如果异地办学校区生存和发展的重要资源由母校掌握，则母校拥有更大影响力；如果生存和发展的重要资源掌握在地方政府手中，则地方政府对于异地办学校区拥有更多主导权；如果异地办学校区能够掌握更多的替代性资源，则异地办学校区自身的独立性就会更强。

第四节　分析框架

异地办学的实质是充分利用高等学校的学术、学科等资源和地方政府的社会、自然等资源进行配置与交换的合作办学，是办学组织形态的变异和办学组织地域的扩张，是高校与地方政府合作在异地开展办学的高等教育活动。中国的异地办学主要是多校区性质，与国外分校的办学独立的实体不能一概而论。高等教育办学主体是办学体制中的核心部分，它解决的是高等教育由谁来投资举办的问题。"办学主体"在内涵上有两种意义：一种是直接从事教育活动的办学者即学校举办者，如具体办学的学校；另一种是直接投资、举办学校和支撑教育活动正常进行的办学者即学校的举办者，如投资办学的政府、社会力量等。① 从这个定义出发，对于异地办学组织来说，它的办学主体一般为校本部、地方政府和分校区自身。

从资源依赖的视角而言，组织为了生存，必须持续消费资源。那么，资源是什么呢？资源是指在组织中能够展现组织核心竞争力的任何

---

① 许长青：《新时期我国高等教育办学主体多元化若干问题探析》，《清华大学教育研究》2004 年第 1 期。

事物，既可以以有形资产的形式存在，又可以以无形资产（intangible assets）的形式存在。例如，商标，员工知识、技能，机械和技术、资本、契约以及有效地程序和过程都可以成为资源。组织资源被视为是那些能够帮助组织更好地竞争并实现其愿景、使命、战略和目标的优势的一系列属性组合。吉登斯定义资源为"使事情发生的能力"①。在《组织理论——理性、自然与开放系统的视角》一书中，对资源的定义是指支撑组织生存的各种东西，包括但不限于不断补充的人员、生产材料、设备及其他物质资源、资金、知识、市场、公共政策、社会认可等。不断获得这些资源对于组织来说生死攸关。但由于组织不是完全独立和自给自足，资源不可能从组织内部获得，而是要依赖环境。所谓组织环境，是指对组织活动及其成果产生影响的所有事物。本书梳理了异地办学校区接受地方政府和校本部投入的可以量化的资源，主要分为：硬件设备、资金资源、学科资源、招生资源、师资资源等，考察这些资源在异地办学校区纵向发展中的互动。同时，异地办学校区资源的投入具有多重性，很多资源无法量化但也应在研究中进行考量，如大学品牌等无形资产资源的投入，在异地办学校区创办过程中所起的作用。

从资源依赖理论的角度而言组织是具有能动性的，在异地办学校区诞生之后，处于地方政府和校本部两个系统环境之下的异地办学校区在不断地获取和转化资源，同时产生和发展自有资源，不断地使组织与外部环境紧密相连，形成与校本部、地方政府相互依赖的网络。

资源依赖理论认为，所有组织的成果都建立在相互依赖原因和根源的基础之上，但相互依赖的关系不必然平衡。就异地办学校区而言，在发展过程中，办学主体三方投入的资源不一定是完全对称的，产生的依赖关系包含了多种形式。

异地办学诞生之初，校本部主要投入师资资源、学生资源、学科资源等，地方政府主要提供硬件资源和资金资源。异地办学校区早期的资

---

① Anthony Giddens, *The Constitution of Society：Outline of the theory of Structuration*, Cambridge：Polity Press, 1984, p. 27.

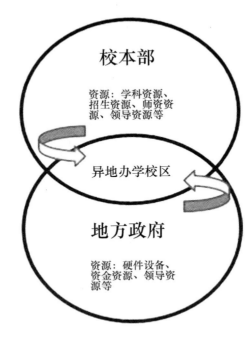

图 1 - 1   异地办学校区诞生框架

资料来源：作者自行整理所得。

源来自校本部各院系的资源给予，办学模式对校本部院系产生依赖，而在依赖的过程中，办学的权力也被本部院系控制，异地办学校区早期独立办学能力弱。但组织的本质是希望不断发展的，异地办学校区在依赖校本部院系资源的同时也在寻找替代性资源，如通过自主招聘师资、差异化学科的发展构建属于异地办学校区的资源体系，并通过这些资源的构建不断向地方政府要求更多的资源支持，如办学经费和基础设施建设的投入等，打造异地办学校区的品牌，提升办学自主权。在组织发展过程中，环境也是不断变化的，互相依赖随着所需求资源重要性的变化也在不断变化。当所需的资源存在较多时，需要同样资源的参与者的互相依赖性削减。当只有个别异地办学组织存在时，地方政府的投入是更多的。随着城市高等教育资源的不断建构，越来越多的高等教育机构参与竞争时，地方政府对于原来少数的异地办学组织的依赖和校本部的依赖程度是下降的。但异地办学校区仍需要获得地方政府投入更多的资金资源在竞争的环境中获得突出地位，组织自身希望不断扩大和变得更为独立，在此过程中与校本部不断进行互动和博弈，以期获得更多的学术评价权和本科办学等关键性的发展资源。笔者通过分析北京大学深圳研究生院办学主体三方资源的投入，观察在不同阶段对于资源投入和互动的形塑影响，以及产生的办学模式和出现的问题。问题的产生意味着资源的困境，异地办学组织在困境中不断行动去获取更多的资源，减少对唯一性资源的依赖。研究以时间维度为轴线，完整呈现案例院校十八年来在办学主体三方的互动博弈下的发展路径，具体包括办学定位、领导机构、学科发展、招生培养、办学模式的路径转变。通过对办学主体校本部、地方政府、异地办学校区三方领导人员、教学科研人员及行政管理人员的访谈，基于案例学校的发展历史，聚焦关键历史节点的办学事件，分析案例学校的办学主体各方的资源与政策对案例学校的作用以及反作用，解析案例学校在三方办学主体互动下的发展路径与选择机制。

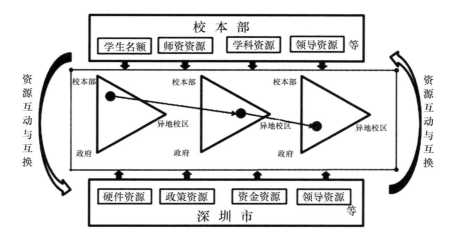

图 1 - 2　异地办学校区办学主体三方互动分析框架

资料来源：作者自行整理所得。

第五节　研究方法

一　案例研究方法

案例作为一种科研的方法，其主要目的是为了渴求接近或深入理解他们真实世界中的某一或某组"案例"。狭义的目标是形成一个宝贵而深刻的理解，即对案例有独特见地，希望理解现实世界的行为及其含义，并激发新的研究。[①] 案例研究可以回答"是什么"和"为什么"的问题，并在此基础上构建新理论。案例研究虽然是在纷繁复杂的社会情境中探究，但其主旨离不开推断或者求证社会现象之间的因果性关联，也就是说案例研究不是漫无目地讲故事，而是要找寻一个线索进行串联，并能推导出其内在逻辑和关联。同样，案例研究对于不同认识论取向的研究者都一样适用，一方面，案例研究较为符合现实主义者的观点；另一方面，对于相对主义者提倡的认为多个现实有多重含义，研究结论也受到观察者影响的观点，案例研究方法亦可以很好适用。

目前，案例研究逐渐成为高等教育管理研究领域的一种重要研究方法，被教育管理研究者使用。案例关注的可以是团队、事件、组织，甚至是场地。较之其他的研究方法，案例研究的结果能够被更多的读者接受，给人以身临其境的感觉。在高等教育管理领域，很多教育管理者用案例研究方法去阐述院校的发展，深入剖析内在机制，对于管理工作具有启发性，对相同类型的组织也有借鉴意义。选择案例研究方法进行研究，主要有以下几点原因：

该方法适用于本书的情境。罗伯特·K. 殷认为案例研究适用于以下三种情境：一是研究主要追问"是什么？"和"为什么？"；二是研究重心是正在现实生活环境中发生的现象；三是研究对象与所处的环境背景之间没有十分明显的界限，研究者对于研究对象几乎无法控制。本书

---

① ［美］罗伯特·K. 殷：《案例研究方法的应用》，周海涛等译，重庆大学出版社 2017年版，第 4 页。

关注的异地办学现象及其伴生的问题目的在于寻找问题背后的组织原因，探寻现象背后的"为什么？"是案例研究方法关注的主要追问。

该方法适用于本书研究问题的现实。深度关注案例，能如期了解更广泛的情境和其他复杂的情形，并将形成涵盖某一特定案例研究的广泛议题，案例研究从某种意义上来说超越了孤立的变量研究。本书通过对于案例现有问题的梳理，从资源投入的角度出发去探讨异地合作办学主体之间的关系，厘清异地合作办学的管理体系、办学思路及相应对策和措施，分析三方办学主体各自承担的责任和需要履行的义务，去寻找解决异地合作办学现实问题的路径与方案。案例研究的目的使研究者能够辨识调查研究中各种关系和社会过程，具有强烈的现实感，并能通过一个特点的案例去讨论广泛的此类现象，这种整体的考虑与本书十分契合。

该方法适用于较小的样本数。案例研究相比统计分析和纯粹定量研究，不需要花费大量的时间搜集众多样本、进行技术性分析，只需要少数几个案例或者解释性因素就可以达到对全局的系统把握与整体认知。

该方法适用于理论的分析归纳。案例研究的结论不依赖于"统计性归纳（statistical generalization）"，理论的作用通常呈现为"分析性归纳（analytic generalization）"。其目的在于对其他具体情境案例的归纳，而不仅仅是抽象的理论建构。从这种意义而言，案例研究是从具体的经验事实走向理论归纳的一种研究工具。本书通过资源依赖理论的视角去审视异地办学校区在办学主体三方互动下组织的成长与演变，从一个视角去解释既定存在的案例现实，并试图通过对案例的深入研究分析，对该理论能有一定改进的意见和建议。

二　案例基本情况

2001 年 1 月，北京大学与深圳市人民政府签署《合作创办北京大学深圳校区协议书》，至此北京大学深圳研究生院诞生。北京大学深圳研究生院占地面积 21.28 万平方米，建筑面积为 17.51 万平方米。秉承北京大学"爱国、进步、民主、科学"的光荣传统，"思想自由，兼容并包"的学术精神，"勤奋、严谨、求实、创新"的优良学风，融合深圳市创新、创业，不断改革的城市文化，逐步形成了北京大学深圳研究生院的办学方向。北京大学深圳研究生院的发展原则是"与校本部差异化发展，学科互补；面向深圳，服务广东，辐射华南，为地方经济发展服务"。

2002年，北京大学深圳研究生院与本部相关的5个学院共同建立了商学院、文法学院、生物技术与医学院、信息工程学院、环境与城市学院。2007年创建国际法学院，2008年商学院冠名汇丰商学院。同年，北京大学深圳研究生院提出"前沿领域、交叉学科、应用学术、国际标准"办学方针，提出建设国际化校区，开始招收留学生和港澳台学生。2013年成立新材料学院与通识教育中心，进一步明确与本部差异化发展、优势互补。2015年，财经传媒专业硕士招生获得批准，进一步完善北京大学深圳研究生院学科布局。如今，北京大学深圳研究生院已有信息工程学院、化学生物学与生物技术学院、环境与能源学院、城市规划与设计学院、新材料学院、汇丰商学院、国际法学院、人文社会科学学院八个学院。

北京大学深圳研究生院以"专业知识、综合素质、国际视野、社会责任"为培养目标，致力于培养引领未来的人才。北京大学深圳研究生院以研究生培养为主，2019年在校全日制研究生3418人，博士研究生305人，硕士研究生3113人。截至2019年，北京大学深圳研究生院共培养14316位毕业生。近五年毕业生在深圳市工作稳定在33%。

北京大学深圳研究生院现有教职工706人，其中专任教师179人。专任教师中国科学院院士2人、国家"千人计划"9人、"长江学者"2人、"鹏城学者"25人。作为师资队伍的重要补充，114名校本部教师参与北京大学深圳研究生院的教学工作。国际化是北京大学深圳研究生院师资队伍的重要特征，181名专任教师中有外国专家64人、留学归国者75人。

依托北京大学强大的学科背景，北京大学深圳研究生院追踪深圳市以及珠三角经济社会发展的需求，开展科研工作。学科发展与深圳市生物医药、互联网、新能源、新材料、文化创意和新一代信息技术六大产业高度契合，发挥出了创新引领作用。北京大学深圳研究生院已建创新平台 30 多个，其中包括省部共建国家重点实验室培育基地 1 个、广东省重点实验室 2 个、市重点实验室 14 个。近五年来，北京大学深圳研究生院累计发表论文 2170 篇，其中 SCI、EI、SSCI 索引 1536 篇，出版专著 47 部，承担科研项目 1050 项，累计科研经费约 7.7 亿元，申请专利 428 项，人均科研经费 130 万元。

经过十八年的发展，北京大学深圳研究生院已成为北京大学创建世界一流大学战略的重要组成部分。随着时间的推移，北京大学深圳研究生院发展的办学定位和目标既有延续性，同时也根据实际情况进行了一些调整。

表 1－2　　　　　　　北京大学深圳研究生院办学定位的演变

资料来源	办学定位
2000 年 10 月 11 日《深圳市与北京大学共建北京大学深圳研究生院的合作意向书》	北京大学深圳研究生院将根据深圳市经济和社会发展需要，发挥综合性大学的优势，学科设置以应用型为主，文、理和技术学科并重
2001 年 1 月 16 日《深圳市与北京大学合作创办深圳校区协议书》	北京大学深圳研究生院是甲乙双方合作创办，以政府投入为主的公办性质的学校。校区定位于高起点、高质量、高水平，以全日制研究生培养和应用性研究为主，是北京大学在国内唯一一所以研究生教育为主的直属异地校区，属产学研紧密结合的综合性校区
2001 年 4 月 24 日《教育部关于同意设立北京大学深圳研究生院的批复》	设立北京大学深圳研究生院，目的在于充分发挥北京大学的学科优势和深圳市的区域优势，面向深圳市区域经济和社会发展特别是高新技术产业发展的需要，培养高层次人才，探索和发展新型的高校—政府—企业在人才培养和科技创新方面的合作机制

续表

资料来源	办学定位
2002 年 12 月 18 日 《北京大学深圳研究生院理事会第一次会议纪要》	符合深圳市经济社会发展方向；与北京大学学新兴学科和交叉学科的发展相一致；追踪世界学科发展前沿
2008 年 5 月 4 日 北京大学 110 周年庆祝大会暨北京大学深圳研究生院总结会	确定"前沿领域、交叉学科、应用学术、国际标准"的办学原则，定位于创建世界一流国际化校区
2012 年 6 月 《北京大学学第十二次党代会报告》	努力办好北京大学深圳研究生院，使之成为深圳市进一步改革开放、建设国际化城市的重要力量和为华南地区培养高素质人才的重要基地
2013 年 12 月 北京大学领导考察调研北京大学深圳研究生院时的讲话	与校本部差异化发展，学科互补；面向深圳市，服务广东，辐射华南，为地方经济发展服务
2016 年 8 月 《北京大学与深圳市签署合作备忘录》	双方计划将北京大学深圳研究生院及其附属医院建设成为具有现代大学治理结构、合理学科布局、鲜明国际特色、世界一流水准的教育、学术研究和医疗机构

资料来源：作者自行整理所得。

从办学定位的演变可以看出，北京大学和深圳市长期以来都强调北京大学深圳研究生院要充分利用双方资源，与深圳市的产业相结合，为地方经济社会发展做出贡献。但同时北京大学深圳研究生院的办学定位在不同阶段也有一定的调整，北京大学深圳研究生院从最初强调应用性为主转为追踪世界学科发展前沿，从本部校区延伸到创建差异化国际化校区，并努力寻求升级为有一定规模、相对独立的校区。

三　内容结构

本书在资源依赖理论的指引下，梳理北京大学深圳研究生院发展十八年来办学主体三方资源投入与互动博弈的情况，力求把北京大学深圳研究生院组织发展变迁的特点与原因揭示到位。同时关注北京大学深圳研究生院是如何依赖资源和自主选择的，在获取资源的过程中有何障碍。在资源依赖的视角下，总结北京大学深圳研究生院出现困境的原因和组织行动的逻辑，对办学主体三方提出相应政策建议。本书内容结构如下：

第一章绪论。本章聚焦异地办学的现实背景、办学历程，提出研究问题。梳理有关异地办学领域的文献综述、研究成果和研究脉络。梳理组织理论中资源依赖理论的脉络与定位，阐释为什么要用此理论进行研究指引和关照，为本书明确理论方向，奠定研究基础。在资源依赖理论的指引下，确定研究思路和研究方法。

第二章校本部院系主导阶段。本章聚焦案例院校第一阶段的形塑机制，通过对办学主体三方资源给予和互动，运用资源依赖理论的关照解释校本部院系主导阶段形成的缘由，说明异地办学校本部院系主导阶段办学特征产生的原因，通过具体案例说明该阶段异地办学校区产生的问题。

第三章差异化发展阶段。本章聚焦案例院校的第二阶段的形塑机制，关注案例院校在资源依赖理论的框架下是如何与办学主体互动的，如何通过资源的争取进行组织的差异化转型，阐释在转型过程中出现的问题。

第四章竞争徘徊发展阶段。本章聚焦案例院校的第三阶段的形塑机制，关注案例院校在地方政府制度环境下面临的困境，办学环境变化后案例院校是如何行动的，在行动过程中办学主体三方是如何互动和博弈的。

第五章异地办学校区发展的制度障碍。本章对于异地办学校区发展制度环境进行探讨，梳理了国家顶层制度设计的环境与地方政府构建的环境，分析在制度环境下，不同办学主体对异地办学校区资源投入的多重性，阐释异地办学校区发展的制度障碍。

第六章主要结论与反思展望。本章从资源依赖理论的视角分析案例院校三个阶段演变的机制，办学主体三方资源的投入变化对异地办学校区的形塑，以及形塑过程中异地办学校区背后资源权力的运行逻辑，探讨异地办学校区"寻求长大"却"难以长大"之谜，同时对办学主体三方提出相应建议。

第二章 校本部院系主导阶段

第一节 北京大学深圳研究生院的诞生

2001 年 1 月 16 日，北京大学与深圳市签订合作创办北京大学深圳校区协议书，协议书就合作创办北京大学深圳校区（暂定名）达成如下协议：

一、北京大学深圳校区是由甲乙双方合作创办，以政府投入为主的公办性质的学校。校区定位于高起点、高质量、高水平，以全日制研究生培养和应用性研究为主，是北京大学在国内唯一一所以研究生教育为主的直属异地校区，属产学研紧密结合的综合性校区。

二、北京大学深圳校区由双方共同组成理事会，理事长由深圳市政府委派，校区领导由北京大学委派，校区党委接受深圳市委和北京大学党委的双重领导。

三、北京大学深圳校区是深圳大学城的首批办学实体，办学规模到 2005 年达到在校生 3000 人左右，并根据需求和条件设立博士后流动站，进站博士后达到 50 人左右。学科设置以应用型为主，文商法理及技术学科并重，大力发展新兴学科和交叉学科。

四、北京大学深圳校区的发展与建设分别列入深圳大学城和北京大学总体发展规划。甲方按照 3000 人的办学规模，提供必需的教学楼、综合楼等设施，以及校区开办所必需的配套条件。校区区内后勤实行社会化服务。校区的资产按照深圳市属高等院校资产管理模式进行管理。

甲方大力支持乙方在校区建设国家级重点实验室，按需分期资助乙方建设 3—4 个国际级重点实验室或分室。实验室投资不少于科技部规定的标准。

五、甲乙双方要相互配合，积极创造条件，使校区在继承北京大学优良传统的同时，大胆创新，以新思路、新模式运作，高标准、高质量培养高层次创新人才。

六、北京大学深圳校区学生招生和培养均列入北京大学的研究生教学计划，与北京大学本部的学生同样要求、同等待遇，学习合格者颁发与北京大学本部学生同样的毕业证书、学位证书，不搞第二品牌。

七、北京大学深圳校区待教育部批准后方对外宣布成立并正式挂牌。校区的基本建设争取在 2003 年秋季前完成并投入使用。甲乙双方将根据实际条件和需要，通过协商，合理安排筹备期的工作，使校区比较顺利地到 2005 年达到预计的办学规模。

2001 年教育部批复同意设立北京大学深圳研究生院。值得注意的是，呈报给教育部的是成立深圳校区，批复回来的是研究生院，从某种程度说明了教育部的态度。教育部批复中对办学目的和性质进行明确："设立北京大学深圳研究生院，目的在于充分发挥你校的学科优势和深圳市的区域优势，面向深圳市区域经济和社会发展特别是高新技术产业发展的需要，培养高层次人才，探索和发展新型的高校—政府—企业在人才培养和科技创新方面的合作机制。"北京大学深圳研究生院隶属北京大学，是北京大学设在深圳市的、以培养研究生为主要任务的教育机构。北京大学应在深圳市人民政府的大力支持下，对北京大学深圳研究生院办学的经费筹措、硬件条件、教学质量与师资保障等进行统筹规划和管理。北京大学深圳研究生院研究生招生和培养方面应与北京大学校本部的学生同样要求，以确保与校本部培养的学生具有相同的水平和质量。

一　深圳市的需求

（一）深圳城市定位对高等教育的渴求

20 世纪 90 年代，深圳市积极实施"科教兴市"的战略，大力发展高新技术产业。在20世纪90年代的产业结构调整时，高新技术产业的产值已经达到了全市工业总产值的40%，显示出强劲的发展势头。深圳市的高新技术产业，无论是从规模、技术水平、发展速度，还是从高新技术产品的绝对价值，都已无可争议地成为深圳市的特色经济和第一经济增长点。大力发展高新技术产业，充分发挥科学技术第一生产力的作用，无疑是深圳市发展的必然历史选择，是深圳市二次创业的基础和希望。深圳市今后的发展将更加直接地依赖于教育和科技的发展水平。科技进步靠人才，人才培养靠教育，特别是高等教育。[1] 深圳市的科技产业蓬勃发展，但没有与之相匹配的高等教育系统和资源。

1999年8月，广东省委、省政府要求深圳市作为建设有中国特色社会主义和率先基本实现现代化的示范城市继续先行先试。深圳市委市政府提出到2010年实现社会主义现代化，并于2010年前后建成区域性经济中心城市和现代化国际性城市。这样的城市目标背后的支撑，是一流的高等教育系统，而90年代的深圳市高等教育系统的规模与层次，不足以支撑深圳市的城市定位。

> 深圳市的城市发展目标，早在90年代末的时候就已经定得很高了，那个时候就已经定调了，包括社会主义示范市、社会主义的现代化城市、国际化大都市、高科技城市，这些词汇全部在本世纪早年的时候就已经定下来了。

> 为什么这样做呢？深圳市委市政府也都认识到，如果我们要实现这些远大的目标，深圳市自己有一些条件是不够的。第一，深圳市自己没有任何天然的资源，它只有1997平方公里的土地，除了这块土地，除了靠近香港，除了当年改革开放的一些特殊政策，使它的经济得到一个比较大的发展之外，其实其他都是空的，都是非常弱的。要想这个城市能够持续保持稳定的发展，能够变成一个永远走在前面不

---

[1] 梁北汉：《国际性城市与高等教育》，海天出版社2002年版，第347—348页。

断长大的一个城市，在中国的城市群里，乃至在国际的城市群里，能够立于不败之地，他们就做了一个比较高远的谋划与城市定位。

反过来看，国际性大城市与高新技术产业发达的城市需要什么条件？研究发现，必须要有一流的高等教育体系的支撑。没有一流的高等教育体系，它就不可能变成在国际上既有经济影响又有文化影响的城市。因为一个城市发展到现在，国际化大都市发展模式中，经济要想得到发展，就必须要在社会上有影响，社会上很重要的影响依赖于它的文化影响。文化影响里最核心的，就是它高等教育体系的影响。高等教育体系影响最重要的就是一流大学体系的影响。①

（二）深圳经济发展与高等教育发展不匹配

深圳市自创建起就在探索经济体制的改革，在国家给予特区灵活政策的支持下，经济高速发展。国际高等教育发展的历史表明：当人均GNP 2000—8000 美元是迅速发展阶段，经济对高等教育的需求持续增长。② 1998 年深圳市人均 GNP 已达 4000 美元，但高校毛入学率（含大专教育）仅为 13％。根据 1999 年的相关统计资料，深圳市户籍人口中，18—22 岁的人口总数为 76730 人，以此估算，1999 年深圳市毛入学率不足 15％，显示深圳市高等教育发展规模仍处于较低的水平。③

深圳市要保持国民经济持续快速健康发展，国内生产总值年均增长12％，第三产业增加值占国内生产总值比重达 50％ 以上。扩大高等教育规模，提高办学层次，加速培养创新人才和专业人才，就应该十分紧迫地提上重要日程，这是深圳市社会经济发展的内在要求。④ 举全市之力创办的深圳大学经历了近 20 年的发展，仍然停留在较低办学水平，不能切实满足城市的高新产业的发展。深圳市经济高速发展的情况与当

---

① 访谈弓老师，访谈编号 035，2018 年 10 月。
② 梁北汉：《国际性城市与高等教育》，海天出版社 2002 年版，第 346—347 页。
③ 梁北汉：《国际性城市与高等教育》，海天出版社 2002 年版，第 199 页。
④ 梁北汉：《国际性城市与高等教育》，海天出版社 2002 年版，第 209 页。

时高等教育发展的现状不匹配，而深圳市经济要持续快速发展的背后，需要一定层次和规模高等教育体系的支撑。

> 深圳市高等教育不成比例。高等教育不成比例，就说入学率上去了，但是本地能够接纳的高等教育入学学位很少。高等教育是欲速不达的，一定要积累，深圳市因为是座新兴城市，人口迅速增加，但是教育有个因循渐进的阶段，所以跟不上。而且并不是说光扩大、简单扩大学位就能解决的，一所名校都是需要积累的、需要时间的、需要逐步夯实它的基础的。①

（三）深圳城市发展对人才的强烈需求

世纪之交的深圳市发生着深刻变化，深圳市委市政府意识到，人才是社会发展的第一资源，谁拥有人才谁就拥有发展的不竭动力。高等学校是培养高层次人才的摇篮，是知识创新的源动力。高校特别是国内外一流高校的师资水平和研究力量，培养的学生是支持产、学、研发展的重要力量。当时的深圳市迫切需要高层次的、研究创新型的人才支持城市的转型和持续发展，但深圳市本土的教育体系相对欠缺。

90年代末，深圳市仅有深圳大学和深圳职业技术学院。深圳大学虽然是深圳市举全市之力举办的学校，但由于建校时间短，积淀不够，培养的人才不能满足深圳经济发展的需要。特别是博士点缺乏，对于深圳市高新技术产业需求的高层次人才培养乏力。而深圳职业技术学院侧重于职业技术类的教育。1998年深圳市全日制普通高校的在校生1.1万名，硕士生仅60名。一方面深圳市本土培养的大学生规模有限，另一方面深圳市高层次硕博人才严重缺乏。

根据深圳市政策研究室、市科技局课题组提出的《抢占二十一世纪人才资源制高点——深圳市人才发展战略总体研究报告》以及《深圳

---

① 访谈午老师，访谈编号039，2018年11月。

市教育发展十年规划》等资料显示，即使深圳市每年从内地引进人才数量提高到 2 万人/年，深圳市人才缺口到 2005 年仍将有 1.5 万人，到 2010 年会扩大到 2.67 万人。

表 2-1　　　　深圳市 2000—2010 年人才需求总量及供给计划　　　单位：万人

年份	2000年	2001年	2002年	2003年	2004年	2005年	2006年	2007年	2008年	2009年	2010年
现有/预期人才量	54.2	56.7	60.3	64.0	68.0	72.2	76.7	81.4	86.5	91.8	97.5
人才需求量	2.2	2.5	3.5	3.7	4.0	4.2	4.5	4.8	5.0	5.4	5.7
减　两校毕业生	0.37	0.43	0.50	0.56	0.63	0.70	0.76	0.83	0.89	0.96	1.03
从市外引进	1.2	1.6	2.0	2.0	2.0	2.0	2.0	2.0	2.0	2.0	2.0
人才	0.63	0.47	1.0	1.14	1.37	1.5	1.74	1.97	2.11	2.44	2.67

资料来源：《抢占二十一世纪人才资源制高点——深圳市人才发展战略总体研究报告》。

深圳市整个高新技术产业是一个亮点，又是全中国的前沿，不仅急需人才还急需科研平台。没有科学技术的研究开发，哪有新产业支撑。这又是一个背景。有瓶颈、有需求，实际上是实践中的需求。而且重要的一点，当时深圳市连自己的博士点都没有，也没有国家重点实验室。这是我们整个高新技术产业的发展、产业的升级在要素配置上有缺乏。[1]

作为一个国际性城市，它需要有一流的人才群，深圳市那时候没有太多的人才蓄水池，就是国际国内一流人才来到深圳市，除了去企业，除了去政府，好像就没有太多地方去了，也没有太多研究机构，也没有太多的大学。只有一所深圳大学，一所深职院。所以

---

[1] 访谈午老师，访谈编号 039，2018 年 11 月。

引进高校来深圳市办学那是一个非常具有划时代意义的，对深圳市来说是一个非常大的动作，而且具有历史的战略意义。①

到 1999 年的时候，深圳市已经是感觉到整个国内发展劲头，因为深圳市自身的产业结构的发展，逼着人要往前突破。那个时候也在提知识产业，知识经济等等这些东西，刚刚有苗头，但深圳市还面临着由工业经济转向知识经济这么一个突破。那么怎么办？首先，李子彬做市长的时候就已经开始提出，深圳市要抓高科技。这个时候深圳市把高新技术产业提到议事日程。面临这样的情况，高新技术产业巨大的支撑所需第一位的就是高层次人才。②

1999 年，深圳市高等教育改革与发展调研组撰写了《关于高等教育改革与发展的调研报告》，分析了深圳市高等教育的现状，深圳市高等教育存在的问题以及教育改革与发展的对策。深圳市的高等教育受深圳市人民政府和广东省教育厅双重领导，深圳市负责行政事务管理，广东省教育厅负责业务管理。根据《中华人民共和国高等教育法》第十三条："国务院统一领导和管理全国高等教育事业。省、自治区、直辖市人民政府统筹协调本行政区域内的高等教育事业，管理主要为地方培养人才和国务院授权管理的高等学校。"第十四条："国务院教育行政部门主管全国高等教育工作，管理由国务院确定的主要为全国培养人才的高等学校。国务院其他有关部门在国务院规定的职责范围内，负责有关的高等教育工作。"深圳市没有举办权，所有的学位点审批都需要教育部认可，但在当时申请硕士点、博士点没有时间和学科的积累，很难获得审批认可。"深圳市高校的管理体制存在不顺的问题，如何处理好省、市、学校三者之间的关系，政府如何按照《高等教育法》的有关规定，在做好宏观指导和管理的同时，让高

---

① 访谈弓老师，访谈编号 035，2017 年 12 月。
② 访谈张老师，访谈编号 036，2018 年 10 月。

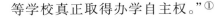

等学校真正取得办学自主权。"①

> 在中国的高等教育制度下，深圳市当年自己要办个高水平大学是不可能的。深圳大学1983年创办，1996年才拿到硕士点，到90年代末也没有博士点。按照国家的规定，我们自己创办的大学，从本科开始创办，到硕士点拿下来，到博士点拿下来，有一个漫长的时间。因此来不及，所以深圳市这种传统的搞法就搞不动。如果我们的体制灵活一点，可以马上申请硕士点和博士点，深圳市可以独立办的，我们马上办。因此深圳市只能找国内外一流大学合作，但是国外合作考虑到政治的风险和各方束缚也太多，所以目光就聚焦在国内一流大学合作上，而北京大学和清华大学又是最好的。②

在中国高等教育体制之下，当时深圳市的异地合作办学是深圳市政府立足国情和深圳市的现实情况，为深圳市城市发展选择的一条可行之路，找到了一条发展深圳市高等教育的现实路径。在2000年4月12日召开的全市教育工作会上，明确了深圳市的高等教育要依托"两条腿走路"，即办好深圳市属的两所大学——深圳大学、深圳职业技术学院，扩大办学规模，提高办学层次；同时，规划兴建大学园区，吸引国内外知名大学来深办学，实现高等教育跨越式发展。③ 因此，深圳市人民政府邀请北京大学共建异地办学校区。

二 北京大学的需求

北京大学选择在深圳市办学有合作基础和内在动力。2000年2月北京大学与深圳市人民政府和香港科技大学合作，在深圳市南山区科技

---

① 杨移贻：《关于深圳高等教育改革与发展的报告》，《深圳市教育发展问题报告》，深圳市教育科学研究所 & 深圳市教育科学规划领导小组办公室2001年版，第47页。

② 访谈弓老师，访谈编号035，2018年10月。

③ 庄心一：《深圳大学城让著名高校扎根》，《深圳晚报》2016年6月29日第16—17版，http://wb.sznews.com/html/2016-06/29/content_3558649.htm，2018年7月23日。

园建立深港产学研基地，这是北京大学与深圳市的首次合作办学，为后来北京大学深圳研究生院的创建打下坚实的基础。

（一）空间资源的拓展

1999年，教育部出台了《面向21世纪教育振兴行动计划》，计划中明确提出到2010年，高等教育毛入学率将达到适龄青年的15%。该计划的发布实施带动了中国高校的扩招。而高校扩招，不得不考虑办学经费、办学用地、教育资源等现实问题。对于北京大学而言，办学资源特别是空间资源有限，招生处于"数床板招生"的现实瓶颈。因此，北京大学选择利用沿海发达城市的区位优势，扩展自己的办学空间，通过空间外延发展学科，实现办学发展。同时使异地合作办学校区成为北京大学与港澳、东南亚等地开展交流合作的基地。

> 研究生院当时的负责人说，我们的本科招生规模是有限的，但是研究生的规模可以进一步扩大，每个老师都想要研究生，但是我们每年招研究生招多少不是研究生院说了算，而是房产处说了算，他们空出多少个床位来，然后我们招这么多学生，然后再分给各个院系。如果深圳市有条件，可以多招一点，我们老师也有精力带，这样在那里办学招研究生不是很好吗？[①]

（二）社会服务的职能

社会服务是高等教育的职能之一。在高等教育大众化的时代，大学社会服务的功能进一步凸显，地方政府也迫切需要。面向社会开展教学服务，成为区域内重要的人才培训中心；结合地方经济发展，开展科学研究和技术创新，努力成为区域科技创新中心和技术推广中心；开展多种形式的信息咨询服务，成为区域信息咨询服务中心；向社会开放，与社会共享资源，成为区域资源中心里组织文化活动，开展文化传播，成

---

① 访谈师老师，访谈编号023，2018年10月。

为区域文化中心。① 北京大学是一所历史悠久的综合性大学，曾为民族的解放、国家的建设和社会的进步作出巨大贡献，学校文化中流淌着为社会服务的基因，在早期讨论和深圳市合作办学的理由中，众多领导都提及北京大学社会服务的功能，都期待北京大学在南方继续发挥社会服务的热量，特别是从学科发展服务的角度，为当地经济文化发展做出贡献。

> 我觉得当时王德炳书记有一个非常好的心态和想法，他说咱们大学的功能，第一教学、第二科研、第三就是社会服务，他说这个社会服务，难道说深圳市这么样的一个中国改革开放的窗口，它需要发展我们不应该帮忙吗？他是从这个角度，并不是说从北京大学自己的，他的想法是从整个北京大学社会服务这块功能出发。②

> 南方应该有一所这种名牌大学，城市里边的很多问题，需要我们去研究的，这是一个，这里边除了有社会发展，法律问题，包括城市规划的这些问题，都是，他说我们都可以去研究，他说包括信息，他说深圳市的 IT 发展那么好，难道说我们不应该去到那边去做吗？③

（三）大学声誉的提升

大学的声誉是大学综合实力的体现，其核心反映的是大学的知名度和美誉度。大学的发展需要追求声誉，进行异地办学，对当地经济文化发展起到积极推动作用，能体现大学的价值，有助于其声誉的提升。

在北京大学深圳研究生院院报《南国燕园》的创刊号上，时任北京大学副校长的吴志攀写道："随着知识经济时代的到来，现代社会的竞争越来越体现为经济实力的竞争，而经济实力的竞争，归根结底是人

---

① 王旭东：《论地方高校社会服务职能的拓展》，《中国高教研究》2007 年第 8 期。
② 访谈师老师，访谈编号 023，2018 年 10 月。
③ 访谈师老师，访谈编号 023，2018 年 10 月。

才的竞争。高层次人才培养和科技源头创新在城市未来的经济和社会可持续发展中居于举足轻重的地位，深圳市领导极富远见地看到了这一点，并高效地着手将这一理念转化为现实。我校深圳研究生院目标是根据深圳市区域经济社会发展对人才和科技的需要，发挥我校的学科优势，重点进行以理工科研究生为主体，兼有经管、法律、社会、传播等的多学科高层次人才培养和原创性的科技创新研究，为深圳市二次创业提供人才培养和原创性的科技创新研究，为深圳市二次创业提供人才支持和技术支撑，也为我校创建世界一流大学添砖加瓦。"①

在北京大学深圳研究生院建院五周年校报上，时任北京大学党委书记闵维方对北京大学到深圳市进行合作办学评价到：能否对经济、社会和文化发展起到明显提升和促进作用，也是衡量一流大学的标志。同时，积极探索异地办学模式，是高等教育制度改革的重要组成部分，也是一种创新，如果能树立成功的典范，对于北京大学乃至整个高等教育事业都具有重要的战略意义。②

第二节　北京大学深圳研究生院的资源来源

从《合作创办北京大学深圳研究生院协议书》和教育部的批复文本来看，早期办学双方对投入有明显分工。深圳市主要投入资金、土地、设备等硬件设备，而北京大学主要负责学生名额、师资队伍、学科发展、科学研究等相关的软性资源投入。

一　硬件资源：深圳市全权提供

为引进北京大学、清华大学等高校，深圳市在签约时承诺提供全部硬件资源。在此背景下，深圳市创建深圳大学城，目的在于实现深圳市

---

① 吴志攀：《南国燕园，温暖如春》，《南国燕园》2004 年 10 月 31 日第 1 版。
② 闵维方：《市校共建，合作双赢》，《北京大学校报》（深圳研究生院建院五周年专刊）2006 年 10 月 28 日第 1 版。

高等教育跨越发展，加快高层次创新人才的培养，同时增强科技创新能力，提高经济质量、人口素质和文化品位，促进深圳市率先基本实现社会主义现代化。

北京大学深圳研究生院的选址就定在深圳大学城内。深圳大学城的建设分为两期进行，第一期包括智能综合大楼（4.5万平方米）、图书信息中心（6万平方米）、公共教学大楼（10万平方米）、实验大楼（9.5万平方米）等和体育场（10万平方米），第二期公共建筑总面积为12万平方米。

表2-2　　　深圳大学城基本建设情况（截至2005年12月）

总规划开发面积	10平方公里
一期规划开发面积	3.8平方公里
西校区已开发面积	1.45平方公里
西校区已完成建筑面积	36万平方米
清华大学深圳研究生院	8.4万平方米
北京大学深圳研究生院	8.7万平方米
哈尔滨工业大学深圳研究生院	7.7万平方米
学生公寓	6.6万平方米（3.8万平方米社会集资）
图书馆	4.6万平方米
东校区已建设面积	近3万平方米

资料来源：《深圳大学城办学情况报告》（2002—2005年）。

截止到2005年12月底，深圳大学城西校区基本建设投入财政资金84521万元，完成西校区三所研究生院的基本建设，图书馆管理中心的土建与二次装修，校园工程建设及西校区部分室外环艺工程。

二　资金资源：深圳市按比例提供

深圳市投资建设深圳大学城，预算包括学校的运行经费、高水平重点实验室建设费、校舍建设费和办学常规设备费等四类。截至2006年，深圳市政府拨付北京大学深圳研究生院经费 2.5 亿元。

（一）学校运行经费

深圳市人民政府以 2000 年全日制硕士生年均培养成本 5.31 万元为基数，深圳市政府提供约 45.4% 的财政补贴，年生均 2.4 万元。其中：教师津贴生均 0.68 万元/年，研究生培养经费和论文补贴生均 1 万元/年，研究生培养配套经费补贴生均 0.72 万元/年。[①]

表 2 - 3　　　　**深圳大学城三所研究生院运行经费生均标准**　　　单位：万元/年

项目		生均标准	经费来源		
			教育部拨款	导师自筹	政府补贴
研究生	行政运行费	1.80	1.00		0.80
	生活补贴	1.20		0.60	0.60
	科研业务费	1.50		1.50	0.00
骨干教师岗位津贴		0.80			0.80
合计		5.30	1.00	2.10	2.20
各部分全额比例		100%	19%	40%	41%

资料来源：《深圳市政府投资建设大学城各项经费预算》。

北京大学深圳研究生院的学校运行经费按照深圳市人民政府 2001 年 175 号文件执行，深圳市政府提供 45.4% 财政补贴。深圳市认为双方共建北京大学深圳研究生院，教育部会根据学生人数下拨给北京大学一部分经费，这部分资金理应投入到北京大学深圳研究生院。但北京大学深圳研究生院在实际运行过程中，另一部分应该由校本部拨付的经费并未到位。

（二）实验室建设经费

办学之初，深圳市与北京大学约定将在北京大学深圳研究生院共建

---

① 燕山、郭建如：《资源依赖视角下异地合作办学校区发展研究——基于 P 大深圳研究生院的案例研究》，《教育学术月刊》2020 年第 11 期。

三个国家级重点实验室，每个实验室启动经费 3000 万元。实验室的建设经费由深圳市承担，在深圳市投资建设大学城经费预算报告中，特别提到"实验室的建设因投资巨大，应认真考虑经费投入的渠道，不能政府全包，比如对清华大学、北京大学也可以考虑政府投资一部分，贴息贷款一部分，深圳市引进企业及社会资金共建等，以减轻政府的财政压力"。深圳市全力支持重点实验室建设。2005 年 6 月 20 日，时任深圳市常务副市长刘应力、副市长闫小培重点考察了大学城三校的实验室。刘应力常务副市长表示：大学城三校重点实验室是深圳市自主创新的重要力量，是深圳市区域创新体系中公共技术平台的重要组成部分，是深圳市自主创新城市的重要载体。深圳市政府非常支持深圳市重点实验室的建设。深圳市支持北京大学深圳研究生院的化学基因组学实验室、集成微系统科学工程与应用实验室、城市人居环境科学与技术实验室三个重点实验室，总计 9000 万元。

（三）校舍建设经费

根据北京大学深圳研究生院规划面积 4.42 万平方米测算，政府投入 1.105 亿元。北京大学深圳研究生院的校舍建设经费全部由深圳市承担。

此外，深圳市还承担北京大学深圳研究生院需要的常规设备经费。是名副其实的"交钥匙工程"，所有硬件设备均由深圳市提供。

表 2 - 4　　　　　北京大学深圳研究生院建筑面积及投资预算

独立使用部分				投资总量合计	
政府投入部分					
面积（万平方米）		投资（亿元）		政府投入（亿元）	
标准	增加 30%	标准	增加 30%	标准	增加 30%
3.4	4.42	0.85	1.105	0.85	1.105

资料来源：《深圳市政府投资建设大学城各项经费预算》。

三　组织机构：北京大学掌控

2001 年 9 月，北京大学任命了北京大学深圳研究生院的首届领导班子：北京大学副校长陈章良兼任北京大学深圳研究生院院长，史守旭任常务副院长，王仰麟（兼）、栾胜基、张虹任副院长，班子成员全部由北京大学任命。首任院领导都来自北京大学各部门和院系，带有浓厚的北京大学色彩。在行政管理上实行垂直管理，北京大学深圳研究生院深受北京大学控制影响。

2002 年北京大学和深圳市共同推动成立了北京大学深圳研究生院的理事会，通过了理事会章程。创建之初理事会起到了一定作用，但理事会人员众多，一年也没开几次会，效果欠佳。

北京大学深圳研究生院第一届理事会成员共 17 人。其中：深圳市方面代表 9 人，北京大学方面 8 人（北京大学深圳研究生院 2 人：全职在北京大学深圳研究生院工作的 1 人，兼职的 1 人）。理事长由深圳市市长担任，副理事长分别由北京大学校长和深圳市副市长担任。从理事会的构架上看，深圳市占有的人数和地位对北京大学深圳研究生院的影响要高于北京大学，但实际上理事会只在创建校区之初开了两次会，后来基本上是一个空架子，并没有实际运转起来，理事会的制度并没有给北京大学深圳研究生院带来实质性的影响。影响北京大学深圳研究生院组织决策与办学发展的是北京大学。北京大学深圳研究生院原院长都在北京大学担任要职，有较好的资源，发展和晋升比较快，时间不长都调动到其他岗位去了，此阶段北京大学深圳研究生院院长换了三次。只有常务副院长史守旭一直在北京大学深圳研究生院工作。

早在 1995 年，担任北京大学科研处处长的史守旭写过一篇题为"立足基础、面向应用，基础应用协调发展"的文章，探索以基础研究见长的大学如何实行产、学、研结合，为教育改革提供试验场。北京大学看重史守旭前沿的思维和开阔的眼界，选择为北京大学深圳研究生院首批创建人。

四　学科布局：北京大学院系的延伸

在最初讨论创办深圳大学城引入高校时，深圳大学城筹备规划建设领导小组办公室制定了《创建深圳大学城总体方案》，对引进学科标准与结构进行了规定。一是"高起点、高水平"。引进的学科必须是面向世界科技发展前沿的学科，教学科研水平在国内处于一流；二是"有特色，有实力"。引进的学科应是所在大学的特色和优势学科，并拥有规模较大、水平较高、结构合理的教学科研队伍，有实力异地办学并保持母校品牌；三是"发展急需，方向一致"。引进的学科必须是深圳市经济社会发展迫切需要，与深圳市支柱产业发展方向和《深圳市重点发展学科专业目录》相一致。学科专业结构：理工科与人文学科的比例原则为 7 : 3。

理工类主要侧重在电子信息产业、生物工程、化工与制药产业、新材料产业相关的学科，这些学科都是深圳市高新技术产业发展的重点。同时，为了适应中国加入 WTO 后对外经济贸易的发展，深圳市将经济学、法学与企业管理列入了深圳市的重点学科。

2002 年 11 月 22 日，北京大学深圳研究生院第一届理事会第一次会议在深圳市迎宾馆召开。会议提出了北京大学深圳研究生院要引进和建设与深圳市经济发展方向基本一致的学科规划框架。学科发展规划要紧密结合三方面：符合深圳市经济发展方向；与北京大学新兴学科和交叉学科的发展一致；追踪世界学科发展前沿。

表 2 – 5　　　　深圳市 2001—2010 年重点发展学科目录

学科代码	学科分类
理工科类	
0712	电子信息科学
0803	机械
0713	材料科学

续表

学科代码	学科分类
理工科类	
0818	生物工程
0811	化工与制药
0807	土建
法律、经济管理类	
0201	经济学
0301	法学
1102	工商管理
其他类别	
0812	交通运输
0713	环境科学
*	人文科学

资料来源：《创建深圳大学城总体方案》。

2002 年 4 月 27—28 日，北京大学深圳研究生院与北京大学发展规划部在深圳市召开了以"适应社会发展需要，开创新的办学模式"为主题的战略研讨会。会上讨论了北京大学深圳研究生院 2001—2005 年学科发展规划。规划制定的基本原则：

一、适应 21 世纪国际教育改革和发展方向。促进跨学科交叉，培养高素质、复合型、具有创新能力的人才。真正做到教育要面向现代化，面向世界，面向未来。

二、坚持教育与社会经济、理论与实践紧密结合的办学思想。立足深圳市、依托北京大学校本部，结合社会经济急需开展高水平的科学研究，提供高效优质的社会服务，形成"学、研、产、政"一体化的教学教研模式。

三、坚持"突出特色、互动发展"的办学策略。北京大学深圳研究生院不是简单地照搬北京大学校本部的学科内容，而是按照规模、结构、功能和质量的优化配置，形成与校本部相互补充、相互促进、相互协调的办学特点，努力探索新的研究生教育体制和模式。

四、坚持"高起点、高质量、高水平"的办学要求。北京大学深圳研究生院的学生培养和北京大学校本部同等要求、同等对待、不搞第二品牌。

五、继承并发扬北京大学优良的学术传统和校园文化，建设具有时代特征的新校区。校区建设是学科发展的基础条件，是学科建设和人才培养的环境背景。建设生态校区，弘扬绿色文化，形成 21 世纪校园建设的特色。

在《北京大学深圳研究生院 2001—2005 年学科发展规划》中，明确鼓励学科的交叉和融合，重视应用类学科专业的发展，力争在生物与医学、微电子（特别是集成电路设计方面）与信息科学、环境保护与城市和区域发展等领域形成新的增长点，开拓新的领域。在重视基础研究的同时，着力加强应用研究。以市场为导向，积极面向经济建设主战场，对社会急需的应用研究领域，开展技术科学与学、研、产的结合，努力促进科技成果的转化。人文社会科学是北京大学传统优势，在发扬该学科优势的同时，注重把改革开放和现代化进程中的重大理论和实践问题作为主攻方向，为深圳市的决策服务。在人文社会科学领域重点发展法律、经济、管理等学科。总体而言，北京大学深圳研究生院的学科建设要本着培养国家急需人才，满足深圳市经济社会发展要求，确立以应用型为主，文、商、法、理及技术学科并重，大力发展新兴学科和交叉学科的学科发展总体方向。

深圳市在早期办学上对学科方向有一定的想法，但落实要靠北京大学深圳研究生院，要将学科建成并有所发展，稀缺资源莫过于学科带头人及相关的学科资源，而所有学科资源都掌握在北京大学相关院系的手中，学科建设需要得到北京大学的支持。

在 2006 年北京大学深圳研究生院五周年的校报上，北京大学校长许智宏接受记者采访时说：

保证北京大学的教育质量是学校最重要的责任，因此，保证北京大学深圳研究生院的教育水准不仅是深圳研究生院的承诺，也是北京大学的承诺。异地合作办学确实存在很多困难和障碍，但是学校会一如既往地支持北京大学深圳研究生院的发展。在师资配备上，各相关院系首先要保证在北京大学深圳研究生院的授课师资水平与本部一样。五年来，学校各院系、各职能部门在师资力量、干部配备和学科建设方面对北京大学深圳研究生院都给予了较大支持，北京大学深圳研究生院的工作也取得了很大的成绩。①

不难看出北京大学深圳研究生院是在北京大学各院系大力支持下办起来的，办学目标就是要保证教学质量与北京大学本部一致，学生培养质量要达到与北京大学本部同样的水平。当然，我们还可以从北京大学深圳研究生院这一阶段建立学院的办学方向和学科带头人看出北京大学对它的控制与影响。

表 2 - 6 　　　　　　北京大学深圳研究生院 2006 年学院设置

北京大学深圳研究生院学院设置	成立时间	学科带头人	学科方向	北京大学本部学院
信息工程学院	2002 年	杨芙清　院士 王阳元　院士	微电子 信息技术	信息科学技术学院
生物技术与医学学院	2003 年	吴云东　院士 杨　震　教授 邓宏魁　教授	化学基因组学	化学与分子工程学院
环境与城市学院	2004 年	唐孝炎　院士 栾胜基　教授	城市规划 环境能源	城市与环境学院
商学院	2004 年	海　闻　教授	经济学	

---

① 许智宏：《合作办学成果初显，发挥优势前景光明》，《北京大学校报》（深圳研究生院建院五周年专刊）2006 年 10 月 28 日第 1 版。

续表

北京大学深圳研究生院学院设置	成立时间	学科带头人	学科方向	北京大学本部学院
法学院	2002 年	储槐植　教授	法学	法学院
人文社会科学学院	2006 年	于长江　副教授	社会学 传播学 心理学	社会学系 新闻与传播学院 心理学系

资料来源：作者自行整理所得。

从表 2-6 可以看出，这一阶段北京大学深圳研究生院的学科设置大方向面向深圳市的战略新兴产业，注重把改革开放和现代化进程中的重大理论与实践问题作为主攻方向，为深圳市的经济社会发展与决策服务。所设置的学科也是北京大学擅长的学科，所有的学院都有北京大学本部的学科资源支撑，所有的学科带头人基本都来自北京大学本部的相关院系，属于名副其实的"北京大学院系的延伸"。

（一）信息工程学院

2002 年北京大学信息学科重组，重组的信息学科成立三个学院和一个研究所。三个学院分别是信息科学技术学院、软件与微电子学院、信息工程学院和王选院士的计算机研究所。而北京大学信息学科的带头人是杨芙清院士。杨芙清师从徐献瑜教授，是中国第一个计算数学专业的研究生。在她的积极倡导和推动下，北京大学成立了计算机科学技术系，后来杨芙清成为该系的第一位教授和博导，并从 1983 年开始任系主任，这一干就是 16 年。2001 年，教育部和国家计委下发了试办示范性软件学院的通知。杨芙清院士意识到这是一个发展契机。已 70 岁的她立刻投入到北京大学软件学院工作。同年北京大学深圳研究生院建立，杨芙清院士任信息工程学院创院院长。

在北京大学深圳研究生院第一次学科战略研讨会上，对信息工程学院的定位和内容进行了概述。北京大学信息科学技术学院是中国高校中最早开展计算软件、计算机及应用、微电子学、电子与光通讯研究与教学的院系之一，所取得的科研成果在中国多个领域有着广泛应用。信息产业一直是深圳市重点发展的支柱产业，对 IT 领域人才有着极大的需求。① 在北京大学深圳研究生院第一次学科战略研讨会上，对信息工程学院的定位为：信息工程学院依托北京大学信息科学技术学院和北京大学软件与微电子学院的教学科研力量，结合深圳市及其周边地区产业发展的需要，培养集成电路、软件、嵌入式系统方面的硕士研究生和博士研究生并开展在相关领域应用性研究。信息工程学院有电子科学与技术、计算机科学与技术两个一级学科，这一阶段的招生专业为：软件工程、电子与通信工程、计算机软件与理论、计算机系统结构、微电子学与固体电子学。杨芙清院士在北京大学深圳研究生院创院的宣传画册上写道：

> 深圳研究生院的建立，一方面可以将北京大学的科研力量和教育资源带往深圳，为那里培养更多应用型科学技术人才，同时也拓展了北京大学的办学思路。信息工程学院主要集中在软件工程技术、集成电路设计，特别是 SOC（系统集成芯片技术）等方面的研究开发，并将更好地促进产、学、研一体化。

木老师是早期留在信息工程学院工作的副教授，他认为信息工程专业是当年深圳市最希望进行布局的，而恰好北京大学有这方面的资源，所以一拍即合。

> 木老师：对，你要看深圳市究竟想建什么，还有北京大学能提供什么，这个都要确定了以后才能真正在这建。第一个，深圳市最想建的就是电子信息，因为深圳市的电子信息在整个的深圳市的GDP 占了绝大部分。所以尤其是在那个年代，比例是非常高的。同时，王院士和杨院士也愿意在这建。为什么我们叫作信息工程学

---

① 《北京大学深圳研究生院学科发展规划 2001—2005》，2001 年版。

院，通常学校本部都喜欢叫科学与技术。这是杨院士给这块起的名字，我们在深圳市面向地是产业和工厂，把北京大学在电子信息方面的这些成果积淀，结合深圳市的这种产业需求，建一个类似浅滩桥头堡阵地，跟深圳市需求结合起来，做一些事情。①

曾在北京大学本部工作，后来在北京大学深圳研究生院从事管理和学术工作的黄老师，他也认为杨院士的支持给北京大学深圳研究生院带来了丰富的学术资源。

问：因为我知道我们这边信息工程学院杨老师是创院院长。杨老师是信息领域的元老级人物，是不是因为杨老师这个关系，最开始软微学院才放了一百多个学生支持这边办学？

黄老师：肯定是这个因素。是这样的，最主要的因素。就是杨老师想支持这里办学。②

从杨院士的话语和信息工程学院木老师的访谈中可以看出，杨芙清院士与王阳元院士看中了深圳市的信息产业优势和面向应用的环境。杨院士和王院士是信息领域元老，学术地位高，话语权强，他们愿意将教师资源、教学资源甚至学生名额带到深圳市，支持北京大学深圳研究生院的发展，才有信息工程学院的诞生。信息工程学院执行院长张盛东教授表示，在深圳市建设信息工程学院的一个重要原因是，深圳市的信息产业不仅在全国来看是最发达的，而且在国际上都有很强的领导力。③

（二）环境与城市学院

2004 年建立的环境与城市学院依托当时北京大学的环境学院。环境学院的前身是北京大学的环境科学中心和城市环境系共同合并的一个

---

① 访谈木老师，访谈编号 008，2017 年 5 月。
② 访谈黄老师，访谈编号 004，2017 年 4 月。
③ 李薇薇：《建无愧于信息时代的信息学院》，《南燕新青年》2015 年版，第 8—10 页。

学院。学院的定位是充分发挥北京大学环境学院的教学与科研基地，服务于深圳市以及珠江三角洲地区城市群经济快速发展的需求，以解决本地区特有的在环境保护和城市发展中面临的问题为主要目标开展教学与科研。专业设置重点围绕环境与人体健康、城市发展与环境规划、水土资源规划与管理、环境工程等领域。研究生的培养目标是高层次环境保护和城市规划的应用型管理人才。在北京大学深圳研究生院的学科发展规划中，对环境与城市学科群的描述为"该学科群将对深圳市的环境污染的预防、水资源的再利用、环境与人体健康的风险预警以及可持续发展等研究有重大突破"。

环境与城市学院的首任院长是北京大学环境学院院长江家驷教授，第一批来的有唐孝炎院士，包括他的博士、博士后先后到环境与城市学院担任青年教师。早在1999年，北京大学与香港科技大学、深圳市政府建立了深港产、学、研基地，引进了北京大学的重点实验室。其中一个国家重点实验室深圳分室就是环境模拟污染控制实验室，早期北京大学环境学院的青年学者就在深圳市做研究。冯老师是北京大学本部的博士后，因为导师的关系一直在深圳市从事科研工作，然后就留在北京大学深圳研究生院担任教职。

问：我们当初和北京大学本部的是什么样的关系？关系密切吗？

冯老师：很紧密，有的是师生关系，或者是博士后之间工作关系，总之都是有各种各样的关系，所以刚开始我们在做科研的时候本部其实给了我们很大的支持，因为当时这边成立的院系和本部那边都是有关系的，当然可能有的院系关系好，有的院系关系差一点。当时本部叫环境学院，我们这边叫环境与城市学院，院长实际上就是本部的院长，相当于他兼这边的院长，唐院士对我们的支持非常大，最开始在科技园那边就设有本部的环境模拟污染大地控制重点实验室分室，那个时候唐院士就很关注了。还有秦老师，他最早在基地那边做，实际上也是北京大学深圳研究生院的老师，我们经常开玩笑说他是户主，就是北京大学深圳研究生院户口本的户主是他。①

环境与城市学院所有专业的开设是需要教育部认可并与校本部保持一致。环境与城市学院最开始的学科规划和研究方向一直沿用的北京大学本部环境学院的培养方向，只不过在课程设置上不完全一致，要考虑模块化的教学方式，以及到北京大学深圳研究生院上课的师资安排。当时的课表只能一周一安排，因为要和本部的老师沟通。早期来城市环境学院的青年老师冯老师认为，当时学院的学科设置基本完全依赖于北京大学校本部。

> 冯老师：我们所有的专业都是要教育部认可的，要和本部保持一致，包括现在我们的专业还是科学环境工程，和本部保持一致，实际上方向还是按照我的导师做。比如说我是做大气的，我来了以后肯定就做大气方向。倪老师是做水的，所以肯定是做水的。文老师做规划与管理，所以他就偏规划与管理。应该说创院前几年我们的研究方向一直用的都是本部的培养方向，只是课程不能完全根据本部的课程，因为你要考虑到模块化，考虑到我们这边的老师和校本部老师的实际情况，因为本部的老师有支持我们的，也有不支持我们的，支持我们的他肯定也会来授课，不支持的别说请他来上课，一听我们北京大学深圳研究生院的名字，他们就说这边是花花世界，这里怎么可能做学问，都是这样的，所以说本部对这边的态度也是不一样的。②

2006 年 10 月环境与城市学院常务副院长曾辉教授接受《南国燕

---

① 访谈冯老师，访谈编号 013，2017 年 7 月。
② 访谈冯老师，访谈编号 013，2017 年 7 月。

园》记者采访时谈到：

> 北京大学深圳研究生院的办学宗旨是以应用型高技术人才培养为主，与本部错位办学，经过这些年的努力，我认为目前北京大学深圳研究生院已经成为本部一个非常好的补充和延伸。就环境与城市学院的情况来看，我们与本部理论研究型的学科发展取向有所不同，虽然我们也是围绕环境和城市量大主题进行开拓，但更加偏重于应用。比如我们在深圳市开办的两个新专业，城市与区域规划专业和景观设计学专业，都是面向应用的，主要招生和培养工作均在深圳市进行。而环境科学及环境工程两个专业虽然与本部有所重叠，但也在逐渐形成自己的学科特色，一些新的理论和应用学科发展方向是本部没有的。①

环境与城市学院的院长虽然不全职在北京大学深圳研究生院，但众多中青年老师因为科研的关系很早就与深圳市有合作，成为该学院的基础师资。正是因为在深圳市的科研资源和北京大学的教师资源，促成了环境与城市学院的诞生。

在访谈中，笔者了解到本部老师之所以愿意到环境与城市学院的原因之一，就是在这里有更为丰富的学生资源。因为本部的学生更为紧张，有的老师只能招一个博士、两个硕士。但是在深圳市这边可以培养更多的学生。

（三）商学院

在北京大学深圳研究生院学科发展规划中，对于商学院的概述为：商学院将依托北京大学光华管理学院和经济学院之精华，面对深圳市经济社会发展的需要，结合中国加入WTO之后，经济发展中的许多理论和实践新问题，培养具有坚实的经济学、商学理论基础和较高应用技能

---

① 赵璟：《北京深圳优势互补，品牌实力并驾齐驱——专访环境与城市学院常务副院长曾辉教授》，《南国燕园》2006年10月18日第3版。

的专业人才。学生毕业后要具有综合运用金融学、经济学、管理学、现代计量分析手段解决理论问题与实践问题的能力，使其能够适应金融、经济、商业等领域的管理部门和研究机构的工作。[①] 商学院依托的主要是光华和经济学院。早在 2002 年的时候，北京大学的光华管理学院就拿到了商学院的招生名额，每年以光华管理学院的名额招收 40 多名金融学硕士，但是学生不愿意来北京大学深圳研究生院的商学院上学，所以都留在光华管理学院学习。北京大学深圳研究生院一直积极地与光华管理学院沟通，希望光华管理学院能像北京大学"对口支援"的其他学院一样，有学科带头人及相关教师来深圳市办学。但是光华管理学院并没有太大兴趣，老师和学生都不愿意来，所以最开始建立的商学院是一个空壳子。这也从一个侧面说明了当时北京大学院系资源对于北京大学深圳研究生院办学的重要性。

> 2002 年开始招生，学生根本就不愿意过来，过来了以后，也不认同这边，很多人，像光华管理学院他们都不过来，而来的人，动不动就要回去，基本上是这样，所以这是一个大问题。[②]

当时北京大学深圳研究生院院长林建华和常务副院长史守旭认识到，依靠光华管理学院不是长久之计，商学院需要做实，所以引进了当时北京大学的校长助理海闻教授来北京大学深圳研究生院主持商学院工作。

> 海老师：后来在 2004 年 10 月份的时候，当时林建华担任北京大学深圳研究生院院长，他就找我谈，希望我来管这边的商学院，因为当年商学院有一栋楼，但根本没学生过来，就一个老师，一个博士后，把他们放在北京大学深圳研究生院这边。所以在这种情况

---

① 《北京大学深圳研究生院学科发展规划 2001—2005》，2001 年版。
② 访谈海老师，访谈编号 032，2019 年 10 月。

下，当时我就跟林建华说，我说如果要办，必须独立，这就是起因。①

海闻教授认为，深圳市在地理位置上有着巨大优势，北接珠三角，南临香港，改革开放以来，在深圳市聚集了大量的优秀企业，商业环境氛围有利于商学院的建设与发展。

从国内国际经济发展的背景看，当时中国加入世贸组织不久，中国经济在渡过 20 世纪 90 年代一次增长高峰之后，又迎来了加入世贸组织后又一个新高峰，尤其是进入了一个资本市场、金融市场快速发展的新阶段。此外加入世贸组织之后，中国企业家已经到了一个不能光凭热情经营的时代，素质需要得到提升。同时，深圳市是中国最早的经济特区，是改革开放的窗口，是一个移民城市。②

2005 年 6 月，海闻教授赴香港，与香港大学就合作开办北京大学"西方经济学"与港大"金融学"双学位教学项目事宜进行磋商，并计划招生 60 人，设置学费标准为 10 万元/人。可以说海闻教授看到了深圳市毗邻港澳的区位优势和市场经济活力，通过寻找国际化的办学资源体现北京大学商科在深圳市的优势，从而吸引优秀的学生资源。同时，海闻教授迅速组建了一流的师资队伍，如时任北京大学中国经济研究中心教授平新乔、现任北京工商大学副校长龚六堂等，采用"模块式"教学，开启了商学院的创建发展之路。

（四）法学院

法学院的前身是文法学院，当时文法学院的定位为：充分依托北京大学法学院、政府管理学院、新闻与传播学院、社会学系和心理学系的综合学科优势以及雄厚的师资力量，顺应科技整合的世界潮流，面向社

---

① 访谈海老师，访谈编号 032，2019 年 10 月。
② 沈清华：《商界军校：北大汇丰商学院创业史》，中信出版社 2014 年版，第 14 页。

会主义民主与法制及其价值观的实现，探讨国家管理模式与经济全球化的关系；研究政府与市场、政府与企业诸多关系的调整；分析环境资源利用的伦理和法律的关系以及现代化城市建设中的发展与管理问题。开展科学与文化、科学精神与人文精神、道德规划与法律制度等关系的教学与研究，具有重要的理论意义和实际价值。[①] 在深圳市这座观念创新、体制创新的城市，致力于培养社会急需的法律人才、传媒精英以及高素质的政府、企业管理人员。学院开设了法律硕士、传播学、社会学等学历学位教育和 MPA（公共管理硕士）、行政管理等各种在职高层次人才培养项目。

文法学院是当初北京大学深圳研究生院最大的学院，分别对应北京大学法学院、新闻与传播学院、社会学系和心理学系。2006 年，文法学院又分成法学院和人文社会科学学院。法学院是由北京大学法学院支持建设的，2002 级法律硕士专业班的 84 名学生是北京大学深圳研究生院最初的学生，直接参与了北京大学深圳研究生院的创建工作。而法律硕士专业将近 200 个学生也是北京大学深圳研究生院内最大学生规模的学院。本部法学院来深圳市办学的原因：一是创建北京大学深圳研究生院是北京大学的学校战略，鼓励当时学生最多的北京大学法学院来深圳市支持北京大学深圳研究生院办学；二是在深圳市的学生有人头补贴经费，这部分经费和培训相关的收入成为北京大学法学院的收入来源；三是当时北京大学法学院空间有限，在本部又需要资金新建法学院大楼。为此，北京大学法学院有一半的法律硕士专业学生在北京大学深圳研究生院进行培养。

（五）人文社会科学学院

对于北京大学深圳研究生院的人文社会科学学院来说，北京大学本部的学科支持更为多元。该学院的三个专业分别依托北京大学的三个不同院系，当时人文社会科学学院的于长江副教授认为，这种打破常规的

---

① 《北京大学深圳研究生院学科发展规划2001—2005》，2001 年版。

专业组合是一种全新的尝试与创新，它打破了既有专业的界限与划分，使得三个不同专业在同一个学院的大框架内进行整合。江老师早期被北京大学的社会学系派来深圳研究生院，主要负责社会学系在深圳市的管理相关工作。

问：是 2006 年成立的人文学院？

江老师：对。

问：社会学是 2004 年，为什么当时社会学会来呢？

江老师：新闻传播学和社会学都是 2004 年来北京大学深圳研究生院，2006 年心理系开始筹办。这三个专业合起来成立了人文社会科学学院。刚来的时候新闻传播学和社会学是挂在文法学院。但仅仅挂名，几乎没有任何实质性的关联。因为当时说办学一直是一院多制，我们每一个合作办学都是一种模式。那时候还没有全院统一的这些概念和标准，都是各自这么独立。一直到后来很晚了才把各人文专业统合在一起。当时传播学和社会学，都是本部的新闻与传播学院、社会学系与深圳研究生院单独签约，分别成立。当时只办专业也不能叫系，没有地方放，就把这两个专业挂到文法学院。

所谓的挂是什么意思，仅仅名义上放在这。因为也没什么实质性的事，真正所有的教务，所有的这些学生管理都是直接与校本部的两个学院对应的。

问：为什么社会学愿意来深圳市发展呢？

江老师：当时建北京大学深圳研究生院，其实那个时候名额非常宽松了。北京大学深圳研究生院就到校本部那边去宣布这个事，同时劝说这些专业来深圳市，就像招商引资一样，招呼人。那么招呼的过程中，社会学、新闻传播学都开会研究，说过来。社会学本身研究中国社会的，当时南方搞社会改革开放，中国改革 30 年一直是南方这边引领的。我们一直觉得北京大学社会学这个学科在南方总体力量偏弱，所以当时觉得个好机会，可以在南方布局调整。①

柳老师是曾经北京大学社会学系的负责人，他认为社会学系之所以愿意来深圳市进行学科布局，主要出于学科方向发展考虑，以及研究生名额。

> 柳老师：我们对于在深圳市办学，或者说在那边设立我们的一个教学科研点，社会学系有兴趣。因为社会学要做社会调查，当时在费孝通的带领下，我们主要沿着东西部发展两块在做，但是改革开放前沿研究聚焦少。深圳市是改革开放的前沿，所以我们觉得有必要在这边设立一个集教学和研究的据点，而且可以带学生开阔眼界，接受改革开放文化熏陶。因为社会学这个学科特点就是要做田野的，社会实践在研究生培养当中占有较大比重，所以对我们这个学科来说，把北京大学深圳研究生院既当书斋又当一个观察的前沿点，学生在那儿待一段时间觉得是可行的，这个学科特点，是选择在深圳市发展的一个重要原因。
>
> 问：除学科的考虑以外，如果是社会学过去的话，会不会有多给名额或者是多给一些费用？这些方面有没有兴趣呢？
>
> 柳老师：这个当然也有，在那边可以给我们 40 个名额。当然经济上的考虑也是一部分，但不是主要因素，社会学系老师的学术取向非常强，他们不是特别愿意做日常的培训，或者说那种为了创收去做培训。②

在访谈人文社科学院的江老师和柳老师的过程中，发现北京大学的人文学科早期愿意来北京大学深圳研究生院主要是由于学科布局的需

---

① 访谈江老师，访谈编号 006，2017 年 4 月。
② 访谈柳老师，访谈编号 027，2018 年 8 月。

要，特别是社会学学科的特点，需要进行田野调查，并聚焦改革开放前沿之地的相关研究。柳老师曾指出，大规模的城市之力，尤其是大规模城市带的治理在未来的中国将会日益体现出重要性。而深圳市这样一个快速增长的大城市正可以为研究大型城市治理问题提供最为真实的样本，作为一个高速发展的城市，深圳市也是珠三角城市带的一个重要生长点，这样一片优良的资源可以为社会学的发展提供良好的原始材料，在北京大学深圳研究生院设立社会学专业，未来可以结出丰硕的果实。

此外，在北京大学深圳研究生院发展相关人文学科，可以获得额外的学生名额资源，同时有愿意扎根在北京大学深圳研究生院的相关学科教师资源。三个专业合并成人文社会科学学院后，由江老师担任执行院长，并在学院办学运行模式上进行了本土化创新。

> 江老师：我们从零开始，关键这是个全新的体制。就是说原来从来没有北京大学的一个机构下边搞这样的框架，然后所有的老师都从本部来。校本部是三个院系，我们要同时对三个院系，招生人数不同、学制不同，收费与待遇也不同。心理学在北京大学算理科，所以这是非常复杂的体系。这种合作办学，北京大学没有过，每件事都要从零开始，所以当时我们就商量遇到事情要如何处理，最后决定采取案例制，我说我们每件事就当一个个案来研究，研究完了就以这件事处理方式记录下来。①

传播学专业是人文学院的三个专业之一，2004 年在北京大学深圳研究生院建立。

> 问：新闻传播专业在北京大学深圳研究生院的办学特色是什么？与本部的区别在哪里？

---

① 访谈江老师，访谈编号 006，2017 年 4 月。

陈老师：这是学院一直思考的问题。经过几年的发展，我们学院从一开始复制本部研究生教育的模式，到逐渐开始形成自己适合深圳市的环境、能够不断创新的特色。这种特色表现在两个方面：一是充分创造北京大学深圳研究生院学术研究的小环境，充分把握价值，利用现有学科群和半封闭的学习环境与社会学、心理学、管理学、经济学嫁接，通过一年的强化，使同学们充分把握基础理论和方法。二是充分利用港澳台的资源及更加市场化、更开放、更国际化的环境，与深圳市以粤港澳的媒体和学术资源深度结合。[①]

（六）生物技术与医学学院

生物技术与医学学院的前身是化学基因组学实验室。化学基因组学实验室是 2004 年由深圳市资助建设的，实验室最初的目标是争取用五年左右的时间使化学基因组学实验室在国际相关研究领域形成一定的影响力，建立一个具有国际竞争能力的化学基因组学研究平台和研究团队，以抗癌和抗病毒药物研发为主要研究方向，开发具有自主知识产权的成果，以交叉学科研究为特色培养生物医药研发的优秀人才。同时，结合深圳市优势，提升深圳市生物医药产业的源头创新能力，为发展深圳市高科技产业做出贡献。[②]

当初杨震、叶涛、邓宏魁教授从国外学成归国，准备在北京大学建设一个交叉学科的平台，但是这个平台放在校本部的化学学院和生物学院都不太合适。时任北京大学深圳研究生院院长的林建华建议他们将这个交叉前沿的平台放在深圳市，于是有了化学生物学与生物技术学院的诞生，该学院还引进了香港科技大学的吴云东院士。

该学院的定位为充分利用北京大学生命科学学院、化学学院和医学

---

① 蔡金曼等：《整合资源不断创新，探索异地办学差异化优势——徐泓、陈刚、李琨谈新闻传播学教育》，《南国燕园》2007 年 12 月 17 日第 3 版。

② 许正双：《一流的科研团队先进的科研设备——完善中的化学基因组学新药研发平台》，《南国燕园》2006 年 10 月 18 日第 2 版。

部的教学科研优势，发挥深圳市的地域优势，进行交叉前沿科学研究，培养交叉特色人才。学院组成了一支具有国际水准的科研团队，与国外知名制药企业及香港大学医学院、深圳市人民医院开展了多种方式的合作，对新药开发进行研究，改变中国制药局面。

"特殊的土壤可以生长出特殊的植物"，时任化学基因组学实验室主任认为，当时化学基因组学交叉学科平台的组建是非常及时的，因为2007年前后国家科技部和国家自然科学基金委已经开始启动创新药物的研究。2007年，化学基因组学实验室获批成为广东省重点实验室，在药物筛选、抗肿瘤研究、抗病毒方面均取得进展。

> 霖老师：因为这里提倡异地办学交叉发展的理念，而本部实际上已经形成传统的模式，交叉很难推进。
>
> 问：如果北京大学本部在这个领域做的话，很难？
>
> 霖老师：不能做，没有空间，因为你要建这个学院要有楼，化学要化学楼，当时生物楼已经分体了，另外学院是传统的行政管理机制，它也不允许两个学院交叉在一起。林建华校长那个时候就说了，说你们要做交叉，就到北京大学深圳研究生院去，这样我们就来了。
>
> 问：生物技术与医学学院是2005年建的？
>
> 霖老师：差不多，那个时候就叫创新药物研究中心。当时还没升到院，就是建这么一个联合实验室。
>
> 问：当时建这个实验室是谁给费用？
>
> 霖老师：深圳市给了3000万元。①

生物技术与医学学院的建立，一是北京大学深圳研究生院没有本部的包袱，在这个平台上便于进行交叉学科的发展；二是有充足的空间资

---

① 访谈霖老师，访谈编号019，2017年12月。

源及经济资源；三是集结了一批优秀的教师资源。

这一阶段北京大学深圳研究生院的学科建设主要都是依托北京大学相关院系，在与早期创院领导和老师的访谈中了解到"早期与本部各学院的领导都做了沟通，也请校领导强力支持"①，各个学院才落地到北京大学深圳研究生院。除生物技术与医学学院的吴云东院士是从香港科技大学引进的以外，其他学院的学科带头人和学院的行政负责人均来自北京大学本部各院系。北京大学深圳研究生院的学院建设依靠北京大学本部的教师资源、教学资源、科研资源和品牌资源等，没有上述资源的介入，北京大学深圳研究生院的化生学院建设无从谈起。但从访谈中可以看出，当时北京大学的化学学科希望做一些交叉前沿的尝试，但在北京大学本部受限，这种交叉尝试在北京大学深圳研究生院扎根发展。

同时，北京大学本部各院系到北京大学深圳研究生院发展的理由根据学科差异也有不同，理工科多是在深圳市有良好的发展基础，学科与整体城市的发展契合度较高，如信息工程学院、环境与城市学院等，这些学院的学科带头人之前都在深圳市或珠三角进行过合作，并有实验室等相关基础，在北京大学深圳研究生院能获取空间资源、经济资源和学生资源，进一步促进相关学科的发展。文科学院也需要有学科带头人牵头，如商学院在和光华管理学院合作的过程中困难重重，但引进海闻教授后情况大为好转。

从资源依赖理论的视角来看，组织依赖环境中的因素获得资源，这些因素也对组织提出要求，而组织也试图满足这些环境因素的关切。组织所需要的资源一般包括：人员、资金、社会合法性、顾客以及技术和物资投入等。② 这种获取资源的需求产生了组织对外在环境的依赖性，资源的重要性和稀缺性决定了组织依赖的本质和范围。这也从理论上说明此阶段北京大学深圳研究生院对北京大学各院系的依赖，以及北京大学各院系主导影响北京大学深圳研究生院的发展。

---

① 访谈师老师，访谈编号 023，2018 年 10 月。
② 马迎贤：《资源依赖理论的发展与贡献评析》，《甘肃社会科学》2005 年第 1 期。

五 招生培养：依托校本部院系招生

对于办学来说，学生资源是重要的组成部分。北京大学深圳研究生院创办之初，主要依托北京大学本部相关院系进行招生。

2002 年 9 月 2 日，北京大学深圳研究生院第一届全日制硕士研究生入学，首届招收 213 名学生。其中：博士生 3 名，硕士研究生 210 名。办学前三年北京大学深圳研究生院的学生招生都是来自于北京大学各院系，相当于北京大学各院系扩大了招生规模，将学生的培养挪到了深圳市。

从 2005 年起，北京大学深圳研究生院开始自己招生，但招生数并不多。在此阶段的 7 年里，北京大学深圳研究生院一共招生培养了 2790 名硕士研究生。其中仅有 251 名属于北京大学深圳研究生院独立招收的，占比仅有 8%，其他学生均依靠北京大学相关学院进行招收。

由于依托北京大学相关学院招生，北京大学的相关学院在招生中，一定把分数高的学生留在自己学院里，把分数低的学生放到深圳市来。这就在学生们心中造成了"成绩不好才会被发配到北京大学深圳研究生院来"，"北京大学深圳研究生院的教学质量没有北京大学本部的学院高"的阴影。考上了北京大学的学生不愿意来北京大学深圳研究生院，在这种情况下，北京大学深圳研究生院只能招收到调剂生。以北京大学深圳研究生院的商学院为例，直到 2007 年，还一直在招收未被光华管理学院、中国经济研究中心、经济学院录取的调剂生。

表 2－7　　　　北京大学深圳研究生院 2002—2007 年
全日制研究生招生情况　　　　　单位：人

年度	硕士		博士	合计
	总数	独立招生数		
2002 年	160	0	3	163
2003 年	294	0	14	308

续表

年度	硕士		博士	合计
	总数	独立招生数		
2004 年	517	0	39	556
2005 年	550	63	27	577
2006 年	778	87	43	821
2007 年	671	101	39	710
总计	2970	251	165	3135

资料来源：北京大学深圳研究生院教务处。

六　师资力量：校本部教授为主

北京大学深圳研究生院早期主要依托北京大学一流的师资队伍，建立和完善教学管理体系，采取专职、兼职和外聘三种形式相结合组建师资队伍。在学科带头人方面，主要依托校本部院系，采用哑铃型的兼职模式。专职教师主要来自从国内外招聘的具有博士学位的优秀人才，专职青年教师主要是校本部学科带头人的博士生或博士后。2007 年，北京大学深圳研究生院全职教师人员为 212 名。其中：专任教师 52 人，校本部编制 13 人，深圳市编制 27 人。但深圳市的编制是自筹事业编，并不享有深圳市政府相关政策待遇，仅仅是身份上的认同。这一阶段，北京大学深圳研究生院主要依靠校本部的教师资源进行教学科研工作。

表 2 - 8　　　北京大学深圳研究生院 2005—2007 年教职工情况　　　单位：人

年份	全职人员总数	专任教师										
		专任教师总数	学历情况			职称情况				编制		
			博士	硕士	本科	正高	副高	中级	初级	本部编	深圳编	院内编
2005 年	178	95	80	12	3	28	26	43	1			
2006 年	249	138	117	16	5	52	40	46	0		21	
2007 年	212	51	42	7	2	10	23	18	0	13	27	11

资料来源：《深圳市大学城办学情况报告》。

第三节 两个事件

在以校本部院系为主导的办学模式下，三个事件使得北京大学深圳研究生院办学直接面对一系列问题。三个事件既有外部的，也有内部的，都与北京大学深圳研究生院的办学资源相关。

一 深圳大学城审计与舆论

2004 年 12 月 15 日，深圳市审计局有关负责人在市人大计划预算委员会会议上透露：包括深圳大学城项目在内的 8 大审计项目，均不同程度地存在问题。其中，建设配套项目难以完成计划、办学规模与签订协议规定有出入和学生培养经费筹措不足，是深圳大学城项目存在的三大主要问题。一时各路媒体跟进报道，《深圳大学城的糊涂账》《深圳大学城卷入审计风暴 后勤每年净亏 800 万元》《三大问题困扰深圳大学城，目前在读生仅 1700 余》等文章在报纸、网络上进行报道，一时大众特别是深圳市民对于深圳市引进高校进行合作办学产生质疑。

深圳大学城项目主要暴露了三大问题：一是建设配套项目还未开工，难以完成明年计划；二是办学规模与签订协议规定有出入。按照协定，北京大学深圳研究生院、清华大学深圳研究生院、哈尔滨工业大学深圳研究生院，明年将安排 9000 名硕士研究生在深圳大学城内上课，但今年实际上课的学生只有 1700 多人。因为文化氛围、图书馆等因素，学生一般不愿前来深圳市上课，明年预定 9000 名学生难以达到，造成资源浪费；三是学生培养经费筹措不足。按照原协议，深圳市政府负责原有基础设施费用，学生培养经费由财政和学校按 5:5 比例筹措，目前财政资金已经到位，但校方筹措资金不力。

对于接连的媒体舆论风暴，北京大学深圳研究生院的学生对院领导进行质问：教学科研配套设施何时能够完成？2005 年深圳大学城 9000 人的整体办学规模能否达标？学生培养经费是否筹措不足？后勤亏损是否需要学生出钱补足？

对于审计提出的第一个问题，深圳大学城的管理人员回复："基建工程的缓慢和滞后已经影响了深圳大学城整体功能和效益的发挥。"按照规划，2005年完成深圳大学城一期建设。但目前图书馆、体育中心和学术交流中心等核心区建筑和配套设施等必备工程严重滞后，图书馆刚开工，体育中心和学术交流中心还未开工。[①] 第一个问题反映的是深圳市投入的硬件资源是否彻底到位，硬件的到位对于校园环境的营造起到关键作用。

对于审计提出的第二个问题，在访谈北京大学深圳研究生院早期管理领导枚老师的时候，他认为当时在办学规模上对照的数据不应该是各校3000人，而是1470人。市校办学协议要求今年三校在校生规模为9000人，平均到各研究生院即3000人（包括双学位班和进修班），这其中70%为研究生，即2100人，其中要求70%是全日制住校生，即1470人。[②] 如果按照这个数额，北京大学深圳研究生院当时的学生数是基本达标的。师老师对审计名额问题进行了解释："学生数不是一蹴而就的，而是每年递增进行招生的。"[③] 同时，由于早期的学生名额都依赖于北京大学各院系进行招生，对于北京大学深圳研究生院而言，只能尽最大能力协调校本部院系将更多的学生放在深圳市培养，并无太多主导权。

对于学生经费筹措不足问题，更是一笔糊涂账，难以算清。深圳市提供了45.5%的学生培养的人头费，按照协议，北京大学应支付另一半。但按照当时的情况，教育部核拨的计划内研究生的培养费，包括每个月的补助等，校本部直接划到各学生银行账号，同时校本部也会支付部分到北京大学深圳研究生院上课教师的工资，以及在北京大学深圳研

① 普德法：《必备工程严重滞后 深圳大学城后勤年亏800万元》，《南方都市报》2004年12月24日。
② 访谈枚老师，访谈编号030，2018年8月。
③ 访谈师老师，访谈编号023，2018年10月。

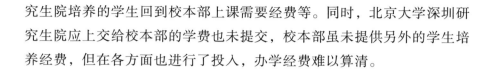

究生院培养的学生回到校本部上课需要经费等。同时，北京大学深圳研究生院应上交给校本部的学费也未提交，校本部虽未提供另外的学生培养经费，但在各方面也进行了投入，办学经费难以算清。

二　法律硕士专业的撤离

在北京大学法学院的支持下，北京大学深圳研究生院利用北京大学法学院的师资和教学资源总共培养了五届学生。早期北京大学法学院派驻了专门的教师负责学生的管理，法律硕士专业近 200 名学生在北京大学深圳研究生院进行学习，是当时学生最多的专业学科。2007 年，负责法律硕士专业在深圳市具体办学的沐老师向北京大学深圳研究生院的领导班子汇报北京大学法学院撤回北京的决定。笔者对这一决定查找了当时的文件资料，并无纸质档案资料，但根据访谈，时任北京大学深圳研究生院的领导师老师和当时负责法律硕士专业的沐老师，确定是北京大学法学院主动提出撤回本部的。

北京大学法学院认为将法律硕士专业放在北京大学深圳研究生院已得不到什么好处，并没有预先的办学效果，反而自己的师生一肚子情绪，想撤回北京大学本部，所以考虑再三，北京大学法学院把师生全部撤回北京大学了，给北京大学深圳研究生院留下了 200 个招生名额。对于法律硕士专业撤回校本部，北京大学深圳研究生院与北京大学法学院也是各执一词。

一方面，北京大学深圳研究生院认为法律硕士专业撤得太突然，并没有提前沟通，因为法律硕士专业撤走相当于北京大学深圳研究生院在 2007 年一下骤减了近百名学生，对北京大学深圳研究生院整体发展造成很大影响。在对北京大学深圳研究生院相关领导的访谈中，能看出当时对法律硕士专业突然被撤回校本部的不满。

　　参老师：当时它并没有发文，就把法律硕士专业退了，因为北京大学法学院那边的大楼盖完以后，他们肯定也不在这儿办了，北京大学深圳研究生院当时并没有说你们可以走了，只不过说要不然你们稍微慢一点，先撤一半，要不然的话你一走我的学生就减少太多了。

问：就没了。

参老师：因为我们的招生有一个波动，那时候法律硕士专业一走一下就没了，而且他们回本部以后我们这边就说了，指标不给了，北京大学深圳研究生院统一招。

问：相当于他们走了二百多指标是留在我们这儿？

参老师：那当然，指标是我们的。①

问：到 2007 年的时候，北京大学法学院为什么要回去？他们是怎么提出来的？

师老师：北京大学法学院领导班子换届了，他们房子也盖好了，也不缺钱了，就派老师过来，他们就不愿意了，就是说要撤。

问：他们撤回前发了什么文件吗？

师老师：没有，就跟我们口头说了，他们说不在这儿招生了，北京大学法学院负责常驻北京大学深圳研究生院的老师给我们转达了北京大学法学院的决定。

问：因为他们的学生算是最多的，撤了对我们影响很大？

师老师：影响很大，还好那时候海老师来了，他认识杰弗里·雷蒙，就把他给请过来，在这边办国际法学院并担任院长。②

另一方面，北京大学法学院认为在深圳市办学实在难以坚持，老师和学生都不愿意来，教学不正常，而北京大学深圳研究生院也缺少整体的校园氛围，同时大量的精力和人力投入在北京大学深圳研究生院的法律硕士专业项目中，对北京大学法学院的正常教学也造成了一定影响。

---

① 访谈参老师，访谈编号 012，2017 年 7 月。
② 访谈师老师，访谈编号 023，2018 年 10 月。

在对北京大学法学院早期办学人员的访谈中，也感受到当年他们不得不撤回本部的决心。

问：那为什么2007年要整体都撤回北京呢？

姜老师：一是学生不想待，学生的情绪越来越大，因为你这样长期下去的话，所有的学生，因为法律硕士，我们的收费要慢慢提高，那么所以整体撤回来，这是动力之一。

我认为最大的一个动力还跟北京大学法学院有关，就是法学院会发现，这么长期下去，他最初采取的一个办法，我的理解其实跟经济有关。一开始法学院也缺钱，我们那时候法学院要盖大楼，缺钱。

问：缺钱？

姜老师：这样你学生过去，比如说每年给我几十万，上百万或者多少，我不知道，他觉得能够缓解我的经费。但是随后法学院觉得我不缺这点钱，我要这点钱没有任何意义，但是学生到那边很不满意，老师也不满意，我年年要花那么多的精力。

所以老师一旦过去在北京大学深圳研究生院特别影响本部的教学，因为在本部的话，你有老师同时开三门课，我是开法律硕士、本科，我既讲公司法，又讲婚姻法，但是到了深圳市，你能讲公司法的时候，可能不能开婚姻法，婚姻法可能在二年级，就说你在这里是几个同时在开课，到那里我只能开一个课。

而且你一走到了北京大学深圳研究生院，你忽然发现，你那一两个月讲了，校本部的课要停下来。所以实际上就是说老师们也不愿意去北京大学深圳研究生院，老师一旦不愿意，北京大学法学院也没有动力，再加上经济好了，可能到这个契机，干脆就回来了。

所以这个回来，北京大学深圳研究生院也没办法，法律硕士一走以后，那突然一下校园空了。

问：人更少了。

姜老师：面子撑不起来，撑不起面子，也不像个学校。①

通过对北京大学法学院及北京大学深圳研究生院相关老师的访谈可以发现，北京大学法学院当初选择到北京大学深圳研究生院进行办学，出于以下几点考虑：

一、校领导的动员与学校政治上支持北京大学在深圳市布局的战略，北京大学法学院是校本部里学生名额较多的学院，深圳市的法律市场适合法律硕士专业学科的发展；

二、到北京大学深圳研究生院办学可以解决北京大学法学院早期空间资源拓展的需求，在北京大学法学院大楼未盖好之前，北京大学法学院的空间资源受限严重；

三、到北京大学深圳研究生院办学既可以增加学生名额，同时也带来经济效益，这部分的资金支持可以反哺到北京大学法学院大楼修建的过程中。当时办学的资金、名额以及空间资源是北京大学法学院愿意克服异地两千公里来深圳市办学的主要原因。当北京大学法学院在校本部可以获取资源后，平衡即被打破，造成了校本部院系的撤离，这也从另一方面敦促北京大学深圳研究生院思考未来学科发展路径。

以上两个事件对北京大学深圳研究生院早期办学来说，是从外到内遇到的较大挫折，外部审计、舆论对于异地办学校区从政府获得更多资源产生影响，而北京大学法学院的撤离从学科建设上让北京大学深圳研究生院思考学科差异化发展和转型问题，两个事件虽然只是2001—2007年北京大学深圳研究生院办学的风波插曲，但其背后隐藏更多的是异地办学校区在校本部院系主导下凸显的问题。

第四节 校本部院系主导下的问题

2001—2007年，北京大学深圳研究生院的办学采取与北京大学院

---

① 访谈姜老师，访谈编号028，2018年8月。

系合办，校本部院系主导的模式。深圳市给予一定的办学经费和教学空间，北京大学本部的学院则提供师资力量、学生指标、培养方案等资源，北京大学深圳研究生院承担教学及行政管理工作。

表 2-9　　　**深圳市政府 2001—2007 年对北京大学深圳**
研究生院财政经费下拨统计　　　单位：万元

年度	深圳市财政下拨				学费返还
	财政补助	重点实验室建设	基础实验室建设	科研课题项目	
2005 年以前	8058.75		1400	142	5169.37
2006 年	3618			610	6072
2007 年	3677.4	6100		298	3505.32

资料来源：《深圳市大学城办学情况报告》。

在深圳市大学城 2005 年度的报告中，对教育经费写道"基本实现了政府、学校双方共同分担办学经费的目标"。对深圳市来说，这一阶段主要给北京大学深圳研究生院提供一定的办学经费和办学空间，能够支持北京大学深圳研究生院发展，并不干涉北京大学深圳研究生院的具体办学。而北京大学在此阶段提供的优质师资、教学资源和学生培养，才是北京大学深圳研究生院能切实办成的关键因素。这种北京大学本部院系延伸的办学在北京大学深圳研究生院创办初期解决了办学的关键资源：老师、学生与学科。北京大学的办学资源对于各学院的创建起到关键作用，这种作用不仅体现在学科的创建和发展中，更体现在稳定创业之初的北京大学深圳研究生院人心上。

当时报考北京大学却被"发配"到北京大学深圳研究生院的学生往往感到很疑惑，"为什么明明报考的是首都的北京大学，却要到远在 2000 多公里的深圳市的校区来上学？"当时从北京大学本部到深圳研究生院教学的老师，不仅要传授知识，还要做学生工作，传承北京大学的使命，让学生知道在北京大学深圳研究生院上学也就是在北京大学上学。北京大学社会学系刘世定教授回忆在北京大学深圳研究生院办学的经历时撰文写道：

> 北京大学深圳研究生院始终有一种创业精神在有形无形地影响着这里的师生，从建院到开拓，北京大学深圳研究生院实实在在地为高等教育的发展而探索，不仅是学生，我本人也是这种氛围的受益者。[①]

在北京大学各院系主导下的合作办学经过艰辛的探索，虽然在前期快速整合了各类资源，开展了教学科研，但仍然存在许多问题。

一　问题一：师资不到位，教学不正常

由于创业初期的师资力量基本都是由北京大学本部院系的老师兼任，师资水平可以保证，但教师的时间却无法保障。老师从北京飞到深圳市授课，课程结束后回到北京，除教学成本居高不下外，这种教学模式将一个学期应该讲授的内容压缩到短期进行集中教授，并不能很好地保证教学质量。不能与北京大学本部学院的教学形式和质量完全一致。因为距离原因不得不采取的"模块制"不仅对北京大学深圳研究生院的教学产生影响，对北京大学本部相关院系的教学也产生一定的冲击。据当时主管教学的兰老师介绍，"模块制"的教学是不得已的，因为师资排不开，只能取一个好听的名字，其实教学安排是不太合理的。[②] 但具体的"模块制"在实行过程中，有些学科如社会学等，其学科特点会适合"模块制"的教学，但更多的学科并不太适合这种形式的教学，学生、老师对于这种"模块式"教学怨言颇多。

很多老师内心也不愿意前往北京大学深圳研究生院。究其原因：一

---

① 刘世定：《北京大学深圳研究生院杂忆》，《北京大学校报》（深圳研究生院十周年特刊）2011年12月21日第2版。

② 访谈兰老师，访谈编号003，2017年4月。

是家庭都在北京，来到深圳市自己家人也不理解；二是早期北京大学深圳研究生院还没有形成一个良好的办学文化环境和氛围，同时只有研究生的教学，不像北京大学本部已经形成了完整的"本—硕—博"教育体系。

在访谈中，早期文科学院的江老师、参老师和姜老师都提及了校本部院系主导阶段教学出现的问题。

> 江老师：我们在这边办学本来就是最前沿，在开放地区观念最多而且我们有跨学科优势。可是根据这些优势想设计新的课程想请新的老师都不行。因为你根本没有这个权利，因为这个教学方案是要校本部定的，像我们还好一点，因为我毕竟常驻在这，我可以向社会学建议。但是这个建议的能力也很弱，因为它这边是个委员会的系统。而且它还有一个最大的问题，就是老师来上课的时间不固定。由于在校本部人家是一学期一门课，为了在你这上，就只能集中上课。所谓发明的词叫模块制，实际上指一学期集中上课称之为模块。但是关键你在这集中上课，不光是你同时也打破了那边的教学秩序。那边也没法按照这个一学期正常上了，因为这个老师到你这来了，你至少这一学期有一个月在这。那边也没法正常了，所以这个两边上课确实造成了不少问题，也没解决。①

> 问：以您所在的环境与城市学院为例，在校本部院系支援建设的实践过程中，您觉得有哪些地方是有问题的，或者哪些地方觉得还不错，有没有具体的例子？
>
> 参老师：应该这么说，当时没有自己的办学团队，自己的师资力量不强的时候，依托本部办学当时可以应急。但是本部老师不可能坐在这儿给你上一个学期的课，我第一次来代课的时候抽了一个

---

① 访谈江老师，访谈编号006，2017年4月。

月时间，相当于每两天上一次，一共上了十五次。当然我们很舒服，两天就上一次课，好赖我还可以歇一天，但是现在好多老师来了一天上九节课，九个小时。

问：就是一个星期的时间？

参老师：不是，就四天的时间，四九三十六，把两个学分的课就讲完了。当时没有办法，因为我们自己的团队没有建立起来，最开始我们的招生方向都是校本部的自然地理、人文地理，我来了以后才形成了城市与区域化专业，把原来的两个专业取消了。你依托它，它有很多约束条件，你必须严格地想办法适应，不可能有什么其他想法。但是你没有办法，就相当于你刚把门支起来，没有它你过不了日子，你只能这么干。另外，很多东西它介入以后，毕竟会有一些要求，我们在招生上，在教学组织上，甚至在培养计划上，它会加入意见，你不听不行，到现在为止我们很多学院都是这样，因为我们自己一直没有立起来，你不听它的，最后它不管你的话，你的学生就没有出口了，最后学生的学籍管理没有出口了，所以当时只能这样。①

姜老师：比较现实的两个原因：第一个是因为你只有法律硕士专业，而在校本部的话还有本科，还有法学院硕士、博士，这是一整个教研体系都在校本部，北京大学深圳研究生院的学生过去查阅图书资料都不方便。第二个有许多当然也是家庭的原因，大家都成家了，孩子可能在上学，你要过去的话就很不方便。

所以我们到北京大学深圳研究生院那边，上课的模式也因为这个原因采取模块制授课，不可能说好我过去是负责这半年，讲民法的老师就待半年，不可能的，时间不允许。而是把课程分成一半的，比如说这半年是五门课或者六门课，那好，三门课就切一半，可能有一两个月，这个过来就上，上完就走了，再接着过来一个老

---

① 访谈参老师，访谈编号012，2017年7月。

师。所以这些上课的老师在那儿待的时候，大约就待一个月到两个月。①

当时从北京大学到深圳市开设模块式的课程，首先是不得已的，因为和北京大学本部相比，同样的师资水平却不能保证同样的时间投入，在北京大学深圳研究生院创建的早期，为了保障北京大学相同的师资水平，也只能依靠校本部的教师"打飞的"来上课。但这种模式的课程安排在一定程度上扰乱了正常的教学秩序，老师集中上课把原本一学期甚至一学年的教学内容在短期内塞给学生，学生对于知识的消化吸收存在问题，教学质量其实难以保证。

二 问题二：学生不愿去，没有归属感

最初来北京大学深圳研究生院求学的学生很大一部分是由于考分不高被调剂过来的，学生们认为报考的是北京大学，但被安排到深圳市的北京大学深圳研究生院求学很委屈。在北京大学主导院系延伸的模式下，同一个学院的同学分数高的在北京大学本部上课，分数低的在北京大学深圳研究生院上课，同学们通过对两地上课进行比较之后更有心理落差，对北京大学深圳研究生院究竟是否代表北京大学表示怀疑，没有归属感。

刚开始教学情况也不太正常，因采取模块式的教学方式，学生们和北京大学老师的接触也比较少。北京大学深圳研究生院各方面都处于创业阶段，很多软硬件都不完善，学生们很有情绪，并采取一些激进的手段进行维权。

在 2004 年 12 月的《南国燕园》报纸上，有一个专版记录了学生对于食堂问题的态度。编者写道：开学以来，对食堂的不满和投诉从来没有终止。最让我们关心的是投诉的处理。食堂设置了投诉专台，意见可

---

① 访谈姜老师，访谈编号 028，2018 年 8 月。

以写在投诉薄上。但意见是否被及时的翻看、核实、解决、采纳？由谁来跟踪与监督？除了改善中的食堂、除了正在征求改造方案的"镜湖"、除了生活的安全防范，近来关于学校场馆建设引发的讨论也是越呼越高，部分问题在校领导的努力下得到初步解决，羽毛球馆就是一例。但是众望所归的三大球场仍敞空待建。总而言之，无论欢喜或者不快，身处深圳大学城内的我们与校园已经形成了一个生态圈。相似生态中生活着的我们，总可能有着相似的烦恼或共同的话题，请记住，你们的话语是我们合理维权的最有力武器。

在访谈中，数位早期来北京大学深圳研究生院的老师都提出了学生存在归属感不强的问题，不仅学生的归属感不强，深圳市市民也不太认同北京大学深圳研究生院就是本土的学校，北京大学师生对北京大学深圳研究生院的认同感不强。访谈早期从北京大学法学院来深圳市的沐老师认为学生的不认同是因为和校本部相比，北京大学深圳研究生院的教学环境、师资条件、校园文化等差距太大，学生从心底不认同这个校区是北京大学的一部分，代表的是北京大学的水平，与自己理想的预期相距甚远。由于学生对于北京大学深圳研究生院的认同度不高，在办学早期，时常出现学生维权罢课的情况，教学秩序无法保障。

> 沐老师：教学上的问题，师资条件具备的问题，校园文化氛围营造的问题，说到底是这个地方对这个校区认同的问题。由于可能不太认同，或者说跟自己的预期有差距，学生会以各种方式来表达自己的不满，直接表现为不愿意在这个地方待下去，或者可能表现为对师资的不满，对图书资料条件的不满，对学校管理的不满，对食堂的不满。
>
> 因此，我记得在那段时间，一而再再而三的发生食堂的一个纠纷，主要是嫌食堂又贵又差。
>
> 问：因为人少，食堂办不起来？
>
> 沐老师：对，办不起来，那个时候承包食堂的那些公司也经常

更换，学生也经常闹事。老师也不愿意过去，不光是学生不愿意过去，老师也不愿意过去，搁我我也不愿意过去对不对。当然那段时间，包括史老师还有一些老人在内带着学生度过了一个非常艰难的一个初创时期，那些老师也作出了很大的贡献，我到现在还非常感动的。

因为他们跟法律硕士专业的同学摸爬滚打在一起，安抚他们，带他们参加除了正常的教学以外，参加各种活动，稳定他们的这个情绪等作出了巨大的努力。但是即便如此，学生还是不满，所以到了 2003 年、2004 年前后，学生跟学校的矛盾，跟学院的矛盾已经到了非常激烈的程度，据说是公开地跟法学院院长，跟当时的许校长都是拍桌子，对峙到这种程度了，多次沟通也没有什么特别的效果，学生就说这里不具备办学条件，我们要回北京。①

兰老师是早期从北京大学派到北京大学深圳研究生院从事教学管理的老师，他回忆早期法律硕士专业在北京大学深圳研究生院的境况时，学生维权的事历历在目。

问：当时法律硕士专业有 80 人了吗？

兰老师：没有 80 人，大概 78 个人吧。那时真的可以说是三无，但是他们不是 2002 年入学嘛，2003 年深圳大学城不是就建成了嘛。2002 年来的时候这里跟北京大学真的没法比。给法律硕士专业上课的老师是本部法学院的老师，飞来飞去，上完课就走，几乎跟学生没有什么接触。那段时间呢，闵维方、许智宏这些校领导都很重视这个事情，每次来都要跟学生见个面，座谈一下，照个相，安抚一下学生。因为怕学生闹事嘛，怕学生情绪激动，安抚一下。也就是这些学生，让我有了法律意识。当时我就在二楼办公，

---

① 访谈沐老师，访谈编号 029，2018 年 8 月。

当时法学都是晚上上课，老师一飞来就是晚上上课。学生们就过来找我聊，刚开始还是先说客套话，说老师啊我们很喜欢您，"但是"，用但是一转折，咱们是师生关系，但是我们也是契约关系，我们来交了学费，和这边有了契约关系，如果你们不能满足我们的要求，你们就是违约。我们不仅是师生关系，还是法律关系。当时2002年法律硕士专业老维权嘛，还经常停课不上。①

问：那个时候的学生，您跟他们接触应该也是很近的这种关系，您觉得那个时候的学生对这里是什么样的态度？

冯老师：那个时候是这样的，本身学生的认同感也没那么强，我带的学生最早的是2003级，2002级我接触的少一点。他们感觉到出去以后经常会被人说是骗子，那个时候我也接到过那种电话，就是说你要不要读北京大学的学位，好多地方打着这种幌子招生，所以当时我们的学生出去说在北京大学深圳研究生院读书，很多人都觉得北京大学怎么会在深圳市有研究生院，从来没有听说过，其实前面几年都是这样的。一问你是哪里的？回答说北京大学深圳研究生院，别人表示没听说过。很多时候我会被误认成是深圳大学的，因为你说不清楚，大家还不太认可。②

文老师：特别是第一届学生进来了以后有一些比较切身的体会，这里的学生都是北京大学本部筛下来的，实际上人家说北京大学法学院招100人，前面50个人是我要的，后面50个人就丢在这了。而且这些学生他们在报考的时候可能根本就不知道他会来北京大学深圳研究生院，只不过后来可能就变成了一种你要不然就不读北京大学，要不然就只能到北京大学深圳研究生院。所以应该说学生他们对于北京大学深圳研究生院真的很抵触。我印象很深，有个

---

① 访谈兰老师，访谈编号003，2017年4月。
② 访谈冯老师，访谈编号013，2017年7月。

学生跟我说，他毕业的时候他不希望他的档案里面出现深圳两个字，他连这个都不让，所以那时候毕业全都是北京大学的毕业证，包括他们学籍档案里面。我有时候对他们也挺生气的，但是也是没有办法。①

三　问题三：体制没理顺，管理无权威

北京大学深圳研究生院创建之初，设立了理事会，作为支持北京大学深圳研究生院发展的咨询、协商、审议和监督机构。由于理事会成员的工作变动频繁，组织松散，没有很好建立长效机制，在保障北京大学深圳研究生院改革与发展，丰富社会参与和支持办学的方式与途径，探索深化办学体制机制，改革办学与管理活动的监督、评价机制方面作为不够，很难在现实工作中及时有效地指导与管理北京大学深圳研究生院的相关工作，作为深圳大学城管理委员会办公室协调工作的力度也有限。可以说，在市校合作的顶层架构上，理事会由于种种原因未能很好地履行管理职能。

办学体制需要明确，你既然是学校办学，那你就是理事会领导，当时明确有理事会，在当时的协议签得很清楚。当我去的时候，总共第一届理事会开了以后，到我去的5年中没开理事会。而且他们的理事长也变了，我们还是许校长，没变。深圳市变理事长他也没换，底下的人自然变了一大堆，一次理事会都不开。当初说的是理事会领导下的院长负责制，没理事会院长怎么领导，怎么体现你地方政府的意志，深圳市有关的部门怎么去协调？②

在北京大学深圳研究生院的实际业务管理工作中，各个学院分别依托北京大学各学院学系招生培养，招生名额、学科发展、学位审核、师

---

① 访谈文老师，访谈编号007，2017年5月。
② 访谈枚老师，访谈编号030，2018年8月。

资队伍等都必须通过北京大学各学院学系和各部门，有的学生认为自己是北京大学院系招进来的，不属于北京大学深圳研究生院，由于体制没有理顺，对教师、教学、科研乃至学生在管理上没有权威。办学早期，北京大学深圳研究生院与校本部院系的关系主要分为三种：

一、独立办学型：即研究生的招生、培养、毕业等过程基本上是在北京大学深圳研究生院独立完成的。当时由于光华管理学院不愿意在北京大学深圳研究生院办学，由海闻教授创办的商学院就属于此类。

二、合作办学型：即以北京大学深圳研究生院院系作为合作平台，以培养研究生为主，招生、培养、毕业等过程均有本部相关院系直接参与完成。法学院、人文社会科学学院（包括社会学、传播学、心理学）是此类型的办学学院。但这种合作是通过协议进行的，且多为短期协议，存在权责利不明确的情况。

三、共建学院型：即北京大学深圳研究生院与校本部相关院系共建的相关学院，如环境与城市学院、信息工程学院等。这部分合作共建的学院，有的有协议，有的没有协议，管理边界不清，责权利模糊。

问：创院之初是这样的情况？师生是怎样的态度呢？

肖老师：当时我也是刚来的老师，我和学生们年龄相仿，我虽然是老师，但代表民间。从整体上讲，学生捍卫自己的权利我是支持的，而且说句实在话，在随后每一届的学生里面我们都讲了，北京大学深圳研究生院整个治校环境的发展和学生和老师之间的互动关系，以及行政结构之间的互动关系，完全是以第一批人作为实验的，所以他们投入和付出的成本要远高于其他各届，这是实实在在的，不管我们怎么去看校方做了多少努力，或者院方做了多少努力，说句实在话，从整体上讲，办学的准备是不足的，无论从哪个角度上，领导的观念，对整个态势的发展，系统的建设，师资的配置，都比较乱。

我曾经写过一篇文章，我既不知道要教什么，也不知道该怎么教，也不知道要干什么，完全没有人指导。我们上课的老师从校本部来，这边上课的时间是随时改变的，老师没时间了就不上，所以学生意见非常大，可见当时很多东西是非常混乱的。我再给你举一个例子，当时法律硕士专业老师不来，学生不上课不行，就上英语，曾经一周上十八节英语课。

所以当时在组织上，在教学组织上都非常混乱，我个人能感觉到，学生也能感觉到。另外，学生并不知道他们到这边来毕业文凭到底是什么。

问：最开始是不知道的吗？

肖老师：完全不知道，没有政策，他们都不知道，所以就出现了两次这样的情况，许校长来开班会的时候学生破口大骂。所以我们实际上在很多问题上，我个人感觉没有形成一套完善的机制或者论证是不充足的，这种情况一直持续到林校长来之前都是这样的。在创业阶段，在当时主体思想或者这个机构的自我意识其实并不强烈的时候，当时来北京大学深圳研究生院的这一拨人仍然认为我就是北京大学的，所以他没有突破的意识，没有突破就没有成长，在这样的思想状态下办学和办班是非常痛苦的，为什么？学校摆明了是不支持你的，虽然口头上讲得很漂亮，其实并不支持，或者说没有实质性支持，师资的配置是由各学院你去协商，所以他们很难。

问：协商不了？

肖老师：不存在协商的问题，我估计他们也是像我们一样去求爷爷告奶奶。我不管谁定位，站在我的层面上它是定位不足的，它可能会表现在中层、管理层在执行方向上的不明确和执行力上的弱化。第二，可能系统整体建设缺乏前瞻性，有什么就应付什么，有什么学院来就装进来，反正能来的都是不得了的，都是天上掉下来的，北京大学来的老师就是神，就要去拜，就是这种状态。①

---

① 访谈肖老师，访谈编号 011，2017 年 7 月。

四　问题四：办学规模小，运行经费少

根据北京大学与深圳市政府合作协议：北京大学深圳研究生院2005 年办学规模要达到在校生 3000 人左右。2001 年 12 月 7 日的深圳市政府常务会议纪要中指出，2005 年进入深圳大学城学校研究生、本科生的比例按照 7∶3 考虑，全日制在校研究生的规模应达到 70%。2005 年，北京大学深圳研究生院在校全日制研究生人数为 1555 人，只达到当初市校合作协议约定的一半多。北京大学深圳研究生院第一阶段的办学规模也未达到当初约定的规模。

> 作为一个远离本部的独立校区，学生人数不能太少，原因有二：一是无法实现规模效益，二是没有数量也就没有质量，因为人数少必然导致学科少，进而难以形成学科综合交叉的优势，也就谈不上复合型人才的培养和学科优势的形成。①
>
> 目前深圳市核准的全日制研究生规模是 1470 人，这一规模的限制对北京大学深圳研究生院发展产生了严重的制约。建议按照市校合作协议规定，对北京大学深圳研究生院试行 3000 人的总规模不变为宜，但需要调整结构，将 3000 人的层次均改为全日制在校研究生。②

北京大学深圳研究生院的运行经费是按照协议实行差额拨款，由于学生人数少，运行经费也相应少，北京大学应拨付的经费从未到位，办学经费捉襟见肘。

第五节　小结

按照美国学者杰弗里·菲佛和杰勒尔德·R. 萨兰基克（Peffer and

---

① 访谈枚老师，访谈编号 030，2018 年 8 月。
② 访谈枚老师，访谈编号 030，2018 年 8 月。

Salancik）提出的资源依赖理论（resource dependence theory）。该理论认为组织是根植于相互联系以及由各种各样联系的网路之中。组织的发展需要各种资源，包括财政资源、物质资源以及信息资源，而这些资源都是从环境中得到的，组织不得不依赖于资源外部的提供者。该理论的特点为资源依赖，依赖的关系有时是互惠的，有时又是间接构成的。

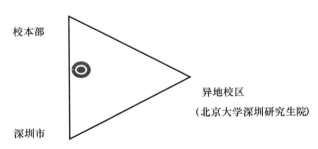

图 2 - 1　北京大学深圳研究生院发展第一阶段发展模型

资料来源：作者自行整理所得。

　　资源依赖理论主要强调从环境出发理解组织的重要性。在第一阶段，北京大学深圳研究生院之所以可以诞生是由于北京大学所处的环境，以及对于资源扩展的需求。20 世纪 90 年代末"北京大学数着床板招生"，空间资源严重不足。加之深圳市对高等教育资源的渴求，愿意拿出空间资源和财政资源进行投入，在这种互惠型的依赖关系下，北京大学深圳研究生院才得以产生。

　　新的组织环境由于北京大学深圳研究生院的诞生而凸显。杰弗里·菲佛和杰勒尔德·R. 萨兰基克（Peffer and Salancik）认为环境包括对组织活动和成果有影响的世界上的任何事情。也许组织对环境做出反应的最大的影响力之一就是组织本身，组织环境不是既定的事实，他们是通过关注和解释的过程而形成的。通过部门或者职位的设置，组织会更加关注环境的一些方面。① 北京大学与深圳市合作创办北京大学深圳研

----

① ［美］杰弗里·菲佛、杰勒尔德·R. 萨兰基克：《组织的外部控制：对组织资源依赖的分析》，闫蕊译，东方出版社 2006 年版，第 16 页。

究生院勾勒出一幅异地办学组织的环境图，北京大学因为设置了这个组织机构，更加关心深圳市投入的资源，也愿意将资源投入在北京大学深圳研究生院之中。而对于北京大学深圳研究生院而言，在异地合作办学的环境之中，它属于需要双方资源使其成长发展的。在北京大学深圳研究生院发展的第一个阶段，北京大学提供的品牌资源和学术声誉，以及人力资本是促使北京大学深圳研究生院异地发展的最关键资源，尽管在第一阶段深圳市提供了支持学校建设发展的经费和用地，但是北京大学办学资源的支持，促使了深圳研究生院的最初建立和发展，北京大学投入的人力资本、学科建设等通过教学、科研和社会服务等活动转化成了学生培养、科研产出等成果。

在看待组织和环境关系的时候，一个重要的概念就是限制因素。不管参与者的反应如何，当对特定的情形产生反应时，行动总是受到更多的限制。在北京大学深圳研究生院诞生的时候，北京大学与深圳市政府对资源的投入都进行了限定，深圳市在投入办学经费的时候，规定了每个学生对半投入的经费比例。而北京大学选择哪些学科到北京大学深圳研究生院办学，也进行了筛选与界定。

第一个阶段即校本部院系主导阶段，北京大学的办学资源对北京大学深圳研究生院来说是关键性资源，组织的成长和发展受制于这些关键资源的存在，如领导资源、学科资源、师资资源和学生资源等。一旦北京大学的支持北京大学深圳研究生院的相关学院的资源减少或消失，对北京大学深圳研究生院组织产生巨大的影响，如北京大学法学院的学生资源和教师资源的撤离。当然，北京大学法学院自己也是一个独立的组织实体，当初之所以选择来北京大学深圳研究生院办学是基于学生名额、空间条件等资源的吸引做出的选择，撤回也是由于2007年前后北京大学法学院面临的环境发生了变化，空间资源已经不再是掣肘其发展的重要资源，北京大学深圳研究生院提供的资源不再具有吸引力。由此看来，组织的抉择与其依赖的资源密切相关。这些资源不是自始至终对组织的权重是一致的，而是根据环境的变化，组织所处于环境的位置不同而发生改变的，资源始终处于动态变化之中。

为了获取资源，组织不可避免与地域经济社会环境发生相互作用。没有一个组织可以完全自给自足或者对自己的生存条件具有完全的控制力。由于组织从环境中获取资源，组织的生存不仅要求组织能够进行积极有效地内部调整，还要求只能够很好地适应环境和处理环境。①

杰弗里·菲佛和杰勒尔德·R. 萨兰基克（Peffer and Salancik）认为资源对于组织的发展具有重要性。重要性主要涉及三个维度，一是资源交换的相对数量，二是资源对于组织所起到的关键性作用，三是资源的稳定性。在北京大学深圳研究生院发展的第一阶段，校本部院系提供的学科资源、师资资源、学生资源等是北京大学深圳研究生院组织发展的关键性资源，办学离不开老师和学生，早期北京大学深圳研究生院的老师和学生都是由校本部院系提供的。同时，这些办学资源是不稳定的，由校本部院系和北京大学深圳研究生院签订的不同类型的办学协议维系。此外，组织对资源依赖在于决定资源分配和使用的能力，资源越稀缺权力越重要。在北京大学深圳研究生院发展的第一阶段，稀缺性资源掌握在校本部院系手中，换言之，北京大学深圳研究生院各学院独立办学权几乎完全掌握在北京大学相关院系手中，"校本部院系主导"很好地阐释了北京大学深圳研究生院在第一阶段的状态和位置。

---

① ［美］杰弗里·菲佛、杰勒尔德·R. 萨兰基克：《组织的外部控制：对组织资源依赖的分析》，闫蕊译，东方出版社 2006 年版，第 51—53 页。

第三章　差异化发展阶段

第一节　北京大学深圳研究生院的转型

办学第一阶段，北京大学深圳研究生院只有自身行政服务资源等，办学主要依赖于校本部院系的资源。师资资源、学生资源等重要资源掌握在校本部院系手中，北京大学深圳研究生院没有话语权，造成教学秩序无法保障，管理无权威。面临生存与发展，北京大学深圳研究生院放弃对资源唯一性的依赖，走差异化发展的道路。

一　校本部调研

2007 年，北京大学召开暑假领导班子战略研讨会，北京大学深圳研究生院组织对办学情况、存在的问题、学校应该解决的问题、深圳市应该解决的问题和自身需要解决的问题进行了调研，形成了系统的调研报告。报告要求：

一是进一步明确办学目的。建议市校双方在沟通交流、研讨论证的基础上形成新的共识，进一步明确合作办院的目的，提出更具体、更具有实践指导意义、更符合市校要求的纲领性文件，以指导北京大学深圳研究生院发展。

二是进一步明确管理模式。建议进一步健全理事会的运行机制和工作制度；进一步明确深圳市对北京大学深圳研究生院的管理模式，由市教育局与北京大学深圳研究生院建立直接的业务关系。成立北京大学深圳研究生院院党委并接受深圳市委和北京大学党委的双重领导。明确理事会、院党委和院行政的职责和作用。在明确管理模式的基础上，赋予北京大学深圳研究生院在行政管理方面更多的办学自主权，包括对校区内建筑设施、设备等资源的优化配置和统一管理，提高为教学、科研、师生服务的效率和能力。

三是进一步明确办学规模。截至2005年9月，北京大学深圳研究生院在校全日制研究生达到了1555人；2006年9月，这一数字增长为1811人。作为一个远离校本部的独立校区，学生人数太少，一是无法实现规模效益，二是没有数量也就没有质量，因为人数少必然导致学科少，难以形成学科综合交叉的优势，也就谈不上复合型人才培养和学科优势的形成。恳请深圳市政府给深圳大学城内研究生院以发展空间，对北京大学深圳研究生院实行3000人的总规模不变为宜。同时调整结构，将3000人的层次均改为全日制在校研究生。希望深圳市政府尽快确定今后的办学规模，解决2005年、2006年办学经费拨款不足问题，进而从根本上解决此类问题。

四是进一步明确单位性质。北京大学深圳研究生院是以深圳市政府投入为主的公办性质学校，属正局级高校事业单位，但深圳市政府对北京大学深圳研究生院是按照"差额拨款事业单位"对待的。北京大学深圳研究生院与深圳市全额拨款高校不同的是，一部分拨款来自于深圳市政府，另一部分拨款来自北京大学，而北京大学本身也是国家全额拨款事业单位。按"差额拨款事业单位"对待，由此带来人员编制、教职工待遇等一系列问题，难以形成吸引优秀人才的优势，给师资队伍建设、学科建设带来难以克服的困难。从长远看会严重影响办学水平和教育质量的提高。因此，北京大学深圳研究生院要求明确"全额拨款事业单位"的定性，落实相关政策，享受与深圳市属地大学同等对待。

五是进一步落实后续工程。恳请落实规划中的后续工程和校区建筑物等基础设施的本体维修基金和大修基金，以适应办学需要。

从调研报告看，北京大学深圳研究生院当时获得深圳市投入的资源不足。就领导资源而言，理事会形同虚设，深圳市各部、委、办、局没有通畅的渠道了解北京大学深圳研究生院面临的困境。就资金资源而言，北京大学深圳研究生院主要从办学规模和明确单位性质两方面入手，希望解决资金问题。同时，调研报告对需要解决的问题也提出了相应的建议：

一是北京大学深圳研究生院的功能定性和地位问题。北京大学深圳研究生院应定性为学校派出机构，领导班子应行使北京大学赋予的权力。北京大学应明确院领导及内设机构的行政级别。在学术、学位管理上，在已设立学术委员会的基础上增设学位评定分委员会，赋予其学校学部级相应机构的职责。这些权力、机构、级别、职责应通过决议、决定或章程等方式明确，学校有关部门应予办理落实。

二是北京大学深圳研究生院的管理体制和职责问题。应实行北京大学、深圳市以及理事会领导下的院长负责制。首先，北京大学对北京大学深圳研究生院实行直接领导，全面负责，包括经费筹措、教育教学、学籍管理、队伍建设及相应的人事管理等；其次，深圳市应履行市、校合作协议承诺的对北京大学深圳研究生院的大力支持，包括经费投入、硬件条件、提供部分编制及相应的人事管理等，同时负责与属地相关的日常管理工作；再次，理事会是北京大学深圳研究生院的决策机构，根据市、校双方共同的办学意志对重要事项作出决定；最后，北京大学深圳研究生院院长根据双方共同的办学意志和理事会决定，负责组织办学全面工作。在办学过程中，北京大学深圳研究生院接受市教育局和北京大学研究生院的指导。院长及副院长人选由北京大学提出，商得深圳市政府同意，由北京大学任命。

三是北京大学深圳研究生院学科建设和重点问题。北京大学深圳研究生院学科建设的基本原则是，按照市、校合作协议的要求设置学科，合理控制建设规模。规范科研机构，健全人才团队，促进学科建设朝着规模适度、特色明显、优势突出、效益显著的方向发展。通过院系和机构控制学科规模，加强学科优化，提高学术水平，将有限的资源集约使用。确实需要新增的学科，经过严格论证后纳入相关院系（中心）。

四是北京大学深圳研究生院的内设学院和冠名问题。对于学院的冠名应遵循两个原则，一应贴切，二应有利于学院发展。目前对学院冠名有三种办法：1. 北京大学＊＊学院，2. 北京大学深圳＊＊学院或北京大学＊＊学院（深圳），3. 北京大学深圳研究生院＊＊学院。北京大学深圳研究生院倾向前面的冠名优于后面的，第三种办法原则上不可取。

五是北京大学深圳研究生院的队伍建设和人事问题。北京大学深圳研究生院目前最大的问题是人事管理被边缘化。教职工普遍感觉，北京大学认为北京大学深圳研究生院是深圳市的，深圳市认为北京大学深圳研究生院是北京大学的。北京大学给予教师的待遇和机会等几乎与这里无缘，建议深圳市给予教师市属编制并落实有关待遇。

六是北京大学深圳研究生院与北京大学有关部门及院系的关系问题。建议在学校合作办学领导小组的指导下，成立由学校领导牵头的协调小组，北京大学深圳研究生院和人事、学工、外事、科研等部门的负责人参加，对重大事项作出决策，对重大问题提出建议并报学校同意后落实。通过协议确定办学模式以及与北京大学深圳研究生院的责、权、利的关系。校本部相关院、系应将共建工作列入议事日程。

七是北京大学深圳研究生院的学生管理与待遇问题。建议在"合作教学型""共建学院型"的办学类型中，学校相应院系将北京大学深圳研究生院的学生管理纳入本院系管理体系中，学生毕业、派遣与本部的学生一视同仁。对北京大学深圳研究生院"独立办学型"招收的研究生的管理，建议在学校院、系设置序列中添加北京大学深圳研究生院，并将商学院学生放在该户头下管理。学校有关部门在组团出访、交流、比赛、评优等活动中，应考虑北京大学深圳研究生院学生的利益，提供一定机会。

八是北京大学深圳研究生院办学经费与资产归属问题。学校负有统筹北京大学深圳研究生院办学经费的责任。因此，如果学校认可55%的办学经费筹措比例，那么应明确55%经费的来源。如果学校不认可该比例，则需与深圳市重新协商确认比例，并明确学校承担部分的来源。对北京大学深圳研究生院资产归属问题，建议凡专项投入购置的资产产权归投入单位，专项经费购置外的资产按运行经费分摊比例由北京大学和深圳市政府进行分摊。

同时，调研组对北京大学深圳研究生院的未来发展提出三种模式：维持现行模式（即依托校本部各院系办学）、独立分校模式和相对独立模式。林钧敬副校长认为，现行模式不可持续，不是也不应该成为一种目标模式。而第二种模式，即独立分校模式从长远看不是不可能的，但短期内面临的困难非常多。调研组建议围绕第三种模式，即自主办学相对独立模式展开。针对自主办学相对独立模式，调研组提出了三个具体建议，即完善"市、校合作"的办学模式、调整学科结构和加强队伍建设。

北京大学深圳研究生院通过调研报告分别梳理了在第一个发展阶段面临的问题和缺失的资源，通过校本部战略研讨会的时机，向北京大学主要领导进行汇报，希望解决相关问题，获得校本部授予的相对独立的办学发展权力。北京大学深圳研究生院主要希望校本部能解决和明确北京大学深圳研究生院的办学定位问题，办学定位意味着北京大学深圳研究生院可以在什么层面获得分配资源，特别是学术评定资源、学生资源和部分办学经费等。北京大学深圳研究生院将此报告同时呈报深圳市政府，希望深圳市政府明确北京大学深圳研究生院为全额拨款事业单位，享受与深圳市市属高校同等的资金投入待遇，稳定后续建设发展资源投入。

二 强力领导引领转型

2008 年，北京大学深圳研究生院第四次易帅，新任院长海闻教授是 1977 年恢复高考后第一批考入北京大学的学生，1982 年毕业于北京大学经济系。1983 年毕业于美国长滩加州州立大学，获经济学硕士学位。1991 年毕业于美国戴维斯加州大学经济系，获经济学硕士和博士学位。1994 年海闻教授与易纲、林毅夫教授等共同创办中国经济研究中心。2002 年担任北京大学校长助理，2005 年担任北京大学副校长，在北京大学有丰富的工作经验。

这位教学管理经验丰富的新任院长舍弃了在北京大学本部的工作，全身心地投入到北京大学深圳研究生院的办学中，属于常驻北京大学深圳研究生院办公的院长。2005 年海闻教授被林建华校长邀请到北京大学深圳研究生院创业，一直担任常务副院长，对北京大学深圳研究生院情况非常了解，并充满感情。从林建华校长给北京大学深圳研究生院创建十周年的来信中，我们能看出他对海闻教授的认可。

> 北京大学深圳研究生院在海闻教授担任院长后的发展特别值得称道。海闻教授是一位有思想有办法、敢想敢说敢干的人，有时很固执，并且不讨人喜欢。但回头来看，正是由于他的坚持和不懈努力，北京大学深圳研究生院才能够克服难以想象的困难，在各方利益平衡的夹缝中，得以成长和发展。如果说我对北京大学深圳研究生院有些贡献的话，其中之一可能就是把海闻教授"骗"到北京大学深圳研究生院来。

还有一件事能说明海闻教授对北京大学深圳研究生院深厚的感情，2008 年北京外国语大学遴选校长，时任教育部领导推荐有丰富国际化经验的海闻教授担任校长。这个机会对于海闻教授来说，就是仕途的晋升。面对良好的仕途发展机会，海闻教授犹豫了两天，写信婉拒了邀请美意。他在信中说不能担任北京外国语大学校长的主要原因是："北京大学深圳研究生院正处于发展的关键时期，如果离开，很多正在进行的项目就会戛然而止。"笔者曾在私下见过海闻院长的这封婉拒信，言辞不长，但对北京大学深圳研究生院的深厚情感和不为功名利禄所动摇的态度，跃然纸上，令人动容。

海闻教授年轻的时候曾在东北上山下乡劳作九年，又是改革开放后北京大学第一批海外留学的学子，思维开阔，不怕困难。就任院长后他认真总结了北京大学深圳研究生院初创阶段出现的问题，发现完全依靠北京大学本部学院招生和培养不是长久之计，北京大学深圳研究生院的师资来自校本部各学院，师资不稳定的问题就会一直存在，就不能保证教学效果，如果所有的学科都是北京大学本部学院的延伸而没有自身特色，就意味着发展一个与北京大学本部学院相同的学科会造成内部恶性竞争。海闻教授认为，在校本部院系主导的办学阶段，北京大学深圳研究生院的办学水平不可能高于本部。在这种机制下，北京大学深圳研究生院的办学是拖校本部的后腿，所以他从 2004 年担任商学院的院长开始，就强调相对独立、差异化的办学。2008 年海闻教授担任北京大学深圳研究生院院长后，更是将国际化、差异化的发展思路推广到各学院。

2008 年，在全体教职工大会上，海闻院长首次提出了北京大学深圳研究生院的办学目标是"创建世界一流国际化校区"，办学方针是"前沿领域、交叉学科、应用学术、国际标准"。在讲话中，他明确支持北京大学深圳研究生院按国际化标准办学并不断创新改革。

北京大学从建校第一天起就是按照国际化标准来办学的，虽然时过百年，但是追求国际化的目标仍然没有改变，北京大学的历史就是追求世界一流大学的历史。追赶国际先进水平的途径是什么？简言之就是开放和改革。蔡元培早年提出要"依各国大学通例，循思想自由原则，兼容并包"，这是非常重要的理念，即开放的理念。今天北京大学怎么走？回想当年蔡元培提出的"依各国大学通例"，即把好的办学经验吸取过来。我们要学会站在巨人的肩膀上，学会借鉴别人先进的东西，在此基础上发展、超越。其二是改革。改革始终也是北京大学重要的历史精神。当时蔡元培做了九个方面的改革：如不拘一格，聘请名师；改革领导机制，实行教授治校等，这些都是开中国高等教育风气之先并且与国际接轨的重大举措。今天我们回顾历史对现在的办学仍有启发。①

在这次会议上，海闻院长提出北京大学深圳研究生院的办学绝对不是对校本部学科的复制，更不是搭便车、拖后腿，而是要构建与校本部互补，形成自己的特色和优势，为北京大学创建世界一流大学作出贡献。

未来，我们要在以下几个方面进行努力：

一是交叉学科。现代科技发展中，交叉学科越来越重要。交叉学科已经在国外发展得相当成熟，而在国内发展较慢。目前，我院化学基因组学实验室就是生物、化学学科之间的交叉，发展势头非常好。将来我们可以把环境与法律、经济与法律、环境与经济等学科进行交叉，设立交叉学位、建立交叉学科研究中心，与校本部比北京大学深圳研究生院具备建立交叉学科的开放条件。

二是应用学术。大学的使命在现代社会发生了很大的变化。在以传统农业为主的社会里，大学主要是培养研究者、管理者，与生产的结合并不紧密；当一个社会进入工业化社会后，技术将与生产有更多关系。我们身处的深圳市也是中国经济最有活力的地区，与校本部在基础理论研究方面的建树相比，我们在应用研究方面更具得天独厚的优势，但我们应不同于一般学校，我们的应用研究更要有学术价值。比如化学基因组学实验室的研究就是既有理论价值，又有应用价值，而且理论价值在不断凸显。

三是前沿领域。北京大学深圳研究生院要办出特色必须突破传统学科的束缚，大力探索前沿领域。我们现在要更多地着眼未来，作为一个一流大学，我们必须看五年、十年之后社会需要什么。我们的目标是要培养不仅懂得业务，更要懂得发展方向的一流人才。

① 海闻：《在北京大学诞辰110周年北京大学深圳研究生院全体教职工大会上的讲话》，2008年5月4日。

四是国际标准。地域上北京大学深圳研究生院虽然远离北京，但是离香港很近，香港是个国际化的城市，深圳市也是个很有朝气的城市，我们学校从办学理念上就要把北京大学深圳研究生院办成国际化的校区。我们的师资队伍要国际化，学科建设、行政服务都要达到国际水平，相应地，薪资待遇也要达到国际水平。

在明确差异化的发展方向后，北京大学深圳研究生院于2007—2008年左右开始转型。这一年，新建了"国际法学院"，并邀请原康奈尔大学校长杰弗里·雷蒙教授任国际法学院的院长。北京大学深圳研究生院内的商学院也得到长足的发展，收到了来自汇丰银行1.5亿元的冠名支持。同样，环境与城市学院分设为城市规划与设计学院、环境与能源学院。2011年，新建新材料学院。这一阶段北京大学深圳研究生院逐渐淡化依赖北京大学校本部相关院系，进行差异化的办学转型。

学生就很不满，而且学生根本也不愿意在这里，而且这边的学生也根本不认同这个校区，因为他们都是校本部的学生，法学院的学生，光华管理学院的学生，社会学系的学生，所以这边就根本没法管他们。所以从一开始我就认为这种模式是不可能的，而且这个性质决定了，校本部不可能把这边办得超过校本部，所以从机制上来讲，如果说我们这边办得超不过校本部的平均水平，实际上这边是在拉校本部的后腿，这是我始终的观点。而且说句实在话，他也不可能愿意把这边办的比校本部更好，这是机制上决定的，所以这就是我为什么要相对独立，也就是说我不是独立于学校，我要独立于校本部的院系，实践经验证明，原来校本部院系主导的模式是不成功的，学生根本就不愿意过来，过来了以后，也不认同这边，很

多人，像光华管理学院他们都根本不过来。①

在访谈早期来北京大学深圳研究生院的参老师时，他认为海闻教授看到了深圳研究生院发展的问题，并一直致力解决这些问题。

> 参老师：自己没有团队，你在办学方向、办学规模、学生培养上，一系列东西都受到校本部那边掣肘，你老依托它，它让你干的事情你就得干，它不让你的事情你就不能干，很多单位就存在这个问题。
>
> 海老师还有很多其他的想法，怎么样能够凸显北京大学深圳研究生院本身的办学特色跟实力，要不然的话你就相当于北京大学的一个延伸，当时各个学院都相当于是校本部教学的一个延伸。海老师可能有这样一个考虑，北京大学深圳研究生院要没有自己的东西将来你跟谁说话都不硬气，而且深圳市也不相信你，你们是北京大学的，将来一旦我这儿稍微一卡脖子你们脚底下抹油就都溜了，把人都带回北京大学校本部，我这儿就剩一个空壳了。②

海闻院长针对相关问题进行了资源整合和规划：一是提出北京大学深圳研究生院是北京大学创办世界一流大学战略的重要组成部分，北京大学深圳研究生院发展好了，是属于北京大学的增量发展。海闻教授认为，北京大学本部的资源和空间受限，并受到传统体制机制的束缚，而北京大学深圳研究生院地处改革开放的深圳市，有条件发展前沿交叉、应用型和具有地域优势的学科，突出国际化的特色，与北京大学本部院系差异化发展。这样，不触碰北京大学本部院系的利益，就容易得到校本部的支持。

二是提出北京大学深圳研究生院创办历史不长，包袱小，并且处

---

① 访谈海老师，访谈编号 032，2019 年 11 月。
② 访谈参老师，访谈编号 012，2017 年 7 月。

于深圳市大力提倡创业和改革的大环境下，可以在行政、财务、人事、本科生教育上进行试点改革。这一阶段北京大学深圳研究生院的教师来自北京大学本部的编制人员少了，来自海外高校引进的青年人才多了，并对北京大学深圳研究生院的教师实行全员聘用制，并在行政人员考评、年休假制度及财政管理制度上进行创新改革。这些改革放在北京大学，由于众多利益相关者，推行会比较困难，但是在北京大学深圳研究生院，虽然对于有些改革部分员工也有抱怨，但推行都非常顺利。

三是了解到深圳市的需求，认为有责任和义务帮助深圳市建设一流的高等教育。为此，海闻院长于 2010 年提出在异地开办本科生教育，但经过数年努力，在北京大学内部经过数轮讨论，直到 2016 年在深圳市开办本科教育的事项才有进展。

在对深圳市教育界的管理人士和北京大学本部的领导和教授的访谈中，对于海闻院长执掌北京大学深圳研究生院的这段经历，纷纷表示赞许之情。

　　谢老师：海院长他来了之后，基本上就做了一件事，就做北京大学深圳研究生院的事。就从整个北京大学的发展战略当中，办好北京大学深圳研究生院。其实从我们的角度，深圳市政府的角度，我们觉得好像是和北京大学平起平坐的一个分校一样的。但是从北京大学的角度，它可能就把它等同于一个二级学院，就比方说它有十个孩子，这个只是其中一个孩子，有十个学院的话，只是其中一个学院而已，所以它不可能给你投入大量的时间、精力、人力，那就是属于我派过去人，你们就自生自灭，自己搞就行了，我这边只不过对你学术有一个把控你不能偏离太远。另外一个，从北京大学的角度，我就是出一个品牌资源。所以你要让我出经费，让我给予更大的投入，那基本上不可能的。

　　问：跟领导有什么关系吗？

　　谢老师：对。所以海院长来了，他就可以全心全意地做这件事情，他就把这一点当成了他的事业来做。所以你看那一年让他从院长的位子上退下来，从院长位子上退下来的时候，他还有点壮志未酬的那种感觉，他还觉得很多事情还没做完，所以现在把全部的精力都放在汇丰商学院。所以在他的任上，他自己很有战略眼光，很愿意把这个事情做大。同时他又是北京大学的副校长，他能够调动北京大学的一些资源，他尽管在那边管得不多，但是他这个身份和地位，能够带来一些资源，支持这边的发展。①

　　深圳市教育局谢老师认为，深圳市多年以来一直支持异地办学校区，海闻院长在任期间，北京大学深圳研究生院发展取得长足进步的原因就是他能够争取到学校本部的更多资源，当校本部对异地办学校区支持力度越大，北京大学深圳研究生院的发展就越好。北京大学本部相关的老师也认为，海闻院长在任期间办出了北京大学深圳研究生院的特色。校本部的前任校领导也对海闻院长的工作表示认可。

　　枚老师：我跟你说，海闻教授在这儿办还可以继续办下去，也能办得不错。海闻教授如果不办了，几种可能性就会出来，也许出来一个比海闻还行的，办得比他好的，也还办得跟他差不多，也许比他办得差，这就是说不确定。尤其是任职，不能保持它的连续性。你能保证海闻教授多干几年，能多稳定几年，海闻教授一旦不干，怎么办？②

　　2013年11月，海闻教授因年龄原因卸任北京大学深圳研究生院院长，时任北京大学副校长陈十一教授接任院长。在全院干部大会上，海闻教授的《这一切，值得》的讲话，能够看出他对北京大学深圳研究

---

　　① 访谈谢老师，访谈编号039，2018年11月。
　　② 访谈枚老师，访谈编号030，2018年8月。

生院全心的投入与付出。

> 对我来说，担任北京大学深圳研究生院院长，不是一份工作，我不需要从北京到深圳市来找一份工作；也不是一个职位，我也不需要一个院长的头衔。我之所以抛家舍业南下深圳市，是为了一个理想，一份事业。8 年来，我放弃了仕途，牺牲了家庭，荒废了专业，但看到许多一流大学，包括北京大学本科的优秀毕业生们纷纷将北京大学深圳研究生院当作读研的首选，看到北京大学深圳研究生院学生自豪地在五四运动场和百年大讲堂夺魁，看到一批批世界名校的毕业生加盟北京大学深圳研究生院，看到越来越多的国际师生活跃在校园里，看到政府机构和企业与北京大学深圳研究生院开展的广泛合作，我心里只有这一句话：这一切，值得！

北京大学深圳研究生院在第二阶段，领导班子稳定，强有力的领导把控大局，并争取来自北京大学、深圳市以及市场的办学资源。关于领导能力，鲍曼等认为，一是需要拥有良好的素质、长远的眼光、力量和责任心；二是需要跟随环境的变化而变化。[①] 海闻院长以长远的眼光进行布局，及时调整北京大学深圳研究生院的战略发展，从全球招聘遴选院长来北京大学深圳研究生院各学院任职，如汇丰商学院的张化成常务副院长、国际法学院的杰弗里·雷蒙院长、环境与能源学院的耿旭院长、信息工程学院的郭正邦院长等。这些院系领导均有丰富的海外求学任教背景，资历深厚，符合海闻院长期望"创办国际化校区"的目标。此外，海闻院长执政时期的相关政策、方针都能有序长期坚持，这些都是此阶段北京大学深圳研究生院发展较快的原因。

---

① ［美］李·G. 鲍曼等：《组织重构——艺术、选择及领导》，桑强等译，高杰英等校，高等教育出版社 2005 年版，第 371 页。

第二节　对北京大学深圳研究生院的资源投入

一　硬件资源：深圳市提供

2008年，北京大学深圳研究生院向深圳市政府呈报《关于支持商学院和国际法学院发展的请示》，恳请深圳市政府给予支持。

2008年6月2日，深圳市市长一行视察深圳大学城，提出"全力支持各办学单位在深圳市的发展，把大学城办得更富有生气和活力，使大学城真正成为我市一张流光溢彩的名片"的动员令，我院师生深受鼓舞。目前，我院已经具备了建设一流商学院和法学院的基本条件，如果能够得到深圳市的大力支持，将大大促进这两个学院的建设和发展进程，从而更好地为深圳市的经济社会发展服务。需要深圳市给予支持的领域包括：

一、商学院的近期目标是在10年内赶上或超过上海的"中欧国际工商学院"。作为北京大学在深圳市的商学院，我们的学生素质和深圳市的经济环境为实现这一目标提供了客观条件，目前急需加强的是硬件条件和师资队伍建设。日前，商学院获得了世界上规模最大的金融集团之一汇丰集团总额1.5亿元人民币的捐款支持，并将命名为"北京大学汇丰商学院"。捐款中的1亿元将用于建设"北京大学汇丰商学院"大楼。为此，希望市里能够在深圳大学城校区内批准相应的建设用地。该大楼产权可与北京大学深圳研究生院其他建筑物一样属于深圳市政府，北京大学深圳研究生院拥有使用权。

与此同时，我们希望市政府能够给予适当的配套资金支持，重点用于学院学科建设和引进一流水平的师资队伍。如果有了深圳市的配套资金支持，我们有信心也有可能只用5年左右时间，实现我们的目标，把商学院建设成为属于深圳市的中国一流商学院。

二、国际法学院在国内率先引进美国 J. D.（法律博士）培养模式，聘任美国康奈尔大学前校长杰弗里·雷蒙教授为院长，其任课教师均由国际知名学者和律师组成。由于国际法学院的培养成本较高，在启动初期面临较大的经费压力。为此，希望市里给予每年500 万元人民币的专项启动经费支持，支持期限为三年。这一支持可帮助国际法学院渡过启动阶段的困难时期，在此期间，我院将继续多方筹措办学经费，创造条件，吸引最优秀的教师和学生。三年以后该学院将实现经费自理。

以上是我院目前迫切需要深圳市给予支持的两个领域。我们相信，在深圳市委、市政府以及北京大学的支持下，北京大学深圳研究生院一定能够成为全国最好的、具有国际水平的金融和法律人才培养基地。

此后，又先后以 2、3、5、6、7、10 号文以及北京大学 2008 年 93 号文向深圳市政府请示汇报"关于北京大学汇丰商学院申请建议用地""关于北京大学国际法学院举办创院典礼"等事宜，恳请深圳市政府持续关注并解决事关北京大学深圳研究生院发展等问题，这些请示函件得到深圳市政府的积极响应。从发文记录来看，2008 年是北京大学深圳研究生院与深圳市政府往来密切的重要一年，所有请示事项围绕汇丰商学院、国际法学院的建设，并与深圳市主要领导保持了良好的关系，赢得了众多深圳市外部资源支持。

2009 年，深圳市政府为支持汇丰商学院发展，在大学城的预留地中给了北京大学一块用于建设汇丰商学院新大楼，汇丰银行捐赠了 1 亿元用于基础设施建设，深圳市投资 1.5 亿元支持汇丰新大楼建设。2010 年汇丰商学院举行了奠基仪式，时任深圳市常务副市长许勤发表讲话，体现了深圳市政府对汇丰商学院建设的重视与支持。

这既是为学院发展奠定坚实的基础，也是为国家创新城市建设和金融支柱产业的大发展奠定了一块基石，深圳市委市政府将一如既往地支持汇丰商学院的发展。预祝学院的成长如同这栋教学楼一样扎根深圳市，拔地而起，放眼世界，独树一帜。让我们汇丰商学院世界一流商界军校的军旗永远飘扬在特区上空。①

这一阶段，深圳市政府还分别投资 4000 万元和 1500 万元支持国际法学院教学楼和 F 栋教学科研楼的建设，这些项目的落成离不开时任北京大学深圳研究生院院长海闻教授的努力。

表 3 - 1　　北京大学深圳研究生院 2008—2014 年基本建设投入情况

序号	项目	市政府投资（万元）	建筑面积（平方米）	项目概况	状态
1	汇丰商学院教学楼	15368.01	56230.84	地上 7 层、地下 2 层，是以教室、教职工办公以及展览厅、车库、设备房等公共设施服务为一体的综合性教学楼，可容纳在校生 1690 人	已建成
2	国际法学院教学楼	4000	8900	地上 5 层、地下 1 层，主要功能设置为教室、研究室、图书室、讨论室、办公室、会议室	已建成
3	F 栋教学科研楼	1500	5062	地上 5 层，功能设置为实验室、公共实验平台、办公室	已建成

资料来源：作者自行整理所得。

二　资金资源：深圳市差额拨款

按照北京大学和深圳市签订的协议，北京大学深圳研究生院人员经费参照深圳市政府 2009 年下发的深府〔2009〕206 号文件《关于印发清华大学深圳研究生院等三所研究生院机构编制和办学投入办法的通知》："以 2000 年全日制硕士生年均培养成本 5.31 万元为基数，市政

----

① 许勤：《在汇丰商学院大楼奠基典礼上的讲话》，2010 年 1 月 6 日。

府提供约 45.5% 的财政补贴，年生均 2.4 万元，理工科硕士加权 0.2，用于研究生培养经费和论文补贴，博士生在相应学科硕士生的基础上加权 0.5。"

北京大学深圳研究生院的办学经费主要依靠此 45.5% 的差额生均拨款。期间，因通货膨胀等原因，生均拨款差额增长了约 15%。第二阶段北京大学深圳研究生院的主要运行经费主要依靠生均差额拨款。

表 3-2　　　　　　深圳市政府 2008—2012 年对北京大学深圳
　　　　　　　　研究生院财政经费下拨统计　　　　　　　　单位：万元

年份	市财政下拨办学经费				
	总额	其中：生均补贴	其中：重点实验室建设	其中：科研经费	其他经费
2008 年	6773.00	3765.00	2508.00	500.00	0.00
2009 年	14822.23				
2010 年	7246.79	6149.20	1097.59	0.00	0.00
2011 年	11014.10	6236.90	652.40	4124.70	0.00
2012 年	19934.25	7034.42	784.83	11941.00	174.00

资料来源：《深圳大学城办学情况报告》。

三　学科发展：差异化转型

差异化发展阶段，北京大学深圳研究生院的组织结构发生较大变化。

表 3-3　　　　　北京大学深圳研究生院学院设置变化情况

初创阶段（2001 年—2007 年）	第二阶段（2008 年—2014 年）
信息工程学院	信息工程学院
生物技术与医学学院	化学生物学与生物技术学院
环境与城市学院	城市规划与设计学院
	环境与能源学院

续表

初创阶段（2001 年—2007 年）	第二阶段（2008 年—2014 年）
商学院	汇丰商学院
法学院	国际法学院
人文社会科学学院	人文社会科学学院
	新材料学院

资料来源：作者自行整理所得。

（一）信息工程学院

由于这一阶段强调学科差异化发展，办学目标为创建世界一流国际化校区，很多专业从应用向基础前沿开始转型。信息工程学院与校本部信息科学技术学院关系密切，早期从北京大学信息科学技术学院派来的中青年教师已经成长为骨干，把校本部的学科方向延伸到深圳市办学，在转型过程中很难完全独立起来。2010 年前后，海闻副校长聘请台湾教授郭正邦担任信息工程学院院长，期望通过引进院长整合信息工程学院。但面对与校本部院系盘根错节的关系，工作难以开展。郭正邦教授来北京大学深圳研究生院不到一年，便选择离开。信息工程学院院长更换频繁的主要原因，在于不能完全独立于本部院系的学科延伸，虽然想差异化发展，但新来的院长难以进行学科整合，难以理顺院内各种复杂的人事关系。信息工程学院的教师 20 人，但科研平台就有 18 个，几乎每人组建 1 个平台或实验室，力量分散，难以形成合力争取资源。

表 3－4　　　　　　　　信息工程学院平台建设情况

序号	实验室名称	备注
1	数字视频编解码技术国家工程实验室深圳分室	国家工程实验室深圳分室
2	集成微系统科学工程与应用重点实验室	拟建国家级重点实验室
3	深圳市云计算关键技术与应用重点实验室	深圳市重点实验室
4	深圳市薄膜晶体管与先进显示重点实验室	深圳市重点实验室

续表

序号	实验室名称	备注
5	深圳市信息论与未来网络体系重点实验室	深圳市重点实验室
6	深圳市先进电子器件与集成应用重点实验室	深圳市重点实验室
7	深圳市智能多媒体与虚拟现实重点实验室	深圳市重点实验室
8	深圳市 TSV 三维集成微纳系统重点实验室	深圳市重点实验室
9	深圳市内容中心网络与区块链重点实验室	深圳市重点实验室
10	深圳三维数字媒体技术工程实验室	深圳市工程实验室
11	深圳融合网络集成播控技术工程实验	深圳市工程实验室
12	深圳氧化物 TFT 器件与集成技术工程实验室	深圳市工程实验室
13	深圳物联网智能感知技术工程实验室	深圳市工程实验室
14	深圳宽带无线网络安全技术工程实验室	深圳市工程实验室
15	深圳市网络环境下的智能监控系统公共技术服务平台	深圳市公共技术平台
16	深圳市视频编解码公共技术服务平台	深圳市公共技术平台
17	深圳市半导体显示公共技术服务平台	深圳市公共技术平台
18	集成电路测试验证工程技术中心	南山区公共技术平台

资料来源：作者自行整理所得。

弓老师：信息工程学院本来是有问题的，人不多，但每个人背后都有人。其实北京大学深圳研究生院很多时候要做什么，肯定领导打个电话，那边还是尊重的。但信息工程学院比较分散，各个团队都有。再后来有新的老师，可能跟北京大学深圳研究生院这边关系好一点，更听这边领导的安排，反正这几股力量，怎么说呢？就经常指挥不动。①

参老师：原来招新院长是用他来搅合事的，结果没两年就走了。和校本部这边之所以最后弄得那么僵的原因是，校本部信息科学技术学院在深圳市的代言人受到排挤。同时学院内部还分成了三四拨力量，还有一拨看热闹的，无所谓，你们打吧，内部因为利益

---

① 访谈弓老师，访谈编号 016，2017 年 11 月。

互掐，一个人代表了一拨势力，就在那儿掐，掐到最后这些人互相之间都使绊子、上眼药，各自为政。①

　　马老师：异地一定有问题，什么问题？校本部跟下面的关系一定存在竞争关系。哪怕我们的大院没问题，各个小院都会跟它依托的院系有竞争关系，于是我们老提一句话要差异化发展。话是这么说，但实际上学科很难错开，我们只能说这边重视工程培养，那边重视科学培养，但是发展的方向是一样的，根本就不可能分开。②

　　2008年海闻院长提出了差异化的发展模式后，希望信息工程学院与北京大学信息科学技术学院差异化发展，突出国际化办学特色，加强与深圳市产业的合作。在北京大学深圳研究生院整体定位发展的指导下，信息工程学院被要求减少应用型的专业硕士，加强学术研究生的招收，提升基础学术研究能力。2008年信息工程学院申请了集成电路和计算机应用专业，经过校本部学位委员会批准可以招硕士生。但在学科调整的过程中，信息工程学院将集成电路和计算机应用专业的硕士转成硕博连读，但校本部专业学位委员会并没有对该专业博士学位招收资格进行认定，出现了突然冒出的不能退回的博士生情况，导致与信息科学技术学院关系闹僵，产生矛盾，最后由北京大学领导出面进行调解。

　　问：2008年海院长是不是对学科进行了调整？

　　马老师：2008年底海老师正式变成院长，林校长回校本部。学科调整的时候理论上我们工程硕士不招，基本上转为招学术型硕士，2008年我们只有一个微电子专业。

　　问：后来那个专业是什么时候申请的呢？

———————————

① 访谈参老师，访谈编号012，2017年7月。
② 访谈马老师，访谈编号010，2017年7月。

马老师：同时在那一年我们又申请了一个专业叫集成电路，那时候学科里还有不一样的，一级学科叫电子科学与技术，下面分两个专业，一个是微电子，另一个是集成电路，那时候转为集成电路，实际上不用转，因为是同一个一级学科，我可以在那里招硕士，但是我的博士还在微电子。领导认为西方经济学要在北京大学深圳研究生院独立招生，希望我们信息工程学院也要做这个事情，我就提了一个申请，2008 年就开始提申请了，想多成立一个专业，就是目前的计算机应用。这个专业经历过两年的路程，到 2010 年才申请下来。

问：这是要校本部信息科学技术学院审批，是吗？

马老师：学位委员会要同意。那时候指定只招硕士，没有博士。

问：没有博士名额？

马老师：我们计算机应用这个点先招硕士，结果五年以后才可以招博士。这个过程大概是这样的，我们也等不及，因为我的学生都是微电子的，学生招过来以后他又做硕博连读，计算机应用做硕博连读，两年以后又变成博士，所以到 2012 年理论上这些学生又转成博士。

问：但是没有名额？

马老师：对的，但是你就必须给他转，因为他本来就是计算机应用的，你再给转回去微电子是不可以的，所以我们就把这些学生变为博士了。这个过程里有一段时间不是很融洽。

问：跟校本部的关系就不太好了？

马老师：对，你应该知道这个过程。

问：本来说你们要五年才招，你们两年就做这个事了，是吧？

马老师：对。那时候我不在管理阶层，我只是一个博导，我只负责教学生，到上面我就不知道了。就开始有矛盾，这个矛盾就来了，一直到我的学生毕业。我的学生毕业麻烦大了，为什么？学位委员会没同意你就招了。

问：最后怎么解决的？找校领导，还是延期？

马老师：费了很大力气，花了很多时间找领导才解决。①

问：什么事是导火索导致和校本部信息科学技术学院关系不好呢？

弓老师：我们这里博士生招生，理论上其实是不符合规定的。我们有招硕士的自主权，但没有招博士的自主权，招博士是一定要通过信息科学技术学院的。但是当时我们有钱又有名额，所以就把博士生招过来了。由于教务系统我们也是可以通用的，我们老师就把博士招进来。但是校本部信息科学技术学院也是可以看我们的系统，人家系统一看怎么我们学院的名下冒出几个博士，他们都不知道这是哪来的。②

虽然信息工程学院与校本部关系出现了问题，但从第二阶段学生数据可以看出，自主招生的学生数不断增多，依托本部院系招生的学生数逐渐减少。同时，信息工程学院生源也在不断提升，学生培养质量良好，就业多去华为、腾讯、移动、百度等大型企业。

表3-5　　　　信息工程学院2008—2014年在校生人数统计　　单位：人

入学年份＼专业	微电子学与固体电子学		电子科学与技术（集成电路与系统）		计算机应用技术		计算机系统结构		合计
	博士	硕士	博士	硕士	博士	硕士	博士	硕士	
2008 年	1				1				2
2009 年	2		3						5

① 访谈马老师，访谈编号010，2017年7月。
② 访谈弓老师，访谈编号016，2017年12月。

续表

专业 ＼ 入学年份	微电子学与固体电子学		电子科学与技术（集成电路与系统）		计算机应用技术		计算机系统结构		合计
	博士	硕士	博士	硕士	博士	硕士	博士	硕士	
2010 年	3	1	2				1		7
2011 年	4	1	2		2	3		1	13
2012 年	3	80	1	27	2	50			163
2013 年	4	69	1	30	3	56			163
2014 年	3	69			3	54			129
合计	20	220	9	57	11	163	1	1	
	240		66		174		2		482

资料来源：信息工程学院工作总结。

表 3－6　信息工程学院 2011—2013 年招生 985、211 生源学校统计　　单位：人

专业	招生年度	招生总人数	其中：985 高校生源		其中：211 高校生源	
			人数	所占比例	人数	所占比例
微电子学与固体电子学	2011 年	99	60	61%	88	89%
	2012 年	79	48	61%	71	90%
	2013 年	70	41	59%	62	89%
计算机应用技术	2011 年	34	22	65%	31	91%
	2012 年	50	31	62%	46	92%
	2013 年	57	39	68%	52	91%
集成电路与系统	2011 年	30	13	43%	25	83%
	2012 年	30	9	30%	24	80%
	2013 年	30	11	37%	24	80%

资料来源：信息工程学院工作总结。

在差异化发展阶段，信息工程学院充分利用深圳市的产业优势，进行产学研合作，论文质量不断提高，专利数量逐年攀升。

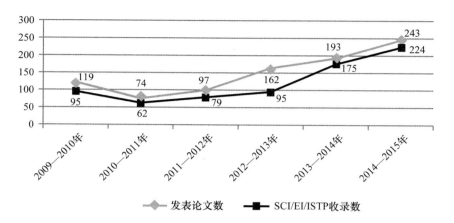

图 3－1 信息工程学院 2009—2015 年论文发表统计

资料来源：信息工程学院工作总结。

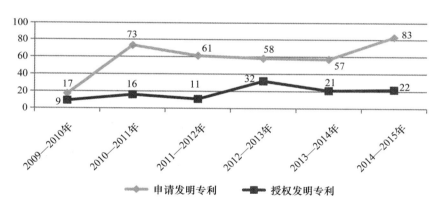

图 3－2 信息工程学院 2009—2015 年专利数量统计

资料来源：信息工程学院工作总结。

（二）国际法学院

1. 国际法学院的创建

由于北京大学法学院的撤回，北京大学深圳研究生院意识到要办自己的法学院，但法学学科资源不济，考虑到深圳市的国际化城市发展目标，海闻院长邀请原康奈尔大学校长杰弗里·雷蒙教授创建国际法学院。

　　海闻教授，一位杰出的发展经济学家，最初提出了成立国际法学院的构想。其成立法学院的目的非常简单，即在中国开设英语教学的美国 J. D. 课程，与美国最好的法学院竞争，并且使中国顶尖的学生在美国顶级的事务所工作，但是其培养成本比中国法律专业的学生远赴美国学习要低得多。①

　　2007 年 6 月，杰弗里·雷蒙教授在北京外国语大学的讲座中重点分享了国际法学院即将创办的消息。他认为：“有了跨国法学院，中国学生不用走出国门就有机会取得法律博士学位。国际法学院采用的课程完全符合国际标准，充分听取了世界各地法学教授和跨国律师事务所中资深律师的意见。所有课程采用全英文授课，并将由全世界各地最优秀的法学教授讲授，我们希望这一项目能将国际标准推向新高度。”②

　　2007 年 9 月 27 日，国务院学位委员会同意北京大学深圳研究生院试点培养国际法律硕士，国际法学院筹建工作进入实质阶段。国际法律硕士专业依据中国法律硕士培养方案，结合美国法学教育 J. D 培养模式。这种全新的美国法学教育模式从北京大学的学科布局来看，是一个全新的尝试与开拓，国际法学院是中国大陆唯一一所引入美国法律教育模式（J. D）、致力于培养具有国际视野和全球竞争力的跨国法律人才的学院。

　　国际法学院创办前后，来自中美的几十家媒体同时对它进行报道。美国威尔逊中心网站阐明国际法学院成立的重大意义：法律教育、法治、法律与发展、认知碰撞和个人动机。比尔·亨德森撰文指出：“我们之所以要重视它至少有三个理由，一是曾经担任过密歇根大学法学院院长和康奈尔大学校长的杰弗里·雷蒙先生将担任该法学院的院长和创

---

　　①　［美］杰弗里·雷蒙：《北京大学国际法学院：什么？哪里？为什么？——在纽约律师学会国际事务委员会上的致辞》，2012 年 1 月 31 日。

　　②　［美］杰弗里·雷蒙：《全球化新的跨国法律学习以及中国在全球化中的未来——在北京外国语大学的演讲》，2007 年 9 月 6 日。

院院长；二是该法学院在计划寻求美国律师协会的认可，以便学生在美国所有的司法辖区内都可以参加考试；三是和美国任何一个法学院一样，所有的课程都将用英文教授，案例会选自美国、大部分教授也来自美国。"① 新华社、《人民日报》、《深圳晚报》、《深圳商报》等国内媒体也纷纷关注报道了国际法学院的创建。"国内第一所美式法学院、第一位中国大学外国院长、第一所 J. D. 模式大陆法学院"都是媒体关注的焦点。

国际法学院的成立是创新性的突破，是一个与北京大学法学院完全不同的法学院。国际法学院的建立是北京大学深圳研究生院差异化发展阶段学科建设的典型代表。

第一，寻求国际资源。杰弗里·雷蒙教授（Jeffrey S. Lehman）有着丰富的管理经验和学界地位，他的加盟带动了更多的国际师资资源的引进，同时吸引了更多国际关注。美国最高法院安东尼·肯尼迪（Anthony Kennedy）大法官、香港特别行政区首任行政长官董建华都对国际法学院创建给予了关注与支持。此外，国际教育界、法律界人士也对新成立的国际法学院给予关注，并身体力行展开支持，进行合作、访问交流、安排讲座等，这些国际资源的投入对于国际法学院的创建起到了重要作用。

第二，深圳市专项支持。深圳市 2009—2011 年投入 1200 万元，支持国际法学院专项建设。这笔经费是深圳市首次除基建和生均拨款外的，对北京大学深圳研究生院学科建设的专项投入，有力保障了国际法学院引进师资和学科的开展。

第三，办学特色突出。国际法学院在国内率先引进美国 J. D. （Juris Doctor）培养模式，采用苏格拉底式等教学方法，在熟练使用法律英语的基础上，重点提高学生的逻辑思维能力和法律实务能力；任课教师均由国际知名学者和律师组成，包括 Howard Bromberg 教授、James

---

① ［美］比尔·亨德森：《一所美国律师承认的新法学院即将在中国落成》，2008 年 6 月。http://lawprofessors. typepad. com/legalprofession/2008/06/new-aba-accredi. html.

Feinerman 教授等；采用全英文授课；按照国际法学教育中最新、最高的标准来培养学生。J. D. 是美国法律教育中含金量最高的学位，是参与国际法律事务的最重要的资质之一。经国务院学位办批准，国际法学院于 2008 年开始试点招收 J. D. 研究生。这是中国目前第一个也是唯一的 J. D. 项目。独特的办学特色使得国际法学院具有广阔的发展市场，办学资源的特殊性也让国际法学院引起法律界高度关注。

从培养的学生口中，我们能看到国际法学院对于学生培养的魅力。国际法学院 2008 级学生曹华回忆在国际法学院求学时说道：

> 在 STL 学习，时时刻刻充满了中美文化的冲击，美国各法学院老师风格不同的冲击和中美教授风格不同的冲击，但是在冲击中、碰撞中又擦出不一样的火花，体现出来北京大学"兼容并包、思想自由"的特点。

第四，师资队伍强大。国际法学院的师资由杰弗里·雷蒙院长通过访问教授的方式引进，这些教授来自哈佛大学、斯坦福大学、纽约大学、芝加哥大学等美国最好的法学院。同时美国业内的执业人员如前任 ABA 主席等也纷纷加盟国际法学院。这些教授加盟主要是对国际法学院办学目标的认可，以及对商业全球化、英美律师事务所在跨境法律服务市场地位的认同。这些优秀师资既不需要挤占北京大学教师的编制，也不需要深圳市的编制认同。2012 年，国际法学院全日制和常驻师资 18 名。共有 46 名访问教授前来授课，包括 15 位来自北京大学、清华大学、中国政法大学等国内一流高校的国内访问教授和 31 名来自美国耶鲁大学、斯坦福大学、哥伦比亚大学等国际一流大学及顶尖律师事务所和法律机构的国际访问教授，对国际法学院的办学起到了重要支撑作用。

第五，创新和法制环境。国际法学院的创建离不开深港的创新环境。深圳市从一个以农业和制造业为主的城市，逐渐发展为投资者不断参与的技术创新城市，法制社会是维持城市发展的重要基础。国际法学院创院团队认为，在深圳特区，中国对法律和司法机构试验持开放性态度，这里的法律基础设施最有可能是中国和西方元素的混合体。[①] 在深港秉持创新的环境下，国际法学院作为跨国法律人才培养学院，有利于吸引更多优秀的师资和学生。

国际法学院从建院起就明确了寻求 ABA 认证。ABA 表示美国律师协会的法律教育和认证许可部门理事会，是一个经过美国教育部授权批准的机构，作为国家评审为法学院服务。通过 ABA 认证能确认从国际法学院培养的毕业生已经成功完成课程，并具有和美国本土一流法学院完全一样的培养水平。ABA 是国际上对法学院的认可的权威标志。杰弗里·雷蒙院长在 2010 年写信给 ABA，正式提出如果 ABA 将其认证流程延伸至美国国境之外的法学院，国际法学院将寻求认证。但国际法学院寻求 ABA 认证的经历并不像创办那样顺利，由于美国市场法律服务和法律教育规模的衰退，ABA 认证遭到了美国律师和法学院的强烈反对。[②] 美国法律界认为国际法学院的使命将会导致符合美国条件的中国律师取代美国市场律师，同时剥夺了美国法学院招收留学生的机会，因为中国的教育成本远低于美国的法学院。[③] 但不可否认，国际法学院通过在美国寻求 ABA 认证的过程，是不断扩大国际法学院影响力的过程。

国际法学院全新的学习体验和教学模式，着重培养了学生解决问题及辩护技能，尽管国际法学院创建不久，但毕业生就业情况可观。首届 J. D. 毕业生就业率达 100%，平均起薪 132340 元/年。律师事务所的 offer 中，有 72% 位列 2012 钱伯斯中国区律师事务所排行榜。企业的 offer 中，有 60% 来自于 2012 世界五百强企业。54 名毕业生中，10 人进

---

① ［美］杰弗里·雷蒙：《为中国培育全球化时代法律人才：北京大学国际法学院》，2012 年。

② ［美］杰弗里·雷蒙：《为中国培育全球化时代法律人才：北京大学国际法学院》，2012 年。

③ ［美］杰弗里·雷蒙：《为中国培育全球化时代法律人才：北京大学国际法学院》，2012 年。

入美国凯易、英国富而德等外资知名律师事务所；16人进入方达、金杜等国内知名律师事务所；16人进入招商局、中信、华为等知名大企业从事公司国际法务工作；4人获得公务员资格，被吉林省高级人民法院等国家机关部委录取；4人前往美国以及欧洲继续深造。跨国发展、深造的人数约为30%。良好的就业情况为国际法学院首届学生培养交上满意答卷，约70%的毕业生赴知名律所与大型企业从事涉外法律事务工作，也充分印证了国际法学院"在全球化时代为中国培养具有国际视野和全球竞争力的跨国法律人才"的创院初衷。①

2. 国际法学院现存的问题

国际法学院从创办之日起，备受中美教育界和法律界的广泛关注，也取得了突出的办学成果。但在办学过程中，仍存在不少问题。首先，外籍管理团队水土不服，与中国高等教育管理理念存在冲突。

> 车老师：国际法学院有一个中外合作办学的问题。外国它的管理架构和中国的管理架构完全不同。院系的自主权限完全不一样，所以有很多时候表现出来的好像是北京大学的规定，其实这个规定可能其他大学都有，但是外国的大学没有。所以我觉得更多的会把它理解为是中外两种高等教育管理模式的一个摩擦，或者说产生的不匹配问题。因为国际法学院完全是外国团队，而且争取是以外国的模式的管理团队。但是早期其实教育部，虽然它可能觉得要引进国际一流的人才，或者说有这样的理念，但是没有配套的政策。
>
> 所以其实并没有放开，它只是给了一个原则说你可以这样去做，但是到具体事情的时候，我们还是得按照体系内的办法来办，就无法实现那个目的。其实包括现在我们希望申请国际化示范学院，其实方案本身非常的国际化，它基本上是认同我要从国外学习国外的管理模式、国外的管理团队、国外的晋升机制、国外的改革

---

① 国际法学院：《国际法学院2021届就业报告》，2012年，https：//stl. pku. edu. cn/ca-reers/employment-placement/，2019年4月2日。

123

方式，所有的东西我都愿意接受，这是国际化示范学院。但是，这个政策出来之后，没有相应的配套。比如说最明显的一点是招生，国外是没有招生名额限制这件事情的，完全就是各个学校自己定，我只要有这个能力，我保证我的质量，我通过我相关院系的认证，那就没有问题了。但是我们完全是名额、分配，就这么大的蛋糕，你们就自己去分吧。①

外籍管理团队的时间安排与中方也有不同，在国际法学院的总结报告中特别提出："学校的院历每年四月份才确定下来，而大部分国外教授一般倾向于提前一年甚至更早安排自己的时间，这对于学院提前邀请访问教授造成了一定的困难。"其次，"内部粮票"认可问题。国际法学院培养的学生毕业后，拿到的是中国法法律硕士和 J. D. 的学位，而J. D. 当年教育部批的是北京大学内部的法律博士，而在整个中国教育体系内，该学位是"内部粮票"，在求职就业的过程中，有些单位认可博士学位，而有的单位并不认可。同时，北京大学法学院对于国际法学院的培养模式和培养质量也有自己的看法。部分老师认为虽然法学院撤回，但国际法的培养也有一定的市场，可以边走边试。还有老师认为国际法学院要在三至四年时间里既培养中国法体系，又培养美国法体系的人才，难以保证培养质量。

> 沐老师：当时我跟海老师聊天的时候，我说这个国际法可以搞，试试看，尽管北京大学法学院撤离了，但是我还是希望把这个模式给办成了。我记得海老师当时把教育部的那个批文给我看了，当时说还是按照法律硕士来招生，招生完了以后，实施中国法教育和美国法的教育，最后给学生发类似于 J. D. 的资格证书，等于是内部粮票，但是正式的文凭是法律硕士专业学位的文凭。内部粮票

---

① 访谈车老师，访谈编号 005，2017 年 4 月。

在社会上不一定认可，但是因为法律硕士培养的学生，绝大多数都是到律师事务所、去公司，律师事务所、公司虽然也看重这些东西，但不像机关那么死板和教条，他还是看真才实学，如果你真学到东西了，再加上北京大学的品牌和公信力在这儿，人家一看北京大学发的，虽然是内部粮票，但更重要的是学生要真的学到了东西，真的展现出他跟一般的法律硕士毕业生不一样的特殊的这种能力，市场还是能够接受的。①

　　姜老师：因为我具体不了解，我也不敢去评估说那儿的学生究竟怎么样。第一个我觉得中国非常大，就是说法律硕士，读法律的这个人群的基数非常高，全国各地都有。这样换句话说，大部分好一点的，大部分的法学院都在办法律硕士，所以它实际上是一个就业压力形成的，都要去读一个学位。所以在这个背景下，你读了一个国际法学院，其实学生数量规模也不大，其实你说它好不好，我觉得没什么好坏之分，我觉得它就是社会需要。

　　第二个就是说，从国际化的角度有它的意义，但是在中国来讲，可能意义也并不很大。因为你看我们主体的法律教育的学生，国际法都是本国的，大家都到国外去读硕士，没有人想到说我不要到国外读硕士，我到北京大学深圳研究生院读一个，这样想，因为毕竟国际化的环境是一个完整的教学，而在北京大学深圳研究生院，他的教学会面对的一个问题，换句话说他比当年我们在深圳市做法律硕士面临更大的困难。说到底，我们法律硕士还有法学院的老师过去支撑，哪怕是有问题，还有一个完整的教学体系，到了他们这儿就没有。他不可能把美国法学院一个完整的教学模式复制过来，他只能请一些退休的法官，一些律师过来开一些课，所以课都是拼凑起来的。换句话说，你把他的课本拿出来的话，他没有完整

---

① 访谈沐老师，访谈编号029，2018年8月。

比如这是哈佛大学的课表，这是耶鲁大学的，没有，他可能是拼凑的一些东西。在三到四年里边，既要做司法考试，用中文学中国法，同时他又要上课，甚至他们说有的学生要去美国考 Bar，显然是不可能完成的，因为是两个体系。所以换句话说，中国法还没有学好，我相信他外国法可能学得更弱一些。①

其三，未建立完备独立的学术评价体系。国际法学院成立不久，没有独立的学位评审委员会，在发展过程中，希望北京大学法学院帮助进行学位审查，但北京大学法学院明确指出，国际法学院的学生不属于法学院，在办学过程中没有组织实施教学，不能对其学位进行审查评定。

> 沐老师：本来我没有义务帮你评，尽管是说在统一的大家庭里头，学校有规定，学校有要求，但是我真的没有义务给你评，包括北京大学深圳研究生院其实一直想让北京大学法学院给它做学位评审，北京大学法学院就一直拒绝，为什么拒绝？这个拒绝有道理，你又不是我的学生，我又没有组织实施教学，最后我凭什么给你审查学位，即便我愿意，我也不能给你审查，因为整个教学过程，教学组织不是我实施的，我给你形式上做审查也不负责任。所以我不给你进行学位审查是名正言顺的。北京大学深圳研究生院你得自己把这个事情搞定，你得把学校领导搞定，你得把学校人事部搞定，你不能说你自己不搞定，不去做工作，校本部院系你就得帮我代评，凭什么，对不对。你想想是不是这个道理？所以校本部各个院系不给北京大学深圳研究生院评也是有道理的。②

其四，办学经费缺口大。从 2011 年起，受高薪聘请世界一流师资经费高，跨国行政办公、机票、会议等行政管理经费支出多，未有培训

---

① 访谈姜老师，访谈编号 028，2018 年 8 月。
② 访谈沐老师，访谈编号 029，2018 年 8 月。

收入来源的影响，国际法学院连年财政赤字，办学经费不能保障。国际法学院的财政赤字只能依靠北京大学深圳研究生院进行贴补，北京大学深圳研究生院每年稳定的运行经费收入约9800万元，国际法学院赤字数占北京大学深圳研究生院收入的15%，给北京大学深圳研究生院整体运行带来不小压力。国际法学院曾想通过扩大学生规模提高办学收入，但北京大学深圳研究生院的学生名额由校本部控制，虽然国际法学院的学生名额在第二阶段有小幅度提升，但仍实现不了收支平衡。由于国际法学院国际化的办学特色和独特的办学理念，体现了北京大学深圳研究生院的办学发展方向，即使国际法学院赤字严重，但北京大学深圳研究生院仍一直对其进行贴补。

（三）汇丰商学院

除了早期"北大经济学—港大金融学"双硕士项目，2008年"北大管理学—港大金融学"双硕士项目获批。依托毗邻港澳的地理优势，汇丰商学院、香港中文大学、新加坡国立大学联合开展双硕士项目。在金融学、经济学、管理学三大专业领域，汇丰商学院均与世界著名高校强强联合，开展双学位项目，不仅给汇丰商学院的学生更好的选择，也提高了汇丰商学院的声誉。汇丰商学院还与世界知名高校建立交换生项目，组织学生免学费赴国外学习半年至一年，体验留学生活，实现国内外学分转化。

此外，海闻院长积极向外寻求资源，2008年8月30日，汇丰慈善基金向北京大学捐赠1.5亿元人民币支持建设世界一流商学院，这是当时国内向教育捐款额度最大的一次捐赠项目。商学院正式冠名为"汇丰商学院"。

汇丰商学院的目标是建设国际化的教学环境，致力于经济金融管理的前沿学术研究，建设一流的"商界军校"，培养有领导力、有自制力、有远大视野的商界领袖。

汇丰商学院从2008年开始，就在不断拓展专业学科，2008年创建管理学专业，2014年创建财经新闻专业，随着专业的不多增多，名额需求不断加大，汇丰商学院每年的学生名额的分配比重都在不断增加。

从学生生源上来讲，人数和质量都是突飞猛进。2008 年全日制硕士招生 128 人，报名人数只有 154 人，最后还需要依靠调剂生进行补充。到 2009 年，报名人数跃增至 399 人，最后录取 149 人。其中：北京大学、清华大学的毕业生分别为 60 人和 3 人，占总人数的 42%。①

这里还有一组数字，2010—2014 级招生情况显示，汇丰商学院保送和考研学生的报名总人数分别是 746、804、1077、1300 和 1431，呈连年增长的态势。每级招生人数基本保持在 210—260 名，其中三成左右是北京大学和清华大学的毕业生。和申请人数相反，这几年的录取率越来越低，已经从 2010 级的 27.8%，降到了 2014 级的 17.4%。②

自 2008 年起，汇丰商学院开始践行世界一流"商界军校"的目标，该目标在北京大学深圳研究生院建设世界一流国际化校区的框架下进行。汇丰商学院在招生和学生培养全过程均使用英语作为正式语言，通过教学语言全面英文化营造国际化氛围。汇丰商学院在师资招聘上也采用 Tenure-Track 制度，三年为一个聘期，教师必须在所授课程的评估中达到一定指标，并在国际一流的杂志上发表数量足够的论文才可以续聘，两个聘期内必须取得较好的研究成果并通过北京大学副教授职称的评定，否则不予续聘。

2011 年 9 月，汇丰商学院经济学硕士专业获得 EPAS 认证，汇丰商学院是全球首个经济学硕士项目获得 EPAS 认证的商学院，也是最年轻的商

---

① 沈清华：《商界军校——北京大学汇丰商学院创业史》，中信出版社 2014 年版，第 93 页。
② 沈清华：《商界军校——北京大学汇丰商学院创业史》，中信出版社 2014 年版，第 241 页。

学院之一。认证的通过肯定了汇丰商学院向着国际化商界军校目标迈进。

2013 年 11 月，汇丰商学院搬入汇丰新大楼办公教学，崭新的硬件资源对于提升汇丰商学院教学科研品质，举办学术活动，扩大国内外影响力起到重要推动作用。

（四）环境与能源学院

环境与能源学院的前身是环境与城市学院。由于历史及人员问题，此阶段环境与城市学院拆分为两个学院，分别是环境与能源学院、城市规划与设计学院。2009 年 10 月 10 日，环境与能源学院正式组建。该院设置了环境科学和环境工程两个招生专业，共有七个研究方向，包括环境规划与管理、环境与健康、水科学与环境信息、环境金融、水处理与资源工程、环境微生物、生物能源与能源效率。学院的办学目标是：建立研究生教学的卓越典范，为社会培养有能力解决能源和环境问题的科技精英人才。开展前沿性的学术研究，提供解决区域和全球性能源和环境问题切实可行的方案。建立与公众、政府和工商团体长期合作的机制，共同努力，为满足人类社会对能源和环境可持续发展的需求服务与国际知名大学合作，打造一个开放的国际交流的平台。

由于这一阶段整个北京大学深圳研究生院进行转型，强调差异化发展和创建世界一流国际化校区，新成立的环境与能源学院也采用全球招聘的方式招聘院长，1972 年毕业于美国堪萨斯大学的耿旭教授担任新院长。耿旭院长在 2009 年的年终总结报告中提到这一阶段环境与能源学院面临的问题：独立招生、学费与奖学金、开办英语课程和招收国际学生、联合培养等。同时，耿旭院长上任后采取了一些相应措施。

一是师资队伍建设。主要是加强重点项目团队的建设与年轻老师的培养，强化通过国际合作共享成果。二是独立招生。以前学院的学生大多都是通过本部的环境与城市学院进行招收，这样招收的学生多是排名靠后或者调剂而来的，通过独立招生计划可以让学生有更多的选择权。三是强化国际交流。耿旭院长在 2009 年汇报的学年总结中专门提出每月要进行一次学院内部的学术交流。加强课题组之间的沟通，推动跨学科的合作，同时每年以环境与能源学院的名义主办一次国际会议，从而推动学院的国际知名度。环境与能源学院在 2013 年的总结中，介绍了学院国际化的发展氛围，全学年接待了近 50 人次来自美国、英国、新加坡、中国香港、中国台湾、澳大利亚等地的国际学术交流访问人员，50 多人次老师、学生出访美国、中国香港、马来西亚、中国台湾等高校进行短期学术交流访问，与新加坡国立大学合作培养双硕士，与德雷克塞尔大学合作互认学分，与麦考瑞大学建立友好合作关系等。这些措施反映出环境与能源学院在国际化与学科差异化建设上的努力。

问：环境与城市学院是 2009 年分家的？是什么原因呢？

韩老师：一个是校本部城环学院分家，还有跟海院长的这种理念有关系，他就说你学院的这个名字没有特色，跟校本部对应的学院方向好像重了，就是看不出你的特点来。

问：最开始是我们是对校本部的一个学院，后来分家了以后反正就是各对各的？

韩老师：有这种原因在里面，但是更多的可能我觉得还是海院长的一些想法。他就主张各个学院要有特色，要跟校本部有差异化发展特色，原来一脉相承传下来以后没有特色，那我们当时研究是气候变化跟碳排放有关系，碳排放又跟能源有关系，所以基本上这样就变成了环境与能源学院。①

（五）城市规划与设计学院

2009 年 11 月，城市规划与设计学院成立，学院立足珠江三角洲地区，致力于探索城市规划设计领域国际化视野下的本土化实践路径。城市规划与设计学院主要发挥北京大学地理学科的雄厚基础及文理综合的学科优势建立城市与区域规划、土地利用规划、生态规划、城市设计和

---

① 访谈韩老师，访谈编号 014，2017 年 11 月。

景观设计等研究生培养模式。城市规划与设计学院由李贵才教授担任院长。

　　跟其他学院相比，城市规划与设计学院最大的特点就是面向应用，而且是典型的区域性应用。因此，我们学院的办学理念一直强调根植于珠三角面向国际。我们希望城市规划学院能成为北京大学深圳研究生院的一个鲜明的旗帜：我们是研究珠三角、研究深圳市，或者说是研究中国城市化水平最高、速度最快的区域，它目前面临的问题以及应对方式。①

在海闻院长提出办国际化校区之后，城市规划与设计学院在引进MIT优秀师资等方面也进行了相应转型，从 2012 年该学院参与课程安排的师资队伍来看，10 名外籍兼职教员的加盟对城市规划与设计学院国际化的发展起到推动作用。

表 3－7　　　　　　城市规划与设计学院 2012 年师资情况　　　　　单位：人

职称　　类型	教授	副教授	讲师	合计
全职教师	3	8	3	14
北京大学校本部任课教师	4	4	1	9
北京大学校本部返聘教师	5	0	0	5
外聘兼职教师	7	3	0	10
在站博士后	0	0	6	6
合计	19	15	10	44

资料来源：城市规划与设计学院工作总结。

地理学科有其自身的专业特色，该学院的老师与负责人认为地理学

──────────

①　全德：《与北京大学深圳研究生院一起成长》，《南燕新青年》2016 年版，第 60 页。

科的国际化转型比较困难，而支撑该学院的重要经费更多地来自于珠三角地区的横向科研经费。以 2011—2013 年为例，城市规划与设计学院的科研经费总额约 9123 万元，其中横向科研经费 6886 万元，纵向科研经费 2237 万元，横向科研经费是纵向科研经费的三倍多。

（六）新材料学院

2013 年新材料学院成立。海闻院长引进潘锋教授为学科带头人并担任院长。潘锋教授毕业于北京大学化学系，有系统国际学术培养的经历，熟悉北京大学相关院系情况。在潘锋院长的带领下，新材料学院致力于开展材料前沿领域研究，开展应用性科研，以培养创新型人才为使命，目标是成为世界一流的材料科学工程学院。

新材料学院瞄准"创建国际一流"的目标，秉承"北大传统、深圳活力"的办学理念，致力于培养具有全球视野和创新能力复合型新型人才，通过前沿领域的国际合作基础研究、应用领域的产业技术开发以及交叉学科的协同创新，培养具有全球视野和创新能力复合型新型人才。新材料学院采用哈佛大学工学院的学生培养模式，注重从基础到应用的研究，专注前沿领域、交叉学科的培养。新材料学院与美国阿贡国家实验室和伯克利大学、哈佛大学和斯坦福大学等国际知名大学的实验室合作，开展联合的科学研究与人才培养。新材料学院下设二级学科"力学"（先进材料与力学），自 2013 年开始招生，致力于新材料"基因组"与清洁能源体系的研发，重点领域包括：清洁能源的采集（特电、太阳能电池）、存储（储能和动力电池）与应用（新能源汽车、新型有机广电显示、照明）及通过高通量的材料计算、合成与建材等新材料"基因组"技术开展关键材料等研究，为新能源、新材料产业的发展提供技术支撑。[①] 在新材料学院成立的第一年，潘锋院长作为团队负责人，获得广东省引进"光伏器件与储能电池及其关键材料创新团队"的重大项目支持，项目总经费 5000 万元，是新材料学院发展的重点经费资源。

---

① 姚大伟：《新材料学院：新材料、新起点、新征程》，《南燕新青年》2016 年版，第 68 页。

　　新材料学院诞生于广东珠三角区域的产业环境之中，新材料学院重点进行的新材料在动力电池的应用在市场上有众多合作伙伴，以深圳市贝特瑞新能源材料为代表的一批地方科技公司均与新材料学院深入合作，开展正极材料、电解液等关键材料的产业化研究。新材料学院以明确的产业化为科研目标，建设由教师—博士后—工程师—学生组成的线路清晰的科研体系，通过获取国家、省市级项目和市场产业化合作的形式获取经费资源，支持新材料学院发展。以 2015 年为例，新材料学院新增国家自然科学基金 3 项，深圳市项目 10 项，获得深圳市经费及配套支持 5300 万元。定位于材料前沿领域并开展应用型研究的学科发展易于获得地方支持。

　　这一阶段，人文社会科学学院、化学生物学与生物技术学院没有太大结构上的变化。2011 年北京大学深圳研究生院提出了未来五年的发展规划：理顺与校本部、深圳市的关系，进一步扩大规模，学生总规模达到 5000 人，增设 1—2 个新学院，整体提高教学科研水平。北京大学深圳研究生院期望通过扩大规模进一步转型，符合资源依赖理论的核心观点，即使自己变得强大，规模越大，相较于竞争者而言，拥有的权力就越大。这符合杰弗里·菲佛和杰勒尔德·R. 萨兰基克（Pfeffer and Salamcil）提出的观点，即大型组织对于他们的环境拥有更多的权力和杠杆手段。它们拥有更强大的力量来对抗变化的直接压力，拥有更多的时间认识并适应外部的威胁。

　　从第二阶段整体的学科布局而言，北京大学深圳研究生院基本完成了差异化转型。其中：商学院接受了汇丰集团 1.5 亿元的捐款，冠名汇丰商学院。引进杰弗里·雷蒙教授创办国际法学院。新成立新材料学院，同时环境与城市学院拆分为城市规划与设计学院、环境与能源学院。八个学院的雏形基本形成，契合深圳市战略新兴产业的布局。

四　招生培养：独立招生为主

　　差异化发展阶段，北京大学深圳研究生院不再完全依托北京大学本部，开始建立起与北京大学校本部院系差异化的学科，独立招生数也不断攀升，逐渐形成了以北京大学深圳研究生院所属院系独立招生为主的招生格局。北京大学深圳研究生院与北京大学研究生院沟通商议，每年划拨1000个名额用于北京大学深圳研究生院的招生，名额纳入每年各学院的年度计划，统一提交北京大学深圳研究生院党政联席会审议。此后，北京大学深圳研究生院的招生名额得以固定，同时名额计划单列，北京大学深圳研究生院各学院在制定研究生选拔标准和培养方式的自主权增大。

2008年独立招生数为185人，占研究生总数的1/3，2009年的独立招生数达353人，占研究生总数的1/2，2014年的独立招生数已经占到研究生总数的5/6。由于各学院不断发力，北京大学深圳研究生院的影响力比之第一阶段大幅提升，学生生源来自北京大学本部调剂的越来越少，考研选择第一志愿的学生越来越多，北京大学深圳研究生院的招生自主权逐步扩大。在对部分院系教师的访谈中，可以看出由于北京大学深圳研究生院独立招生，自主权变大，选择学生范围更广。

> 我们从2009年开始独立招生，之前我们一起招生，我回去招过几次，都是校本部老师挑，挑完问你愿不愿意去北京大学深圳研究生院求学，都是这样的，有些学生说可以考虑，有的学生说我不愿意去。后来我们可以自己招生了，我们比较了一下，一流的学生，比如说985的前几名肯定在校本部，到北京大学深圳研究生院的就是211的前几名，实际上从生源来讲我们肯定不如校本部，但是有些211的前几名知道去校本部的机会不大，他还愿意来，这样的话生源可能就会比原来好一点，原来完全都是被校本部淘汰的。①

---

① 访谈冯老师，访谈编号013，2017年7月。

　　此外，为执行国际化、差异化发展战略，北京大学深圳研究生院招收了来自世界各地的留学生。2009 年北京大学发函给深圳市教育局《关于同意北京大学深圳研究生院招收外国留学生的函》，其中说明"为加快北京大学深圳研究生院国际化校区建设，我校同意北京大学深圳研究生院从 2009 年起招收外国留学生，相关手续均在深圳当地办理。特此函告，请予支持为盼"。至此，北京大学深圳研究生院招收了第一批留学生，主要集中在国际法学院和汇丰商学院。

表 3 - 8　　北京大学深圳研究生院 2009—2014 年招收留学生情况　　单位：人

年份	攻读学位	交换学生
2009 年	4	9
2010 年	8	4
2011 年	29	2
2012 年	31	1
2013 年	42	19
2014 年	41	40
合计	155	75

资料来源：北京大学深圳研究生院教务处。

表 3 - 9　　　2010—2015 年北京大学硕士留学生院系录取情况　　单位：人

所在院系	2010 年	2011 年	2012 年	2013 年	2014 年	2015 年	总计
北京大学深圳研究生院	11	30	32	45	41	40	199
国际关系学院	14	29	27	30	21	16	137
对外汉语教育学院	42	24	18	15	15	21	135
中国语言文学系	13	11	8	5	16	13	66
光华管理学院	4	6	12	15	21	5	63
法学院	8	10	4	9	10	6	47
经济学院	4	1	11	4	4	2	26

续表

所在院系	2010 年	2011 年	2012 年	2013 年	2014 年	2015 年	总计
哲学系	1	4	3	6	5	1	20
新闻与传播学院	1	2	4	3	5	3	18
考古文博学院	3	1	6	0	4	4	18
历史学系	4	1	4	3	4	1	17
社会学系	2	2	2	2	5	2	15
艺术学院	1	4	2	0	4	4	15
政府管理学院	2	2	4	1	1	0	10
外国语学院	1	2	4	1	0	2	10
心理学系	0	1	1	3	0	5	10
城市与环境学院	1	2	3	0	1	0	7
数学科学学院	3	0	1	1	0	0	5
信息科学技术学院	1	2	1	0	1	1	6
软件与微电子学院	0	0	2	1	0	1	4
教育学院	0	1	0	2	0	1	4
物理学院	1	0	0	1	0	2	4
地球与空间科学学院	0	1	1	0	0	0	2
国家发展研究院	0	0	1	0	0	1	2
分子医学研究所	1	1	0	0	0	0	2
化学与分子工程学院	0	0	1	0	0	1	2
生命科学学院	0	0	1	0	0	0	1
环境科学与工程学院	0	0	0	0	1	0	1
工学院	0	0	0	0	0	1	1

资料来源：北京大学深圳研究生院教务处。

北京大学深圳研究生院留学生均为硕士、博士研究生，生源广、质量好，是北京大学留学研究生的重要组成部分。在国外其他高校，来华留学生主要集中学习汉语、中国文化等专业，但北京大学深圳研究生院的留学生，主要学习经济、金融、法律等学科，这也是国际化校区的特点之一。

五　师资力量：自聘师资为主

2008—2014 年，北京大学深圳研究生院积极从世界各地聘请优秀师资，将校本部院系的延伸转为以独立招生培养为主。深圳市按照生均差额拨款给北京大学深圳研究生院办学经费，北京大学深圳研究生院的领导也积极筹款，通过汇丰银行等冠名的形式拓展办学资源，北京大学划拨给北京大学深圳研究生院招生名额，从校本部到北京大学深圳研究生院上课的老师比例逐渐下降。

从表 3-10 可以看出，北京大学本部编制的老师越来越少，从 2008 年的 31 人下降至 2014 年的 15 人，而北京大学深圳研究生院独立招聘的老师则由 2008 年 25 人上升至 2014 年的 110 人，外籍教师也由 2008 年的 2 人上升至 2014 年的 60 人。这些教师分布的变化说明第二阶段北京大学深圳研究生院开始凭借自身力量整合资源，迈上差异化、国际化的发展道路。

表 3-10　　　　北京大学深圳研究生院 2008—2014 年教师情况　　　　单位：人

年度	全职人员总数	其中：专任教师							外籍教师	留学归国
		专任教师总数	学历情况			编制情况				
			博士	硕士	本科	北京大学	深圳市	院内		
2008 年	189	63	49	8	6	31	7	25	2	12
2009 年	313	127	118	7	2	22	19	86	26	28
2010 年	344	109	102	6	1	14	22	73	50	29
2011 年	373	121	114	5	2	11	27	73	43	48
2012 年	286	124	120	3	1	11	27	86	43	50
2013 年	481	142	136	5	1	12	35	95	52	56
2014 年	524	164	157	5	2	15	39	110	60	62

资料来源：《深圳大学城办学情况报告》。

参老师：独立办学后我们的自主性就强了，哪些课程的确需要我们就上，就根据我们自己的需要，而不是必须要上。比如说现在我们保留的课就很少了，像有些老师的课的确好，对学生有吸引力，像这些课我们保留。只要我们觉得课程不符合教学组织和教学管理，那就逐渐地让年轻老师顶上，因为我们自己的老师越来越多了，可以形成自己的办学团队。有了这个团队，再加上有这个资源条件，就可以形成自己的组织了，关键因素是资源和团队，有了这两个关键因素你才能想办法把特色凸显出来，可以根据自己的想法办学，没有这两个因素根本不行。原来没有这个条件，我们的教学楼都是空着的，这个楼我进来的时候一共就七个老师，一楼七个老师，四千五百多平方米的空房子，二楼就我一个人。①

从参老师的访谈中可以看出，独立办学需要自己的师资队伍，在北京大学深圳研究生院发展的第二个阶段，基本建立了自己的师资团队，不像第一阶段那样依赖校本部的办学资源了。

第三节　差异化发展阶段下的问题

差异化办学阶段北京大学深圳研究生院进行了许多成功的改革，取得长足发展，但还有许多制约资源问题并未得到有效解决。

一　问题一：人事管理关系复杂

北京大学深圳研究生院与北京大学本部、深圳市政府的人事关系复杂。北京大学深圳研究生院的上级主管单位北京大学是副部级单位，办学城市深圳市是副省级城市。北京大学深圳研究生院在当地定位为局级单位，但这个"定位"并不被认可，主要表现在人员所属和编制上。

① 访谈参老师，访谈编号 012，2017 年 7 月。

从人事制度而言，一般大学多为事业编制。但北京大学深圳研究生院来自校本部的有编人员很少，只有创建之初的领导或骨干属于校本部编制，老师和行政管理人员多为聘用制。

　　参老师：当我们规模到一定时候出现了一个问题，以前还好办，每一个核心老师都是从北京大学本部来的，这里的人多了以后就存在一个问题，无论是办学条件、教师收入，还有新招收老师的定位，出了一系列这方面的需求，这帮人来了以后就说我到底是北京大学的还是深圳市的，你得给我一个说法，尤其是当时有一个笑话，这些人去办社保，按照深圳市的条件要求必须按照外来务工人员的身份来办社保，这是大家流传的一个笑话，这不行，我是来当北京大学老师的，我不是外来务工人员。

　　其实，从林钧敬副校长开始，一直存在着和北京大学、深圳市政府把人事关系理顺的问题，到底我是属于深圳市的学校还是属于北京大学的。当时做了两方面的工作：一方面去北京大学要条件，你得给我人事管理代码，让这帮人在北京大学能查到，要不然我说我是北京大学老师，到北京大学网站上查不到，人家说我是假的。另一方面到深圳市，既然我是深圳市的一个高校我得有编制，你得认，我和深圳大学的老师应该是同样的身份，我的办学经费额度应该跟深圳市市属高校一样，它招个学生为什么能收五万我就只有两万五，这一系列的问题大概前后纠缠了三四年，北京大学这边开始出现不同的想法，一直在谈到底怎么处理。我个人认为这时候学校应该有两方面的考虑，一方面，有一帮人认为北京大学深圳研究生院不能撤，已经跟深圳市政府签了协议，而且现在有一大堆人，北京大学要撤的话就太难看了，只能想办法把它办好，但具体怎么办好他们并没有想法，也没有意见。还有一帮人说这个太麻烦了，这么一大堆问题，而且将来越来越多，尾大不掉，该怎么想办法切割，我估计学校里一直就是这两种意见，一种切割意见，一种是办好，但是怎么办不清楚。①

北京大学深圳研究生院的教职员工分为三类，一类是早期北京大学派驻的，另一类是深圳市事业编制的，还有一类是社会招聘与校区或学院签约的。

第一类多是北京大学深圳研究生院的领导和学科带头人，在早期由学校本部派驻到北京大学深圳研究生院，参与北京大学深圳研究生院的创建工作。这一类在北京大学深圳研究生院创建过程中，一部分人因为年龄或者个人原因最后回到学校本部（因为关系在学校本部），还有一部分人留在北京大学深圳研究生院工作甚至退休。在第一阶段，北京大学深圳研究生院大部分的教职员工来自北京大学本部，不存在所谓编制的问题。在访谈中，有早期来北京大学深圳研究生院的资深教授因为编制转到深圳市，存在退休金少的问题。资深教授可以申请深圳市的人才补贴，但补贴的前提是必须为深圳市户口，这样放弃北京户口而转成深圳市户口的教授退休后必须在深圳市拿退休工资，由于北京大学深圳研究生院是差额拨款单位，教授在深圳市拿到的退休工资只有深圳市市属高校的一半不到。

> 兰老师：到退休以后，像我是北京大学在这边退休的，我的待遇比深圳大学的教授低多了，同样是教授，我只有他们的一半。
>
> 问：您的编制不是属于北京大学本部的吗？
>
> 兰老师：没用啊，我户口编制全转来了。我是深户深编。
>
> 问：您是深圳市的事业编制。
>
> 兰老师：是的，我是深圳市的深户深编，和深圳大学的老师一样，但是我们学校是差额拨款单位，我的退休工资只包括了社保局给我的那5、6千块钱。

---

① 访谈参老师，访谈编号012，2017年7月。

问：那不是很不公平啊。

兰老师：是很不公平啊，深圳大学属于市属高校，他们还有市财政的那一部分钱的拨款。他们的退休工资就是社保加上市财政的，一共是 1.3 万元，我比北京大学的同一水平的也还低呢。

问：那时候您为什么要把户口编制转过来呢？

兰老师：那时深圳市不是给我人才项目，他给我住房补贴嘛，但是领住房补贴有个条件，必须是深圳市编制和户口。

问：这样您就转过来了。那像章老师他们还是本部的编制吧？

兰老师：他们是的，他们现在想转都转不过来了，政策不允许他们转了。

问：要转还转不了了？

兰老师：因为他们有年龄限制之类的。所以这些都是异地办学造成的结果，最主要的是制度上的差异，还包括经济社会文化等一系列的差异。①

对于第一类人员中一直留在北京大学深圳研究生院工作的，会有人产生怀疑，我到底代表的是北京大学还是北京大学深圳研究生院，在工作中会存在与校本部联系、寻求资源甚至产生矛盾。在访谈中，早期来深圳市但一直是校本部社会学专业教学的江老师曾表达了这样的困惑。

江老师：像我本人就是个很大的问题，我本来是按讲课教师算的，后来我按这边聘的老师算了。我最早的时候我是讲课老师每个月的待遇，后来我又有一段变成了补差，又有一段这边聘任，我本身这个预算就有点乱。②

第二类是深圳市事业编制的，这类也是北京大学与深圳市合作早

① 访谈兰老师，访谈编号 003，2017 年 4 月。
② 访谈江老师，访谈编号 006，2017 年 4 月。

期，为吸引老师来北京大学深圳研究生院工作，给异地办学校区部分事业编制指标。2001年深圳市政府175号文规定：核定入编师资（不含经费）的户口、社会保险、医疗保险、住房等待遇参照深圳市市属高校教师的待遇办理，该规定在实际操作中含糊不清。2009年，北京大学深圳研究生院联合清华大学深圳研究生院、哈尔滨工业大学深圳研究生院在给深圳市政府报告中恳请明确编制和经费补贴。同年，深圳市政府206号文明确了教师、行政管理人员和实验室管理与技术服务等教辅人员编制。以全日制在校硕士研究生（博士生加权0.5）师生比1∶8为基数，按70%的比例动态核定人员编制，其中教师的比例不低于90%，具体编制数由深圳市机构编制部门核定。入编人员应当符合深圳市人事政策调入条件，由研究生院确定，事业编制人员聘用等按照深圳市事业单位职业管理的有关规定执行。深圳市政府对北京大学深圳研究生院采取生均综合定额补贴方式，对核定入编人员不再拨付人员经费。

但这个所谓的事业编制是大家口中的"假编制"。"假编制"是在深圳市挂个名，北京大学深圳研究生院并不实际享有深圳市事业编制福利，如房补、车补等。陆老师是第二类深圳市事业编制的典型代表，在访谈中他表示当初放弃了北京市的户口，迁入深圳市，拿到一个没有实质福利的"假编制"很亏。

> 问：那您是博士后转成教师岗位了，是相当于跟北京大学深圳研究生院签的合同？
>
> 陆老师：对。
>
> 问：那是事业编制吗？
>
> 陆老师：是事业编制。
>
> 问：深圳市最早给了北京大学深圳研究生院几十个事业编嘛，就是相当于入的深圳市的事业编制，就不是北京大学本部的编制。
>
> 陆老师：对。
>
> 问：这边的老师都是这种情况吗？

陆老师：基本上都是这种。从北京来的年纪大一些的拿的是北京大学本部的编制。反正像我们，我、李老师应该都是深圳市的编制。还有的老师是外国国籍，可能就不存在入编的问题。

问：那您觉得就是像比如说入了深圳市的编制，有什么福利有什么好处吗？

陆老师：没有感觉有区别，没有任何的区别。但是横向比，比如深圳大学的老师的编制是真编制，人家是有房补、车补什么的，我们啥也没有。

问：就相当于是挂了一个名。

陆老师：就相当于是假编制，他们都说是假编制。光是有编制实际上没有待遇。

问：只是挂这个名但是没有实质性的作用。是不是这样？

陆老师：反正从个人的角度来看应该是没啥太大的变化，我们还把北京市的户口迁到深圳市了，算是亏了，当时要是不迁的话现在还是北京市户口。

问：那为什么实际上是有深圳市的编制，但是没有那种房补之类的？

陆老师：这个跟当时深圳大学城情况有关系，政府对深圳大学城还是另眼相看。①

深圳市事业编制的人员占少数，他们解决了养老退休的问题，但是他们也会跟深圳市市属高校的工作人员进行比较，发现虽然同样属于深圳市事业编制，但是由于单位性质不同，待遇差异较大，从而产生心理落差。

第三类是与北京大学深圳研究生院或旗下学院签约的教学科研及行政管理人员（包含项目组自聘人员等）。这类人员是北京大学深圳研究

---

① 访谈陆老师，访谈编号015，2017年11月。

生院的中流砥柱，但他们没有北京大学的编制，在人事考评等方面并未完全与北京大学接轨，这些老师的困惑是：我到底是不是北京大学的老师？对自己北京大学老师的身份归属感到疑惑。对于个人职业发展而言，受到一定约束。教职岗位老师遇到职称评定的问题。

北京大学深圳研究生院虽然成立了学部级学术委员会，但机构不健全，职称评定一般委托校本部对应院系的学术委员会进行代评。通过后交北京大学深圳研究生院学术委员会审议，审议通过后报北京大学学术委员会审批。由于是委托关系，每年审议时都需要与校本部相应院系沟通请其接受代评，校本部院系对北京大学深圳研究生院相关院系教师情况不够了解，存在一定困惑。校本部各院系学术委员会因北京大学深圳研究生院教师编制不属于北京大学等体制性因素，不能将北京大学深圳研究生院聘任的教师纳入，导致北京大学深圳研究生院在各院系学术委员会中没有教师代表。

职称的问题也因不同学院而异。环境与能源学院的教授认为在北京大学深圳研究生院任教有利于职称的评定。因为在校本部评职称存在论资排辈的现象，但北京大学深圳研究生院评职称并不挤占校本部的指标，更容易评上职称。

问：您刚刚还说到了一个编制的事情让我感到有点意外，因为我之前也跟好多老师聊，他们觉得没有校本部的编制就好像我不是北京大学的老师，比如说校本部有一些福利待遇，在职称评定上都有一定的先天优势，但是北京大学深圳研究生院这边的老师没有编制，认可度没那么高。

冯老师：我倒不这么认为，因为你本身来深圳市了就拿不到校本部的编制，就像评职称一样，我们现在评职称都是到校本部去评，校本部为什么很容易给我们放过？他们关系不好是另外一回事，实际上不是说我不优秀，是因为没有名额，校本部一年评上教授的名额非常有限，就要排队。我们北京大学深圳研究生院人少，所以可能很快我就会评上教授，但是在校本部你可能要排很长的队。

问：是这样的？

冯老师：对，并不是说我比校本部的老师优秀，也不是说校本部的老师比我强，因为我们是两条线。

问：其实在这边上教授可能机会还多一些？

冯老师：对，就是这样，其实有些老师就是在校本部上不了教授才来的，到这边评上教授，其实挺多这样的老师。

问：原来是这样，真的每个学院不一样。

冯老师：对，每个学院不一样，比如说像我们学院，校本部那边那么多老师，如果我在校本部那边，我现在差不多能评上教授了，但我起码不会那么快，因为前面有多少老师，都是你的老师，你肯定要排队。

问：相当于多了一条渠道？

冯老师：对，我们现在也有这个问题，因为我们现在老师也多了，所以我们现在评教授也像以前一样，以前我前面没有人，我只要够条件、够资格，大家认为我的成绩还可以，我就可以评了。但现在不行，现在人多了，虽然说你很优秀，但还有更优秀的。

问：还有资历问题。

冯老师：对，你说评职称的这个事情，我认为在北京大学深圳研究生院只要够优秀应该是比校本部要快。当然现在不好说了，但现在我觉得也快，因为校本部压了好多人。每个学院不一样，我们这边有的学院不知道他们跟校本部怎么搞的，关系很僵。①

访谈有的学院则认为职称评定存在很大问题。

---

① 访谈冯老师，访谈编号013，2017年7月。

问：像您评职称是要到校本部去评？

陆老师：到校本部去评。

问：那您觉得信息工程学院的老师去校本部评职称，跟信息科学技术学院相比，会有优势吗？

陆老师：谈不上优势。只不过就是你不占它的名额就是了，你现在是两个单位，从法人关系上是两个单位，我们过去都是代评。不占它的名额的话，有的学院觉得还是会有好处的，因为不占名额你只要一般达到的话它就不会卡你。但也有水平到了的，去了也会被卡下来。

问：为什么会被卡呢？

陆老师：那我就不知道了，种种原因吧。个人原因还是单位之间的原因，我们这个卡的。不是我们跟人家有矛盾，是上面领导跟人家有矛盾，我们是池鱼。

问：您说的是怎样的矛盾？

陆老师：可能是北京大学深圳研究生院定位不是老摇摆嘛，一会儿是作为延伸，另一会儿又独立，反正这么多年一直都没怎么清晰地定下来过。所以人家对你的政策肯定也是根据你的态度来定的，一会儿你要独立了，你跟我这儿不是一拨的我干吗要帮你？你要是作为我的一个产业化基地或者是应用开发的东西那我可能会支持你，我肯定给你资源。刚建的时候就没理顺，就不知道该咋弄。一开始像我们刚来的时候，领导的意思是地方的职称也认，北京大学的职称也认，大家都是副教授，不管你从哪个渠道进来的，但是后来变成了是只认北京大学的职称，不认地方的职称。

问：我们可以评地方的职称吗？

陆老师：可以通过地方，我评过副高。

问：那北京大学深圳研究生院这边认吗？

陆老师：不认，所以2008年我又评了一次北京大学的。

问：评两次？

陆老师：就是你拿了那个证，拿了广东省的证，反正也不给你涨工资，反正你是一个副教授你可以带学生了，但是工资不给你涨，只有过了北京大学的职称才涨。[①]

访谈早期来北京大学深圳研究生院的参教授，他认为北京大学深圳研究生院的教师职称评定存在很大的问题，关键命脉都掌握在北京大学手中，自己没有独立的话语权，影响教师的学术职业发展。但是要成立学术委员会，学院要有一定规模才行。目前北京大学深圳研究生院只有一两个学院在筹备学术委员会，其他学院由于规模问题筹建委员会并不成熟。

问：您评职称的时候，走北京大学深圳研究生院的学术委员会，通过了以后您还要去校本部吧？

参老师：我去校本部是在下一层。

问：您在这之前要去校本部的城市与环境学院，因为关系不错，所以它就会给你评，它很顺利地过。但是有的学院，关系不太好，就不好过或者不给评，是这个意思吗？

参老师：对，就会遇到很多麻烦，或者是它评的时候不给你过，我们有好几个人不给过我觉得就是纯粹瞎扯淡，它就是要卡你，或者就是看你不顺眼，或者当时打架的时候你们没帮我。

问：到现在来说我们还没有解决这个问题？

参老师：这个问题还没有解决，而且这个问题应该说是独立办学里最重要的问题。现在是这样的，汇丰商学院马上就要成立自己的学术委员会，我相信其他各学院也会成立。因为现在我们面临着几个问题，一个是本科办学问题一直没有定，另外，各个院系的规模一直都不是很大，像我们院十几个老师，弄一个学术委员会没法

弄，学术委员会必须是百分之八十到九十的人是自己的，剩下的两三个人是外面的，这是学术委员会构成的基本要件，而且一个学院一般下面有学术委员会、学位分会、教学指导委员会、评聘委员会、薪酬待遇委员会，有一堆委员会。

问：人数都不够？

参老师：对，委员互相之间还不能重叠，有些是有利益关系的，比如说薪酬和学术委员会是有利益冲突的，弄一帮人的话就是自己评自己，别人就没法活了，所以两帮人必须差异非常大，学位分会和教学指导委员会差异也必须要大，因为你不能说我自己指导自己怎么去干，这个分会就没有意思了。这样的话，你没有那么多人，你的规模不够大的话，很多学院就没有条件。这是所谓的办学主体应该干的最主要的事，如果没有自己的学位委员会和学术委员会的话，你说半天都没用，因为这些东西相当于办学的基础设施，学位委员会、学术委员会都是基础要件，学科到底办什么、不办什么靠学术委员会来定，学生到底怎么培养，合不合格，这要靠学术分会来管理，没有这两块的话说再多都没用。①

2012 年，北京大学深圳研究生院 16 号文《关于我院亟待解决的若干问题的意见》请示学术评定问题。

经学校批准，北京大学深圳研究生院已于 2005 年成立学部级学术委员会。经 2006 年 7 月校学位评定委员会第八十五次会议审议通过，同意我院学术委员会可在学位评定分委员会成立之前，代为履行学位评定分委员会的职能。

目前，北京大学深圳研究生院学位评定现状是，由各专业对应的校本部一级学科分委员会受理学位评定事宜。但具体工作中存在

---

① 访谈参老师，访谈编号 012，2017 年 7 月。

如下问题：

第一，由于各分会委员中没有我院教师参加，各分委员会对我院培养情况和学生都不了解，仅靠开会时的短暂时间审定学位不很合适；

第二，我院一些交叉或新设学科不能在本部已有分委员会中找到对应的学科，造成部分学科无法申报的情况，例如，国际法学院J. D. 项目即因校本部法学分会认为该学科方向不在该分会评定范围之内，造成培养方案始终无法讨论通过，给今年即将第一届毕业的学生的答辩等工作带来很大困难；化学生物学与生物技术学院学生学位评定工作也存在类似问题；

第三，随着我院学生数增加，给各分委员会审核工作增加了很大工作量，一些分会不愿意接受审核北京大学深圳研究生院学生的工作。

随着我院发展，我院的招生学科日益增多，因此在实际操作过程中，学部级学术委员会由于缺乏学科级学术机构的支撑，其功能难以完全落到实处，因此亟须在我院学术委员会（代行学位评定分委员会职能）下面成立各学科学位评定小组。

具体建议如下：在北京大学深圳研究生院学术委员会（代行学位评定分委员会的职能）下设各学科学位评议小组，各学科学位评议小组进行学位审查及提出建议名单报学术委员会（代行学位评定分委员会的职能）审核后报送学校学位委员会批准。

学科学位评议小组成员由北京大学深圳研究生院教师、校本部相应学科教师和校外（含境外）专家组成，并报学校学位办审核并备案。

可以说，高等教育学术评价的权利，是自身学术信用体系的象征。从完善的大学系统来看，北京大学深圳研究生院要发展，必须建立自身的学术评价体系。虽然目前有较为稳定的师资来源，比第一阶段完全依赖北京大学本部的师资有了长足发展，但是对教师的评价依然要依托北京大学，关键的评价资源掌握在北京大学的相关院系手中，自身没有话语权，制约着老师的发展。而校本部的各院系由于跟北京大学深圳研究生院的相关院系是竞争关系，一般不接收相关代评资料。在访谈校本部相关院系的老师时，明显表示出"你不是我的人，我为什么要给你评？"的态度。

> 沐老师：对，还包括人才评价的问题，你要引进人才，自己的评价体系，老师职称，这个也是个制约北京大学深圳研究生院发展的一个大问题。职称一定要自己评，地方粮票北京大学不认，北京大学不认的情况下，真正优秀的人才能不能进来？这涉及师资大量引进的问题。
>
> 问：像国际法学院的老师都不会跟校本部发生评职称或代评等这样的关系吗？
>
> 沐老师：北京大学法学院也不愿意评。
>
> 问：为什么？
>
> 沐老师：凭什么，你也不是我的人，我凭什么给你来评。
>
> 问：但不是都是北京大学的吗？
>
> 沐老师：是北京大学深圳研究生院的，但不是北京大学法学院的，北京大学校领导你给他评得了，凭什么北京大学法学院给你评。
>
> 问：有评过吗？
>
> 沐老师：有一个老师是北京大学法学院代评的，那也是我们做了很多工作，他是北京大学法学院在深圳市办学期间引进来的，后来北京大学法学院撤回来了，那个老师留在那里，我们对他有个道义的问题。第二，这位老师无论是在教学上还是在学术上都是非常优秀的，他的学术影响力，学术成果水平不亚于校本部评教授的资格，所以在这种情况下，后来他要升到教授，我们这边给他代评

了，但是仅此一例，其他老师跟北京大学法学院没关系，不是北京大学法学院招进来的，北京大学法学院不予代评。

问：不予代评？

沐老师：对。

问：相当于国际法学院教中国法的老师就存在职称评定的问题？

沐老师：对。肯定有这个问题，或者说你评这个职称以后，北京大学深圳研究生院认，离开到了北京大学就不认，可能有这个问题，肯定会影响人才引进，真正优秀的人才引进不进来，你怎么办学，所以这就是体制的问题。①

由于北京大学深圳研究生院是北京大学唯一一所异地办学校区，从这个层面来说，北京大学深圳研究生院的老师应该是北京大学的老师，但他肯定不是校本部相关专业院系的老师，北京大学深圳研究生院的老师职称评定通过校本部各院系的时候，就存在着矛盾，校本部各院系认为"学生也不是我的学生，我也没有实施过教学过程，最后我为什么给你评定学位，评定老师的职称？"校本部的沐老师就认为，这个问题不解决，北京大学深圳研究生院从师资资源的稳定性来讲，不可能发展起来，师资是异地办学校区发展的关键资源。

行政管理人员则遇到职业发展的问题。通过访谈发现，北京大学深圳研究生院由于单位性质的原因，行政管理干部在体制内没有流动的空间，导致年轻的行政管理人员干不了几年就走人的情况。

问：行政人员其实这两年流动率特别高。为什么呢？

兰老师：嗯，你比如说，制度上的差异。像我们的干部，你们定正处副处，在我们圈里面定得挺热闹的，其实有啥意思，出了这

① 访谈沐老师，访谈编号027，2018年8月。

个校门，别人都不认。包括现在所谓的副院长，按照深圳市来讲，北京大学深圳研究生院属于正局级事业单位，副院长应该是副局级。那时还给我们定，一个正局，两个副局什么的，说得挺热闹的，但是报到市委组织部，根本不认，一概不讨论。所以我们现在所谓局级单位，空的一个。在深圳市的组织体系中，根本就没有我们这个干部序列。①

枚老师：干部的通道问题根本没打通，所以合作办学根本就没有真正合作，都没有诚意的表示。按道理来说，应该依照我的看法是，院长应该由北京大学提出，商得深圳市同意。深圳市就应该承认级别，深圳市什么时候给过承认了？我们那些副院长谁承认他是副局了，从来没有承认，我不知道现在承认不承认？

问：也不承认。

枚老师：对，那怎么算深圳市的正局级事业单位，你凭什么不承认，史老师在那儿干了这么十几年，最后还是按照北京大学的那个，原来他那个处级退休，为什么不给人家按照深圳副局级退，对不对？你应该说副局的任命，你就应该是院长提出来，商得深圳市和北京大学的同意，由北京大学任命，因为是北京大学的研究生院，是谁的干部，谁就要管理，是吧。是深圳市编制的，深圳市就应该承认，处长就是处长，副局就是副局，正局就是正局。北京大学任命的，你北京大学就应该承认，北京大学也不承认，北京大学你自己的干部自己也不承认，谁承认他们是副局了，从来没有人承认。长远怎么能够办好，你怎么能够跟人家深圳大学，跟人家那些学校去比，没法比。

这些问题都是没有解决的，这是办学，办什么单位都应该明确的问题，你首先是人，人的开始从单位性质、人员编制、人员身

---

① 访谈兰老师，访谈编号004，2017年4月。

份、人员的组成、人员的级别、人员的待遇，你这些不解决队伍怎么建设。所以咱们的里出外进就快，人员流失也快，来得也快，反正找工作，先找了，看看不好就走了。队伍建设，办学是需要积累的，没个稳定的队伍你怎么办学。[①]

对北京大学深圳研究生院来说，它需要打造一支素质优良、结构合理、稳定发展的职业化、专业化的教育职员队伍，支持现代化、国际化的校区建设，完善治理体系和治理能力。

为更好地促进深圳大学城内三所研究生院发展，深圳市政府 2009 年出台了《清华大学深圳研究生院等三所研究生院机构编制和办学投入办法》（深府〔2009〕206 号文），明确深圳大学城三院"院领导班子成员及内设机构负责人的任职，按合作学校规定的条件、程序办理，报市教育局、人力资源和社会保障局备案"。2012 年 9 月，深圳市编办下发了"深编办函〔2012〕256 号"文件，明确北京大学深圳研究生院"院领导职数限额 4 名（其中正职 1 名），内设机构（党政管理和教辅机构）限额 8 个，内设机构领导职数限额 16 名（其中正职不超过 8 名）"，"院领导正、副职可分别参照执行职员三级、四级待遇，内设机构领导正、副职可分别参照执行职员五级、六级待遇"。然而，政策在实际运行中，存在很多问题：

一是职员制备案长期未实际纳入受理渠道。多年来，虽然多次向深圳市相关部门提出人员报备请示，但均未得到受理，造成深圳大学城内的北京大学深圳研究生院、清华大学深圳研究生院和哈尔滨工业大学深圳研究生院的行政管理干部既无法像其他市属高校干部一样享受相应的退休待遇，也无法与其他市属高校的干部一样正常流动，在很大程度上制约了行政队伍的发展。2012 年 11 月，深圳大学城内三所研究生院根据核定干部职数以及事业单位干部任免备案要求，分别向深圳市人力资源

---

① 访谈枚老师，访谈编号 028，2018 年 8 月。

和社会保障局提交了 5 位五—六级职员的备案材料，但深圳大学城三所研究生院所报备案都未予受理。2013 年 12 月，深圳大学城三所研究生院向深圳市人力资源和社会保障局报送了《关于解决大学城三院五、六级职员备案问题的请示》。2014 年 4 月，深圳大学城三所研究生院又向深圳市政府报送了《关于解决大学城三院干部备案问题的请示》，希望尽快解决深圳大学城三所研究生院四、五、六级职员备案问题，也未得到解决。

二是不同高校间政策的不平衡性开始显现。随着深圳大学城北京大学深圳研究生院等三所研究生院的发展以及南方科技大学等单位的设立，不同高校干部编制与备案工作也出现了一些新形式。如哈尔滨工业大学深圳研究生院通过申请批复编制和员额制人员来解决历史遗留人员编制与面向未来体制的员额配给问题。清华大学深圳研究生院编制内人员的备案工作也在推动中。同时深圳市也在考虑出台员额管理事业单位干部备案流动的文件。在新形势下，针对北京大学深圳研究生院这样既有少量管理岗位编制（总共下达 20 个编制）又非员额事业单位的情况，如何既面向历史现状又面向未来发展趋势来明确干部编制与备案的工作，需要得到市政府的支持。①

深圳市异地办学高校的历史问题，主要表现在行政职员未纳入深圳市的管理体系，也未纳入校本部的管理体系上，属于两不管的地界。在北京大学深圳研究生院工作的行政人员笑称自己是名副其实的"劳务工"。行政管理队伍的不稳定和发展空间受限，对北京大学深圳研究生院的未来发展也造成困境。

二　问题二：学生名额制约发展

2000 年深圳市与北京大学签署的合作创办北京大学研究生院协议书明确提出：北京大学深圳研究生院是深圳市大学城的首批办学实体，办学规模到 2005 年达到在校生 3000 人左右，并根据需求和条件设立博

---

① 《北京大学深圳研究生院相关发展问题报告》，2019 年。

士后流动站，进站博士后达到 50 人左右。直到 2016 年，北京大学深圳研究生院的办学规模才 2863 人。研究生名额是高校办学的基础资源，只有保障学生名额的基础资源，才能获得经费支持，学生名额支撑着教师的学术、科研等发展。在北京大学深圳研究生院，学生名额是一种稀缺资源，第一阶段由于学科专业、教师不多，研究生名额显得充裕。在北京大学深圳研究生院发展的第二阶段，学生名额已达到上限，没有继续扩张的理由，而所有的名额都由北京大学本部划拨。名额蛋糕不大，但是分"蛋糕"的学院和老师却越来越多，造成学生名额跟不上学院和老师发展的速度。

表 3 – 11　　　　　北京大学深圳研究生院 2004—2016 年
学生人数及增长情况　　　　　　　（单位：人）

年份	硕士人数	博士人数
2004 年	904	55
2005 年	1269	81
2006 年	1691	120
2007 年	1811	153
2008 年	1860	176
2009 年	1753	190
2010 年	1834	196
2011 年	2163	206
2012 年	2388	219
2013 年	2574	236
2014 年	2635	238
2015 年	2663	236
2016 年	2615	248

资料来源：北京大学深圳研究生院数据信息册。

对于研究生名额问题，主管过北京大学深圳研究生院招生的老师认为，每年的名额都需要北京大学划拨，总盘子大概一年 860 个指标。此外，可以根据需要额外申请 10—20 个机动指标。他认为，北京大学深圳研究生院按照教师平均数来说，学生指标够用。但在访谈各学院教师时，又认为学生数太少限制了发展。

问：我们每一年的名额大概有多少个？是 800 个吗？

参老师：现在差不多每年 860 个招生指标，另外加上 100 个EMBA 的。

问：博士有 50 多个？

参老师：博士差不多就是 50 个，这是以前我们的基本计划，每年通过各种各样的途径争取一下，招到 60 多个、70 多个，今年差不多能招到 80 多个。

问：您说的这个筐子里的指标有上涨的空间吗？

参老师：很少，硕士生有的时候等到面试完成以后多十个八个的，然后说一说争取一下。因为北京大学每年考完试、面完试，确定要的，最后没来的，差不多每年有 100 多个人，所以这个指标不是很紧张，只要我们最后报上去以后学校会有一个综合的平衡，它觉得没有问题的话就同意了。

问：这些指标最开始的时候就是北京大学给划的？

参老师：教育部当时给北京大学深圳研究生院办学的批复是什么你可以去找一找，可能这里面不涉及指标的总量问题，只不过就是说北京大学深圳研究生院有一块办学资源，是个独立办学单位，每年招生计划跟北京大学一起上报教育部，教育部一起批，因为一开始就是一二百、二三百、三四百，这都不存在问题，包括博士生刚开始招一二十，后来招二三十，在指标比较少的时候不设底线，指标多了以后现在基本上这就是底线，超过这个数字就有点冲击北京大学校本部的招生工作了，因为教育部也没说这里面有多少是北京大学深圳研究生院的。

问：这个指标数您觉得限制了我们的发展吗？

参老师：现在我觉得谈不上，各个单位虽然整天吵架要指标，实际上我们每个导师平均的指标要比校本部好得多。对于国外老师而言，学生是负担，换句话说你要博士生和硕士生，导师自己要承担费用。但国内是免费的，既然是免费的，就多要，来十个学生有两个能干活的就不错了，何必弄得这么紧张，能多要就多要几个。[①]

此外，由于北京大学深圳研究生院第二阶段重点进行国际化的建设与发展，在内部名额分配上，偏重国际法学院、汇丰商学院等，造成理工科的学生名额更为紧张。博士研究生作为教学和科研的一支重要力量，对学科建设具有促进和支持作用，而每年北京大学深圳研究生院的博士名额70个左右，大部分支持了化学生物学与生物技术学院。其他理工科的博士研究生屈指可数。对于北京大学深圳研究生院创建世界一流国际化校区的定位而言，教师的学术发展依赖于高层次的学生队伍，专业的发展也依赖于学生的规模。研究生的层次、水平和规模制约着学科和教师的发展。在访谈国际法学院车老师时，她表示学生名额是制约国际法学院发展的关键因素。

车老师：去年是95个人，今年不是扩大了吗，给了一些名额，给到110个人，后来前段时间又说多给了5个，今年就是115个。杰弗里·雷蒙院长在的时候，他们做的规划里面，是说这个学院一年是200人，总共在校生应该是800人，这是一个正常的美国法学院，小规模法学院的规模，它基本上可以实现收支平衡，是这样子的，但是现在很难收支平衡。

问：主要原因是学生少？

---

① 访谈参老师，访谈编号012，2017年7月。

车老师：原因是有名额限制，我觉得学生生源是随着这个学校的影响力和名气扩大，它会自己提高的。我觉得学生名额是最重要的，其实我们现在科研不依靠校本部，教学不依靠校本部，我们都有自己的老师，唯一被校本部卡住的就是生源，就是学生名额，没有别的。如果现在教育部说北京大学深圳研究生院单列名额，我们就可以不用再跑校本部了。①

在访谈理工科学院冯老师时，她认为在北京大学深圳研究生院发展的第一个阶段名额不是问题，但是发展到一定规模后，研究生名额特别是博士生名额显得紧缺，因为当初来北京大学深圳研究生院发展的青年老师已经成长，取得博士生导师的资格，但由于博士生名额少，虽然有"博导"的帽子，但并没有可带的学生。

冯老师：现在我们学院招生规模硕士55人。

问：这还是跟城市与规划学院分了，之前加上它们应该有100多个？

冯老师：应该有，刚开始虽然我有名额，但可能没有学生来报。

问：没学生来报就浪费了？

冯老师：对，浪费了很多，尤其是硕士，除了去年、前年觉得紧张，报了很多，我们录不完，前几年都还好，因为保研的比例总是变来变去的，能考上的学生比例也少。所以现在我们其实希望招保送生，因为很少学生能考上，而且保送的质量也高一点，我们办了夏令营之后明显觉得生源好一些，因为你要不办的话别人不知道。

其实这可能是几方面，一个是北京大学深圳研究生院的认可

---

① 访谈车老师，访谈编号005，2017年4月。

度，大家都知道，很多学生觉得深圳市很有发展，所以也愿意过来，这其实和北京大学深圳研究生院的发展是有关系的，现在大家越来越了解。

问：现在 50 多个名额，觉得这个规模够吗？

冯老师：这是一个矛盾，因为推免生的比例一低，真正能考上来的真的少，应该说这个比例还好。

问：现在博士生的名额有多少？

冯老师：就是一个博导 1 个名额。博士生很少，在任何学校，包括校本部，包括北京大学深圳研究生院，包括其他的学校，博士生的名额是大家最争的。

问：八九个博士生的名额每年都能要到吗？一个人一个都有吗？

冯老师：现在有博士生导师资格的老师越来越多了，学校就和南方科技大学联合培养，因为名额确实很紧张，大家一直在想办法要名额，但好像也是很矛盾的一个事情。①

三 问题三：发展定位与目标

在办学第二阶段，北京大学深圳研究生院制定了"创建世界一流国际化校区"的发展目标和"前沿领域、交叉学科、应用学术、国际标准"的办学方针。这与第一阶段办学目标并不完全一致。

第二阶段北京大学深圳研究生院对自身的定位是交叉、前沿、国际化，是第一阶段应用型和科技创新型校区定位的提升和飞跃。此外，北京大学校领导对于北京大学深圳研究生院的定位也有不同的想法，表现在 2013 年 12 月北京大学对深圳研究生院发展的定位为：与校本部差异化发展，学科互补；面向深圳，服务广东，辐射华南，为地方经济发展服务。这个定位将北京大学深圳研究生院框定在为地方经济发展服务上，

---

① 访谈冯老师，访谈编号 013，2017 年 7 月。

与北京大学深圳研究生院自身想办成世界一流的国际化校区有一定出入。

北京大学对深圳研究生院的定位和北京大学深圳研究生院寻求发展的定位产生错位，导致北京大学深圳研究生院在第二阶段努力寻求资源发展，北京大学在第二阶段给予的支持力度并不能很好地满足北京大学深圳研究生院的持续健康成长。在访谈北京大学深圳研究生院肖老师的时候，他指出北京大学在北京大学深圳研究生院的发展过程中没有进行很好的规划、指导与定位。

问：您觉得异地办学的主导者是谁？

肖老师：这样来看，异地办学校区主导者它的层次是不同的，它应该分成政策的设计层面和政策的执行层面，这两者同为主导，只是级别不同。所谓主导的政策层面当然是北京大学和深圳市，深圳市按照合同执行了，给你政策，给你钱，不可能让深圳市管你所有的东西，在这种情况下剩下的就是北京大学本部的教学资源，因为根据合同来讲你应该投入的是教学，教学这部分你的规划在哪里？甚至到现在北京大学深圳研究生院到底怎么规划都没有明确，因为有了规划就会有执行政策，现在没有执行政策，这说明没有规划。

都是在"搂草打兔子"，就是这样，所以我觉得缺乏政策上整体的定位规划，你为什么要办这个，办了这个你想干什么，要干这个东西应该是最高层面的集体意志或者统一意志，不是个人意志。

执行层面的定位更核心的在于它必须要非常清楚自己和校本部关系当中应该处在什么位置上，你到底是它的复制，还是要有突破，这是第一个问题。第二个问题，现有资源如何调配才能充分地让自己得到完全发展，这必须要有非常明确的定位。第三个问题，管理细节当中每个环节管理的科学性和效力该如何发挥，这是日常管理。①

① 访谈肖老师，访谈编号 011，2017 年 7 月。

同样，早期来北京大学深圳研究生院进行科研工作的霖老师也认为"定位"是北京大学深圳研究生院的关键问题。

> 霖老师：刚开始我们是有它的使命和未来对中国教育的引领作用。我们后期动作不太好，主要是定位一直搞不清楚，所以我们整个在中国的教育影响力渐渐下来了。定位问题一直是北京大学深圳研究生院没有解决的。各个学院定位不一样，所以整个大院没有搞清楚之前，各个小院都自己定自己的位了。
>
> 比如我们强调应用基础，有的学院可能一句就直接应用了，我们是应用基础，我们还是强调基础的前提下来谈应用。所以我们要招国际最一流的学者和最一流的学生，到现在我们也没放弃，我们学校的师资应该是最好的。
>
> 问：您觉得比如说在招聘老师，吸引学生等方面，我们现在竞争力是比以前强了还是弱了？
>
> 霖老师：弱了，因为你定位不清。现在还没弄明白到底是要怎么弄。像我们现在就是明天的钱在哪都不知道呢，都自生自灭的，叫什么定位？根本就不是，所谓的定位，都是一种承诺，根本不是在实施。到现在我们的老师到底是属于北京大学还是深圳市，两边都不管，在这种状态下，很多承诺都不能兑现。[1]

> 枚老师：定位不清校内各个院系怎么协调？校内各个有关的职能部门怎么协调呢？因为你在那儿办一个学校，按教育部的批示是北京大学在深圳市的一个教育机构，那就是应该是一个派出单位，或者是相当于校区和分校区性质的这么一个教育机构。也不能叫北京大学深圳研究生院直接去对校本部的每一个院系和每一个职能部门，学校应该有个统一的政策。[2]

---

[1] 访谈霖老师，访谈编号 019，2017 年 12 月。
[2] 访谈枚老师，访谈编号 030，2018 年 8 月。

海闻院长在第二阶段对北京大学深圳研究生院的定位对标的是医学部，在他汇报北京大学深圳研究生院发展 PPT 上，是按照如下结构进行布局的。

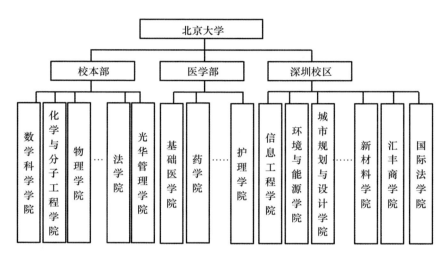

图 3 – 3　北京大学深圳研究生院拟发展定位结构

资料来源：北京大学深圳研究生院汇报总结资料。

北京大学深圳研究生院在创办之初为独立法人单位，院长一般也由北京大学副校长担任，从结构的定位来看，北京大学深圳研究生院应该是和医学部平行的校区，对北京大学深圳研究生院下级学院，建议冠名为：北京大学 XX 学院或北京大学 XX 学院（深圳），能基本与校本部其他学院地位基本一致，保持一定的相对独立性。但长久以来，对北京大学深圳研究生院的二级学院一直称呼为北京大学深圳研究生院 XX 学院，北京大学深圳研究生院为北京大学的二级单位，其他学院沦为三级单位，以致发展受限。

此外，对北京大学深圳研究生院的管理，深圳市与北京大学的责任权利缺乏清晰界定，导致北京大学深圳研究生院在办学过程中，出现问题往往是一事一议，没有相应的制度保障。很多问题属于北京大学和深圳市都管，但有些问题又都不管。北京大学深圳研究生院往往处于谁都想管谁又都不管、两头不靠的尴尬境地。

第四节 小结

在北京大学深圳研究生院发展的第二个阶段，我们可以清晰地看到北京大学深圳研究生院从深圳市政府获取资源寻求发展的图景。这一阶段汇丰慈善基金捐赠 1.5 亿元人民币支持商学院的建设，深圳市配套投入 1.5 亿元支持汇丰商学院的建设和投入 5500 万元支持国际法学院大楼和 F 栋教学大楼的建设。北京大学深圳研究生院向外争取资金成效显著，这些资金资源对北京大学深圳研究生院的建设发展起到了重要作用，这些资源的获得跟此阶段的领导力密不可分。

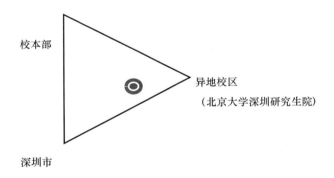

图 3 - 4 北京大学深圳研究生院发展第二阶段发展模型

资料来源：作者个人整理所得。

虽然在杰弗里·菲佛和杰勒尔德·R. 萨兰基克（Peffer and Salancik）的理论中，更强调环境或者形势偶然性作为组织行为的决定因素，对于个人管理的行动全能信念提出质疑。但他们仍然认为领导是组织活动、组织或成果的体现和化身。① 当管理者真的有所作为，影响组织的

---

① ［美］杰弗里·菲佛、杰勒尔德·R. 萨兰基克：《组织的外部控制：对组织资源依赖的分析》，闫蕊译，东方出版社 2006 年版，第 20 页。

效力时，他的影响对所有人都是鲜明的。在第二个阶段领导者用北京大学深圳研究生院的资源去吸收交换更多的外部资源。海闻院长在说服深圳市配套投入 1.5 亿元时，他的理由是汇丰商学院的大楼是盖在深圳市的，绝不会跑，而建好的大楼会对深圳市商科的发展提供更好的环境与条件。此外，深圳市另外投入的 5500 万元的建设经费和 1200 万元的专项经费，为国际法的学科和化学学科发展提供了更多的资金支持。这种资源的依赖是互惠的，北京大学深圳研究生院从深圳市和市场的环境中获得了财政资金和物质资源，异地办学校区的发展不得不依赖这些资源的外部提供者。

资源依赖理论在某种意义上解释了组织自身的选择能力。组织可以通过对依赖关系的了解来设法寻找替代性资源，进而减少"唯一性资源"，更好地应对环境。在北京大学深圳研究生院发展的第二阶段，北京大学深圳研究生院摆脱了第一阶段师资资源和学生资源完全依赖北京大学本部院系的束缚，从全球招聘师资，重点发展与北京大学本部差异化的学科，逐渐掌握了教师资源、学生独立招生的主动权。

在实证研究中，资源依赖理论的研究者将开放系统的思想与组织内部政治权力的思想结合起来，以组织内部的子单元为分析单位，提出组织内部子单元在组织内部的权力地位是由他们从组织外部获取关键性和稀缺性资源多少决定的。如果子单元从外部环境为组织赢得了越多的关键和稀缺资源，那么它在组织内部的权力和影响就越大，组织又会在内部资源分配时，倾向于这些权力大的子单元。该理论进一步丰富了我们对于组织内部权力资源的认识。[1] 在北京大学深圳研究生院发展的第二阶段，争取的资源重点发展了汇丰商学院与国际法学院，这两个学院是第二阶段学科发展的典型代表。国际法学院利用深圳市投入的专项经费，从国外延揽了世界顶级的法学教授杰弗里·雷蒙加盟创建，其独特的办学理念、国际化的师资队伍、苏格拉底式教学方法、模块式的教学

---

① 阎凤桥：《大学组织与治理》，同心出版社 2006 年版，第 9 页。

模式使得国际法学院从创建之初就备受关注。国际法学院是北京大学深圳研究生院在此阶段通过向外部空间寻找资源替代原办学资源的案例。同时，由于国际法学院和汇丰商学院在此阶段办学出色，在北京大学深圳研究生院的地位也更加突出。汇丰商学院由于快速迎合市场变化环境，不断从市场中取得资金资源，学院各方面持续健康成长。国际法学院虽从深圳市获取了专项经费资源的投入，但这部分资源并不稳固，同时学位评定和 J. D. 博士学位社会认定问题也阻滞了该学院的持续发展。

在第二阶段，北京大学深圳研究生院学生名额数不断上升，留学生所占比例为北京大学院系第一。由于各学院发展迅速，学生名额特别是博士生名额依然紧缺。这部分资源一直被校本部控制在 3000 人左右，不能满足北京大学深圳研究生院发展需求。第二阶段虽然教师资源摆脱了校本部院系的控制，但是北京大学深圳研究生院招聘的教师也遇到了职称评定的困境，北京大学深圳研究生院虽然成立了学部级的学术委员会，但由于规模问题，没有学科方向的学术委员会，教师职称需要校本部相应院系的学术委员会代评，学术评价权力没有掌握在北京大学深圳研究生院的手中，造成招来的老师职称无法评定。在第二阶段北京大学深圳研究生院虽然实现了差异化的转型，但仍然脆弱。

在第二阶段北京大学深圳研究生院的发展虽获得很多外部资源，但关键性的办学资源仍依赖于校本部。从资源依赖的视角关照现实，一个组织影响其他组织的可能性主要来自两个方面，一是对其他组织所需资源的控制，二是其他组织对该资源的依赖性，并且这种抵消性的资源或者替代性的资源是稀缺的。学生资源、学术评价对该组织的影响和控制是重大的，是属于稀缺性的资源。这也从理论方面解释了第二阶段限制北京大学深圳研究生院发展的基本缘由。

北京大学深圳研究生院 2008—2014 年的发展由校本部院系主导转变为差异化发展阶段，减少了对校本部院系资源的唯一性依赖，实现了一定程度的独立发展，办学的主导性较第一阶段有所增强。

第四章 竞争徘徊发展阶段

第一节 外部环境的变化

2014 年，深圳市 GDP 达 16002 亿元，仅次于北上广，在全国各大城市中排名第四。2015 年其 GDP 的增速为 8.4%，在中国一线城市中位居榜首。[1] 除亮眼的经济成绩外，深圳市的经济结构也在不断优化，服务业尤其是高端服务业快速发展，现代服务业已然成为深圳市经济发展的增长点，成为深圳市经济发展的重要转型标志。与此同时，2014 年深圳市的战略性新兴产业（生物、互联网、新能源、新材料、新一代信息技术、文化创意等）增加至 5645 亿元，深圳市也是国内战略性新兴产业规模最大、集聚性最强、技术创新最活跃的城市之一。在强大的经济发展动能的支持下，深圳市更多的经费、政策资源向教育、科技领域倾斜，继续深化拓展城市创新驱动能力和人才强市的战略。

2015 年 10 月 24 日，国务院颁布《统筹推进世界一流大学和一流学科建设总体方针》，要求在 "2020 年若干所大学和学科进入世界一流，2030 年若干所大学和一批学科进入世界一流前列，本世纪中叶基本建成高等教育强国"。"双一流建设"是从国家战略层面对中国高校发展目标的重新调整布局，双一流大学建设以绩效为导向，通过建立健全绩效评价机制，动态调整支持力度。这一政策的出台加速了各地地方

---

① 李罗力：《深圳：再成经济转型窗口排头兵》，《特区理论与实践》2015 年第 4 期。

政府和高校进一步合作的步伐。对于城市而言，双一流是城市重新布局的机会，也是衡量一个城市高等教育发展水平的标志。在此背景下，2016 年深圳市委市政府印发《关于加快高等教育发展的若干意见》，提出要遵循高等教育发展规律，结合深圳市经济社会发展重大需求，大力推进高等教育供给侧结构性改革，对标国际一流，集聚优质资源，深化改革创新，推动产学研更紧密结合，加快建设高水平大学和学科，构建国际化开放式新型高等教育体系，促进高等教育跨越式发展，为现代化国际化创新型城市提供强有力的人才、科技、智力支持和文化引领，走出具有深圳市特色的高等教育改革发展新路，为全国、全省高等教育改革提供新经验。

第二节　困境与突围

从 2014 年至 2019 年，外部环境发生了较大变化。深圳市高等教育迎来新一轮的大发展。各高校纷纷在深圳市寻求发展空间，深圳市在加快高等教育发展政策和资源上给予了更多的支持。

2016 年 10 月，深圳市委市政府出台《关于加快高等教育发展的若干意见》，确定了深圳市发展高等教育的总体目标、基本思路和主要举措。《关于加快高等教育发展的若干意见》提出，深圳市将着力构建支撑高等教育发展的完整政策体系，深化高等教育供给侧改革，探索深圳市特色高等教育创新发展路径，补齐短板、服务创新驱动发展战略。争取到 2025 年，深圳市高校达到 20 所左右，全日制在校生约 20 万人，3—5 所高校排名进入全国前 50，进入教育部学科评估前 10% 的学科达到 50 个以上，进入世界 ESI 排名前 1% 的学科达到 30 个以上。

《关于加快高等教育发展的若干意见》指出，目前深圳市高等教育发展还存在着不足，高等教育整体规模偏小、人才培养层次偏低、高校对深圳市自主创新的贡献还有提升空间等。目前深圳市高校本科以上层次全日制在校生仅占 52%，难以满足深圳经济社会发展对高层次人才的需求。深圳市将引进国内外著名高校，重点建设本科层次以上万人规模高水平大学。

为了学校发展和进一步取得深圳市的发展资源，深圳市的各类高校开展各项合作，或办本科寻求校区升格，或新办异地合作校区，或办国际研究生院进行新的项目发展等。

2014 年 4 月，深圳市人民政府与哈尔滨工业大学签订了《合作共建哈尔滨工业大学（深圳）协议书》，旨在以哈尔滨工业大学深圳研究生院为基础，开展本、硕、博教育，与哈尔滨工业大学本部统一品牌、统一学术标准，以专业化、特色化、国际化、市场化办学为导向，办成扎根深圳，服务国家，面向世界的高精特研究型大学，重点开展本科生培养条件和培养能力建设，满足高水平大学规模化培养本科生的要求。到 2022 年，达到本科生年均招生 1375 人、在校本科生和研究生 9000 人的规模。

中山大学（深圳）旨在开展本、硕、博教育，规划到 2025 年办学规模 20000 人，其中本科生 12000 人，研究生 8000 人。重点建设医学类学科和新兴工科交叉学科以及海洋科学、经济学（金融）等学科。同时，建设支撑上述学科领域的文理基础学科。

香港中文大学（深圳）由深圳大学和香港中文大学合作举办，2013 年 2 月市校双方签署合作办学协议，2014 年 3 月教育部批准设立。旨在开展本、硕、博教育，建设立足中国、面向世界的一流研究型大学，培养具有国际视野、中华传统和社会担当的创新型高层次人才。计划办学规模为 11000 人。其中：本科生 7500 人，硕士及博士研究生 3500 人。

2019 年 3 月 29 日，清华大学深圳国际研究生院正式揭牌，清华大学深圳国际研究生院的目标为：建设一批综合性、交叉型的世界一流工程学科群，助力清华大学在 2030 年走向世界一流大学前列，在 2050 年前后成为世界顶尖大学；同时大力推进科研成果产业化，服务深圳市、粤港澳大湾区乃至全球的可持续发展，办学规模全日制在校生达到 5000 人。

表 4 - 1　　　　　　　　　深圳市 2018 年高等院校布局

性质	编号	名称	状态
自有（7 所）	1	深圳大学	建成
	2	南方科技大学	
	3	深圳职业技术学院	
	4	深圳信息职业技术学院	
	5	深圳广播电视大学	
	6	广东新安职业技术学校	
	7	深圳技术大学	筹建
国内合作（5 所）	8	北京大学深圳研究生院	建成
	9	清华大学深圳研究生院	
	10	哈尔滨工业大学深圳研究生院	
	11	暨南大学深圳旅游学院	
	12	中山大学深圳校区	启动建设
中外（港澳）合作（12 所）	13	清华—伯克利深圳学院	建成
	14	香港中文大学（深圳）	
	15	深圳北理莫斯科大学	
	16	湖南大学罗切斯特设计学院（深圳）	筹建
	17	深圳吉大昆士兰大学（暂定名）	
	18	深圳墨尔本生命健康工程学院（暂定名）	
	19	华南理工大学—罗格斯大学创新学院	
	20	哈尔滨工业大学（深圳）国际设计学院	
	21	深圳国际太空科技学院（暂定名）	
	22	华大基因研究院、南方科技大学、丹麦哥本哈根大学合作办特色学院（未定名）	
	23	俄罗斯列宾美术学院深圳学院（未定名）	
	24	华盛顿大学深圳分校（未定名）	

资料来源：作者自行整理所得。

其中：1/3 为海外学生，博士研究生约 1200 人。重点在能源、材料、信息科技、医药健康、智慧城市与未来人居、海洋工程、环境生态、创新管理领域，布局建设以工科为核心的"6+1"一流工程学科群。开展面向地区及产业需求、与企业深度合作的研究生培养，同时启动清华大学创新领军工程博士粤港澳大湾区项目。

近年来，深圳市不断引进高等院校，形成了市属高校、国内合作办学高校、中外合作办学高校共存的高等教育生态系统。为争取更多深圳市的经费及政策支持，各高校的竞争日趋激烈。

在前两轮的发展上，虽然北京大学深圳研究生院出现了很多问题，但在深圳市高等教育横向比较中，处于领跑者的地位。在办学的第三阶段，深圳市的领导更加重视高等教育，对高等教育的投入越来越大，而投入的资源（包括土地和资金）需要各个高校去竞争，竞争的环境和压力较大，深圳市对北京大学深圳研究生院的影响逐渐增强。此外，之前的投入已经不能满足北京大学深圳研究生院的进一步发展，深圳市给予的办学资源对北京大学深圳研究生院来说是发展的基础条件。在办学的第三阶段，北京大学深圳研究生院在激烈的教育资源竞争环境中，一直在寻求校区升格与突破。

第三节　资源投入

一　硬件资源：空间资源紧缺

2014 年以后，北京大学深圳研究生院的硬件资源仍由深圳市提供，所申请的建设项目多为修缮和住宿性质的工程建设，没有因为学科发展建设新大楼。而其他高校如哈尔滨工业大学（深圳）等基础建设项目如期完成，横向对比北京大学深圳研究生院的建设项目少，发展后劲不足。

表 4 - 2　　北京大学深圳研究生院 2014—2016 年建设项目及投资

序号	项目名称	投资	项目内容	完成情况
1	彩虹桥	1800 万元	斜拉式钢结构步行桥	已建成
2	留学生公寓建设工程	15647 万元	新建一栋（分为 A、B 座），地上 A 座 21 层，B 座 12 层，共用地下室 2 层，主要功能包括留学生宿舍、健身房、多功能室、洗衣房、停车库、设备用房、消防控制室等，可提供宿舍 310 套	在建中
3	钢结构雨棚及楼宇外墙修缮工程	1276 万元	将钢结构雨棚原有彩钢板更换为氟碳漆铝单板，并对原有钢柱、钢梁进行除锈刷漆；对 A、B、C 三栋建筑物外墙进行翻新刷漆	已完工
4	校舍整体修缮工程	1818 万元	对 A-H 及 J 栋共 9 栋校舍及水池（镜湖）进行修缮	已完工

资料来源：作者自行整理所得。

此阶段，北京大学深圳研究生院校园现占地约 22.57 万平方米，已有建筑面积约为 18.45 万平方米，在建留学生公寓面积 2.29 万平方米，容积率为 0.98。教学科研行政区域建筑面积 12.74 万平方米已经全部使用，再无空余空间。

与之相比，深圳市其他合作办学高校由于签约升格校区或引进新项目，空间资源得以扩展，建设发展如火如荼。清华大学深圳国际研究生院在现有基础上扩展至总占地面积 50 万平方米左右（新增用地 30 万平方米）、新增建筑面积 50 万平方米；哈尔滨工业大学（深圳）占地 33.89 万平方米、已建成校舍建筑面积 42.73 万平方米；中山大学·深圳占地 144.7 万平方米、建筑面积 129 万平方米（2020 年交付约 36 万平方米，2021 年交付约 93 万平方米）；香港中文大学（深圳）占地面积 100 万平方米、建筑面积 59.7 万平方米（已建成一期约 33 万平方米，二期 26.7 万平方米已启动建设）。与深圳市其他合作办学高校相比，北京大学深圳研究生院空间资源差距较大，严重制约了后续发展。

表 4 – 3　　　　　　北京大学深圳研究生院与深圳市

其他院校横向空间资源对比　　　　单位：万平方米

学校	占地面积	已有及拟新建建筑面积
北京大学深圳研究生院	22.57（338.6 亩）	20.74
清华大学深圳国际研究生院	50（750 亩）	71
哈尔滨工业大学（深圳）	33.89（508.35 亩）	42.73
中山大学深圳校区	144.7（2170.5 亩）	129
香港中文大学（深圳）	100（1500 亩）	59.7

资料来源：作者自行整理所得。

二　资金资源：办学经费难以为继

2014 年以后，北京大学深圳研究生院的办学经费主要来源 45.5%的差额生均拨款。期间，因通货膨胀等原因，生均拨款差额增长了约 15%。2014 年至今，北京大学深圳研究生院全日制在校生规模保持在 3000 人。根据深圳市差额生均拨款的规定，北京大学深圳研究生院近三年从深圳市获取的财政收入约为 9800 万元/年。

表 4 – 4　　　　深圳市政府 2014—2018 年对北京大学深圳

研究生院财政经费下拨统计　　　　单位：万元

年份	总额	其中：生均补贴	其中：基本建设	其中：重点实验室建设	其中：科研经费	其他经费
2014	17475.00	9204.00	0.00	425.00	7846.00	0.00
2015	16159.00	9155.00	0.00	500.00	6318.00	186.00
2016	23859.00	9132.00	0.00		12540.00	2187.00
2017	22932.00	9079.10	3824.90		9651.00	377.00
2018	29475.57	9197.92	353.70	3038.55	15891.64	993.76

资料来源：深圳大学城办学情况报告。

自 2008 年开始，北京大学深圳研究生院专职教师迅速增多，办学成本大幅度提高，办学经费日益紧张。2013 年 12 月 27 日，广东省物价局、广东省教育厅、广东省财政厅粤价〔2013〕294 号文，规定了学术型硕士研究生教育学费标准，即每人每年 8000 元，远低于原来的学生学费标准。经测算，2014 年北京大学深圳研究生院全日制研究生的学费收入减少约 2000 万元。原本捉襟见肘的办学经费雪上加霜，北京大学深圳研究生院的后续发展受到明显影响。

2013 年财政部、教育部以（财教〔2013〕220 号）下发了《研究生国家助学金管理暂行办法》和（财教〔2013〕219 号）《研究生学业奖学金管理暂行办法》的通知。通知要求全部研究生在校期间享受国家助学金，具体额度博士研究生 1.2 万元，硕士研究生 0.6 万元。在校研究生可获得学业奖学金，其中 50% 的博士研究生可获 1 万元，40% 硕士研究生可获 0.8 万元。通知明确国家助学金和学业奖学金由国家支付，从 2014 级学生开始实行。但北京大学深圳研究生院并没从国家获得该笔费用，只好用其他经费垫付，每年垫付的国家助学金和学业奖学金高达 1500 余万元，占政府生均拨款收入的 15%，办学经费更趋紧张。

从 2014 年起，北京大学深圳研究生院为保证给予学生足够投入，不得不暂时削减教职工年薪、校园软硬件建设等支出，这种"相权取轻"的权宜之计，影响了北京大学深圳研究生院人才队伍建设，制约了科研创新、学科建设。2019 年初，北京大学深圳研究生院再次恳请深圳市政府实行生均全额拨款。

随着深圳市经济社会发展水平的进一步提升以及办学体量的扩展，北京大学深圳研究生院运行成本逐年增长（以 2018 年为例，仅支出教职工薪酬这一项就需 1.7 亿元），学院财政状况连年吃紧甚至卯吃寅粮，不得不靠自筹经费来勉力维持办学。近年来，从近期来看，稳定办学投入的短缺，已使北京大学深圳研究生院在人才引进和队伍建设方面明显受限，科研创新、学科建设投入受到显著制约，校园软硬件建设的经费削减限制了校园文化构建，令我们对学院完成转型突破感到担忧。

经过多方努力，2019 年 4 月，深圳市政府常务会议审议通过了北京大学深圳研究生院全额拨款的请示。会议决定：

1. 原则上同意从 2019 年起，由市财政按照市属高校生均拨款标准给予北京大学深圳研究生院生均拨款经费，拨付数额每年由市财政局、市教育局根据纳入国家招生计划的全日制在校生人数核算后确认。

2. 原则同意 2019 年实行全额生均综合定额补贴超出的部分，从 2019 年初安排的高等教育办学经费中列支。

3. 请市教育局、市财政局协调北京大学深圳研究生院积极争取北京大学的支持，按教育部对北京大学深圳研究生院全日制学生划拨的学生培养经费足额投入到北京大学深圳研究生院，进一步提高办学经费保障水平。

2019 年，北京大学深圳研究生院解决了生均拨款由差额到全额的转变，每年的办学经费增长 5000 万元。但深圳市也希望北京大学投入更多的经费保障北京大学深圳研究生院的发展。虽然北京大学深圳研究生院自 2019 年起有了更加稳定的经费投入，但与深圳市市属高校的办学经费相比，仍有一定差距。

从近五年深圳市所属高校的财政预算可以看出，南方科技大学属于新建的高校，财政费用基本由政府预算拨款，政府拨款比重占 95% 以上。近三年来，南方科技大学财政预算每年翻倍增加，2016 年 12.9 亿元、2017 年与 2018 年接近 23 亿元、2019 年 29 亿元，政府财政支持力度极大。深圳大学收入来源更加多元，深圳大学近五年的预算，财政拨款平均比重高达 80% 左右。虽然深圳大学财政拨款的比重比南方科技大学低，但由于深圳大学的办学规模较大，其拨款总额高于南方科技大学，2018 年与 2019 年预算接近 50 亿元，财政拨款约 40 亿元。

表 4 - 5　　　　　深圳市 2014—2019 年市属三所
高校的预算收支情况　　　　　单位：万元

南方科技大学	2015 年预算	预算收入：68379.88	财政预算拨款：66818.88（97.72%）
			事业收入：1500（2.20%）
			事业单位经营收入：61（0.09%）
		预算支出：68379.88	
	2016 年预算	预算收入：131499	财政预算拨款：129392（98.40%）
			事业收入：2107（1.60%）
		预算支出：131499	
	2017 年预算	预算收入：229668	财政预算拨款：227423（99.02%）
			事业收入：2245（0.98%）
		预算支出：229668	
	2018 年预算	预算收入：226606	财政预算拨款：222944（98.38%）
			事业收入：3662（1.62%）
		预算支出：226606	
	2019 年预算	预算收入：294184	财政预算拨款：290456（98.73%）
			事业收入：3728（1.27%）
		预算支出：294184	

深圳大学	2015 年预算	预算收入：196020.32	财政预算拨款：155209.73（79.18%）
			事业收入：40440（20.63%）
			其他收入：370.59（0.19%）
		预算支出：196020.32	
	2016 年预算	预算收入：313824	财政预算拨款：271552（86.53%）
			事业收入：40518（12.91%）
			事业单位经营收入：460（0.15%）
			用事业基金弥补收支差额：994（0.32%）
			其他收入：300（0.10%）
		预算支出：313824	
	2017 年预算	预算收入：452540	财政预算拨款：402432（88.93%）
			事业收入：47546（10.51%）
			事业单位经营收入：1576（0.35%）
			用事业基金弥补收支差额：986（0.22%）
		预算支出：452540	
	2018 年预算	预算收入：493747	财政预算拨款：420095（85.08%）
			事业收入：66347（13.44%）
			事业单位经营收入：1948（0.39%）
			用事业基金弥补收支差额：5357（1.08%）
		预算支出：493747	
	2019 年预算	预算收入：499978	财政预算拨款：398915（79.79%）
			事业收入：88312（17.66%）
			事业单位经营收入：3510（0.70%）
			用事业基金弥补收支差额：8395（1.68%）
			其他收入：846（0.17%）
		预算支出：499978	

续表

深圳职业技术学院	2015 年预算	预算收入：91262.49
		财政预算拨款：63392.49（69.46%）
		事业收入：22370（24.51%）
		事业单位经营收入 1400（1.53%）
		用事业基金弥补收支差额 4100（4.49%）
		预算支出：91262.49
	2016 年预算	预算收入：109433
		财政预算拨款：84081（76.83%）
		事业收入：21，676（19.81%）
		用事业基金弥补收支差额：26（0.02%）
		其他收入：3650（3.33%）
		预算支出：109433
	2017 年预算	预算收入：144171
		财政预算拨款：118652（82.30%）
		事业收入：22095（15.33%）
		其他收入：3424（2.37%）
		预算支出：144171
	2018 年预算	预算收入：160904
		财政预算拨款：134725（83.73%）
		事业收入：21507（13.37%）
		其他收入：4672（2.90%）
		预算支出：160904
	2019 年预算	预算收入：178987
		财政预算拨款：153026（85.50%）
		事业收入：25961（14.50%）
		预算支出：178987

资料来源：南方科技大学、深圳大学、深圳职业技术学院官方网站。

对比深圳市所属高校，北京大学深圳研究生院的财政拨款远低于深圳市其他高校，办学经费不足是北京大学深圳研究生院难以发展的重要原因。

为进一步吸引高层次人才来深圳市工作，深圳市财政委员会（深财教〔2013〕10 号）《关于安排市属普通本科高校新引进高端人才科研启动经费的通知》，对市属普通本科高校引进的高端人才给予科研启动经费支持：

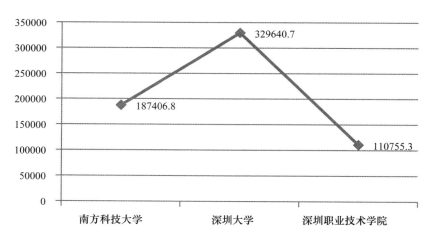

图 4 - 1　深圳市市属三所高校的平均财政拨款（单位：万元）
资料来源：作者自行整理所得。

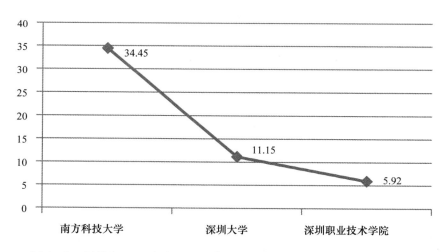

图 4 - 2　深圳市 2018 年市属三所高校财政生均财政拨款（单位：万元）
资料来源：作者自行整理所得。

（1）院士、"顶尖千人计划"专家、"孔雀计划"A 类人才等。根据工作需要申请专项经费支持。

（2）国家级领军人才（中组部"千人计划"人选、长江学者、国家杰出青年科学基金获得者、国家重点实验室主任、国家"973计划"项目首席科学家等）、深圳"孔雀计划"B类专家和中组部青年千人计划人选等国内杰出学者等的科研启动经费标准为300万—500万元。其中：工、医类学科科研启动费500万元，偏理学科的科研启动费300万元。

（3）引进的高端人才为珠江学者、"孔雀计划"C类专家等，科研启动经费标准200万—300万元。其中：工、医类学科的科研启动费300万元；偏理学科的科研启动费200万元。

同时，深圳市还制定了"孔雀计划"。奖励经费直接拨给北京大学深圳研究生院有"人才帽子"的老师。

　　　我们招的人可以享受深圳市的各种人才政策，比如说国家级领军人才，地市级等好多种，不同级别的人才可以享受不同的待遇，还有博士后，深圳市博士后待遇也很优厚，入站之后，一年给12万元，两年给24万元。出站留深圳市的有30万元的科研经费，说是科研经费其实也是给到个人的，钱是直接打给个人账号的。[①]

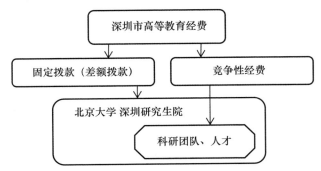

图4-3　深圳市高等教育经费拨款路径

资料来源：作者自行整理所得。

---

①　访谈兰老师，访谈编号003，2017年11月。

2016 年 3 月，深圳市政府出台了关于支持人才发展的纲要，国家级的人才每个人提供 150 万元经费支持，分 5 年发放，地方级人才 100 万元，后备级人才 60 万元。2017 年，深圳市对人才支持力度进一步加大，国家级人才拨款 300 万元，地方级人才 200 万元，后备级人才 160 万元。

高端人才科研经费启动政策，对深圳市高校吸引优秀教师无疑起到了非常有效的积极作用。但该文件资助的范围是深圳市市属普通本科高校，北京大学深圳研究生院不在文件支持范围之内。而深圳市市属高校南方科技大学、深圳大学等按政策引进了众多优秀师资。由于无法获得深圳市高端科研启动经费，北京大学深圳研究生院需从自有资金中引进优秀师资，北京大学深圳研究生院办学资金更加捉襟见肘。

三 组织机构：院领导更替与缺位

（一）院领导频繁更替

在第三阶段激烈竞争的环境下，北京大学深圳研究生院院领导更替频繁。陈十一教授于 2013 年底被任命为北京大学深圳研究生院院长，2015 年 1 月被聘为南方科技大学校长。2015 年 1 月之后长达一年的时间内，北京大学未任命新的院长，由时任常务副院长白志强教授和海闻教授先后代理院长职务。2016 年 3 月，北京大学深圳研究生院院长遴选工作在北京大学管理指导下启动，聘任吴云东院士为院长。2019 年 3 月 15 日，北京大学任命常务副校长、医学部主任詹启敏兼任北京大学深圳研究生院院长，这是北京大学深圳研究生院成立以来行政级别最高的一次任命。

塞内特曾言："权威不是一件事情，它是一种通过其他人的力量获得稳定性和安全性的追求。"描述了领导能力是一种无形的事物，存在于各方关系之间。这一阶段对北京大学深圳研究生院而言，由于频繁更替院领导，导致领导力不稳，引发权力断层、资源浪费和公信力下降等一系列问题，组织稳定性不足。

古老师：北京大学凭什么年年给我换这个院长，我这整个格局还没有稳定呢。对吧？换一个院长就调整一下，它怎么可能好呢。所以就出现什么呢，哪个院长跟那个院长近，哪个院长就占点好处。但是北京大学有那么多的学院，你不管哪个院长去跟校长去混没用，因为他是百年的。我们这才十几年，你三年两年换个院长，北京大学深圳研究院你要搞得好才怪呢，一个草创的单位你能不能给我稳定十年啊？海闻院长来了以后稀里哗啦干了那么多事情，凭什么让他退啊。①

（二）聘任制院长

吴云东院士是北京大学深圳研究生院的首任聘任制院长。他在中层干部会上提出了北京大学深圳研究生院下一阶段的发展想法：一是明确北京大学深圳研究生院的定位和长远规划，在北京大学全面实施综合改革的时期抓住机遇，先行先试；二是抓住深圳市大力发展高等教育的战略机遇，推进"本科生""医学院"等项目建设，为国家培养综合性人才。

2016 年 8 月，北京大学与深圳市签署《关于合作举办北京大学深圳校区备忘录》。明确提出：在广东省的支持下，整合国内外优质资源，与深圳市合作共建，把北京大学深圳校区建设成为面向世界、面向未来的世界一流大学国际化校区，成为北京大学发展战略的重要组成部分和开放合作办学的窗口与创新平台，成为带动深圳市高等教育事业和医疗卫生事业跨越发展的重要引领者。

2016 年北京大学成立推进北京大学深圳研究生院发展的领导小组和工作小组，领导小组的组长由时任北京大学校长林建华担任，工作小组的组长由时任北京大学副校长高松担任。两个小组成立后，积极与深圳市政府探讨深化合作事宜。

合作办学校区备忘录签订后，开始了与深圳市漫长的谈判，直至

---

① 访谈古老师，访谈编号 026，2019 年 10 月。

2019 年 3 月吴云东院长卸任，校区协议仍未落地。

> 深圳市作为改革开放的最前线，作为粤港澳大湾区国家战略的核心，必将成为国际科技创新的中心城市，成为引领未来高等教育发展的高地。深圳校区是全体北京大学深圳研究生院师生的梦，这个梦从海闻老师做院长时就开始。在学校党委的领导下，在学校主要领导的帮助下，2016 年深圳校区的工作取得了突破性的进展，2017 和 2018 年我们也没有放弃积极争取。有几次到了临门一脚的时候，可这一脚没有踢下去。但是我坚信这个梦还在我们的心中，希望有一天这个梦成为现实。[①]

吴云东院长是一位勤勉的领导，为了北京大学深圳研究生院的发展奔波于北京与深圳市两地，周六周日加班工作。他也是一位学者型的领导，先后获得兰州大学化学学士学位和匹兹堡大学化学博士学位。1992 年到香港科技大学任教，2005 年当选为中国科学院院士，早期来到北京大学深圳研究生院一直从事理论与计算有机化学的研究，学术成果丰硕。吴云东院长长期从事教学科研工作，没有副校长的行政级别，对北京大学内部资源协调起来比较困难。

2017 年 12 月，北京大学深圳研究生院人事处受吴云东院长委托向党政联席会汇报了北京大学深圳研究生院薪酬调整方案，会议要求在 2018—2019 学年尽快制定行政教辅人员定岗定级方案，并调整薪酬。2019 年初在调整薪酬的过程中，遇到了来自校本部的质询和阻力。

薪酬方案呈报主管北京大学深圳研究生院的校领导后，转批给学校内控办公室提出意见。主管内控办公室的校领导批示："请校长阅示。此事应该不属于内控办公室职能范围。建议北京大学深圳研究生院考虑经费从哪出等问题。"

---

① 《吴云东院长在卸任院长时的讲话》，2019 年 3 月。

北京大学深圳研究生院第二阶段对行政管理人员进行过一次工资调整，北京大学深圳研究生院党政联席会通过后即可形成决议并付诸实施。但在第三阶段，虽然党政联席会通过了工资调整方案，但与本部沟通协调出现了问题，该议题搁置，导致行政管理人员薪酬未能落实，可以看出校本部对北京大学深圳研究生院的控制不断增强。

四　学科发展：徘徊与整合

（一）合并及新项目筹备发展

为从根本上解决北京大学深圳研究生院的发展问题，2016 年 8 月 29 日，北京大学与深圳市人民政府合作举办校区备忘录签订仪式在广州市举行。

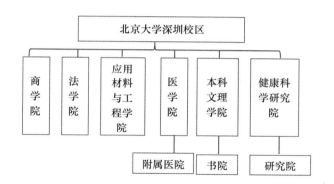

图 4-4　北京大学深圳研究生院升格为深圳校区发展设想
资料来源：北京大学深圳研究生院总结汇报。

备忘录的签订极大地鼓舞了北京大学深圳研究生院的师生，但是四年过去了，由于教育部对异地办学政策收紧，项目暂停。北京大学深圳研究生院用于交换的资源少、筹码不多，处于弱势地位，发展被动。而北京大学深圳研究生院旗下学院也考虑到未来发展可能存在变数，特别是理工科学院担心被整合，这一阶段也没有发展的动力。化学生物学与生物技术学院虽然在 2018 年获得国家重点实验室批准，但在对其负责人的访谈中，他认为拿到国家重点实验室振奋人心，如果北京大学深圳研究生院体制机制早点理顺，国家重点实验室早几年就能获得审批，申请成果获得的 1 亿元支持经费在十年前更具竞争力。

> 霖老师：他们不是说你们自己都不清楚，我们怎么给你。关键是他们好多都问，就像我们去到基金委申请好项目，你知道他们怎么说？整明白了吗？首先问你这句话。像我们国家重点实验室也是，第一次跟南开大学竞争的时候，就说好像学校都搞不清，我们为什么要支持这样子的？我们面临的最关键问题就是我们机制不清。
>
> 问：最后这坎是怎么过去的？
>
> 霖老师：继续努力，我们耽误了四年。
>
> 问：其实本来四年前就应该评上的？
>
> 霖老师：对，我们是教育部第一个，化学基因组学的二级学科博士试点单位，这些数字可能你们不敏感，这在专业内影响是很大的。
>
> 问：很牛的？
>
> 霖老师：很牛的，这个专业是我们开辟的，最后国家重点实验室叫南开大学拿去了。
>
> 问：但如果当时这个点直接在北京大学的话，可能会好一些？
>
> 霖老师：那肯定就是北京大学的，一点问题没有。所以你就觉得很多东西是一种无奈。[1]

目前北京大学深圳研究生院设有四个理工科学院，包括：信息工程学院、环境与能源学院、城市规划与设计学院、新材料学院将整合重组为工学院。整合重组工学院是在 2014 年提出的，当时院领导调研认为，

---

[1] 访谈霖老师，访谈编号 019，2017 年 12 月。

北京大学深圳研究生院的每一个理工学院的体量比较小，学科方向比较分散，建议整合重组。由于整合重组新的工学院将打破目前的学科布局，影响各院系的利益格局，所以该计划一直未能真正实施。在研讨北京大学深圳研究生院下一步发展的时候，学院整合被再次提上了议事日程。

为完善北京大学深圳研究生院人才培养体系，形成本科生、硕士研究生、博士研究生完整的高等教育体系，争取深圳市政府更多的政策与经费支持，拟在北京大学深圳研究生院建立本科文理学院，实现北京大学在异地招收本科生。办学模式将与全球顶尖高校合办，并结合通识教育和专业教育，拟每年招收 400 人，本科生规模达 1600 人。

北京大学深圳研究生院因为自身发展的需求，早在 2010 年就提出请北京大学进行异地本科办学，但北京大学一直未达成共识，直到 2016 年，有多所高校与深圳市合作办学，或开办国际项目、或开展本科项目，北京大学承受了较大的压力，同意试点本科项目。如果进行本科招生，深圳市会在政策和资源上给予更大的支持。

由于深圳市对医疗教育有强烈需求，北京大学与深圳市协商，决定依托北京大学深圳研究生院建设国际一流的研究型医学院，引进北京大学医学部资源，并与全球顶尖医学院合作办学。拟每年招收 300 人，总计规模达 1800 人。培养具有国际视野的卓越医师和医学创新人才，提升高品质的医疗。此外，化学生物学与生物技术学院将纳入医学院的办学体系之中。

从学科调整和布局看，深圳市的需求和资源影响很重要，深圳市对本科和医学教育极为渴求，北京大学深圳研究生院申办本科和医学院既满足了当地社会经济的发展，又给自身组织发展创造了新的机遇。

（二）本科项目的筹划始末

2010 年左右，北京大学深圳研究生院向校本部申请开办本科，并详细汇报了招收本科生扩大北京大学深圳研究生院规模的意义：

一、招收本科生，有利于巩固北京大学深圳研究生院现有成果，保证可持续发展，能有效发挥现有教育科研资源，有利于吸引更多的优秀师资，也有利于学校开展各项活动，同时可以获得更多的市政府的资金支持，成为全额拨款单位。

二、招收本科生能为深圳市建设国际化创新型城市做贡献。深圳市是中国改革开放的标志，把深圳市建设国际化创新型城市是国家最近制定的发展战略。北京大学利用自己的品牌和师资为深圳市提供一所一流本科大学，是北京大学对国家战略的贡献。

三、为国家培养更多的人才，北京大学应该为国家培养更多高质量的本科生，而本部空间和资源有限，可在深圳校区实现为国家培养更多优秀本科生的任务。而且，深圳校区的专业都很前沿，都是国家未来最需要的。

四、高等教育培养复合型创新型人才改革试点，南方科技大学等在进行本科教育的改革创新，北京大学在这一方面是不应该落后的，我们完全有条件在这方面做出贡献，适应通才教育、尊重学生兴趣，培养复合型创新型人才。[①]

对于北京大学而言，本科是办学最核心的资源，北京大学本科每年在内地招生数一直在 2800 人左右，北京大学深圳研究生院希望能招收本科生完善其人才培养体系，并以此获得深圳市更多的资源投入。

对于办本科，深圳市一直持比较积极的态度。长期深耕深圳市教育管理的谢老师表示，北京大学来深圳市办本科是深圳市一贯的诉求，对深圳市的教育发展是一个跨越式的标志，对提升深圳市文化和教育质量有着不可估量的作用。

> 谢老师：对，深圳市一直非常希望，因为北京大学如果能在深圳市办本科，它是一个标志性的历史性事件，因为北京大学是中国最高最顶尖的一个学府，所以北京大学如果在这边办本科的话，那也就意味着首先对深圳市，对南中国办教育这个土壤的一个认可。

---

① 《北京大学深圳研究生院办学情况报告》，2011 年。

另外也标志着北京大学有一个宏大的发展新思路。你在燕园里面传承北京大学的一种传统的校园文化。在深圳市这边可能会开辟一种改革创新的新文化。所以我们是非常迫切地希望北京大学能够把这个事情定下来，尽快往前推。但是到目前为止，我们也发现北京大学是一直也在讨论，一直在研究，但是动作还是慢了一点。

我们希望能够快一些，能够尽快地启动招生。所以现在谈时间长了，领导也都疲了，领导也不像以前那么着急了。最早海校长给当时广东省委书记写了一封信，那个时候开始就谈这个事，甚至当时唐杰副市长，还带领我们一块去北京大学谈这个事情。后来副省长、省教育厅厅长一起去北京大学去谈这个事情。但是，那跑了几趟基本上是没有作用，周其凤校长我们当时也见了。周校长的意思就是说，离开了燕园那就不是北京大学。

问：他不太同意？

谢老师：对，不同意的。后来也就是林建华校长来了之后，他因为在这边做过北京大学深圳研究生院的院长，对这里还是有感情。另外一个，他从北京大学改革发展的角度上来说，觉得很有必要在这边搞一些实验创新的东西，所以就大力地推这个事情，我们也担心林校长退了之后，这个事情会不会更加艰难。但是随着决策的变化，随着情况发生的转变，没法判定这个事情走向是什么样的。北京大学新的校领导班子可能还顾不上这个事，又加上高松副校长也到华南理工大学去了，所以这老一拨的人都纷纷地离开这个事了，不知道下面会怎么做，现在深圳市的领导也换了一拨了。①

深圳市主要领导对于北京大学本科项目的落地态度积极，并极力推进。笔者在访谈海闻教授时，他说："2012 年时任深圳市的主要领导都非常支持北京大学在深圳办本科，考虑到北京大学深圳研究生院招收本

---

① 访谈谢老师，访谈编号 039，2018 年 11 月。

科生目标实现后，北京大学深圳研究生院将成为一所相对独立的校区，其研究生、博士生、博士后将与本科生一并纳入深圳市高等教育体系，这对深圳市的意义不亚于南方科技大学兴建。"同时，深圳市对于北京大学在深圳办本科相关的政策支持也进行了讨论：一是招收本科生后的相关教学、住宿政策；二是解决目前北京大学深圳研究生院教职员工与深圳市人事制度社会保障不挂钩问题；三是未来北京大学（深圳）作为一个独立校区，应由市校双重管理，在此基础上，北京大学（深圳）与深圳大学等市属高校享受同等待遇。

从深圳市领导和教育部门的访谈和资料来看，深圳市政府对北京大学深圳研究生院转型升级给予了高度的关注和支持。

北京大学校本部则对于北京大学深圳研究生院办本科，有着不同意见，反对声大。认为在北京大学深圳研究生院办本科会影响校本部的办学质量，进而影响到北京大学声誉。

> 柳老师：校本部也做过调查，学生反对北京大学深圳研究生院独立办学和招收本科生。因为大家担心如果那边也招本科生，会不会整个降低北京大学的办学质量，他们有这个顾虑，因为如果那边要办成个分校，然后也打北京大学的牌子，这北京大学深圳校区，会不会降低本科的质量。
>
> 问：主要担心办学质量？
>
> 柳老师：对，它的招生质量会不会下降，因为你势必要分名额过去。
>
> 问：分名额过去？
>
> 柳老师：对，不是这边分的名额，即便是那边的名额，会不会降低。这个大家反正是顾虑，也许不会，但是你要真的办好了，还要有待时日，我觉得这个是一个比较纠结的问题。①

---

① 访谈柳老师，访谈编号 027，2018 年 8 月。

此外，众多北京大学本部的教授认为，北京大学的本科离开了燕园，没有了北大文化，就不叫北京大学。

> 枚老师：所以为什么我们当时不同意招本科生，你北京大学准备派什么人去？怎么形成北京大学的校园文化？形成北京大学的传统？办出北京大学的水平？这个东西不是说说，不是说几个人就行，是有这么一个大的氛围。①

最重要的是，若北京大学深圳研究生院真正形成了本—硕—博的培养体系，可能会逐渐独立起来，形成真正的分校格局，对校本部而言，不但没有好处，反而培养了一个竞争对手。

> 姜老师：如果你觉得说我要考虑利益，那你做每一步都算对我本部有什么好处，如果你从这个角度，办一个分校是对你最没有好处的。第一，它一旦剥离你，什么都拿不到。第二个，它打着你北京大学的牌子，但招的人不是你的，它自己的学校，换句话说，你等于说我北京大学扶持了一个竞争对手。②

虽然校本部老师有着众多看法，但相比兄弟院校的发展，北京大学深圳研究生院当务之急是扩大规模、丰富发展内涵。2016 年北京大学和深圳市政府签署合作备忘录。明确北京大学深圳研究生院适时调整现有院系，逐步形成包括新建医学院和本科文理学院在内的、具有特色的综合性大学体系。条件成熟时向国家教育主管部门提出申请，探索以北京大学深圳校区的名义独立招生。备忘录签订后，北京大学官方网站公布了关于本科项目的具体设想："深圳校区的本科教育。将坚持小而精的原则。具体的教育模式和方案正在研究之中，但几项原则是确定的。

---

① 访谈枚老师，访谈编号 030，2018 年 8 月。
② 访谈姜老师，访谈编号 028，2018 年 8 月。

第一，应当是站在东西方文化之巅、融汇东西方智慧的国际化教育；第二，应当是学生更加自由自主，能够充分发挥学生内在动力和创造潜力的教育；第三，应当是根植深圳创新沃土、理论与实践有机结合的教育。"①

北京大学与深圳市签订备忘录，并在北京大学官方网站上进行了公布，但北京大学本部仍未达成一致意见。2017 年，北京大学召开学术委员会，明确了在深圳开办本科文理学院不设时间表，待条件成熟后再正式启动。在此次会议上，北京大学学术委员会对北京大学深圳研究生院开办本科进行了充分讨论，大部分委员持审慎和反对意见。有的代表认为北京大学举办深圳校区的"目标函数"不清楚，办学目的不明确。有的代表认为在深圳发展部分学科可以，但是办本科要谋定而动，且本科文理学院目前思路不清晰，不赞成仓促上马。也有代表质疑在深圳办本科，北京大学的办学理念和校园文化如何传承与体现。有的代表则认为本科文理学院的整体教学质量难以保证。少部分委员赞成本科项目的推动，同时建议立法支持本科项目建设，并在办学运转经费、政策支持、空间用地等资源保障上提出了许多要求。

2017 年，深圳市高自民副市长会见了北京大学代表团一行。双方对本科项目进行了再次沟通，深圳市表示主要领导高度重视高等教育，希望最好的大学能到深圳市办本科，北京大学则传达了教育部对于大学关注内涵式发展的要求，扩张式发展应该有节制。最后双方各退一步，招收本科生拟从港澳台学生和留学生做起，从做好港澳台青年工作的角度，北京大学配一些内地学生与海外学生结成"手拉手"对子，为长期保持港澳繁荣稳定、两岸和平统一作出贡献。

2018 年，北京大学深圳研究生院提出《关于进一步推进北京大学深圳校区发展的请示》，向北京大学汇报了北京大学深圳校区本科项目启动方案、进一步推进深圳健康科学研究院的建设工作以及校区选址和

---

① 《北京大学与深圳市签约共建北大深圳校区》，北京大学新闻网，2016 年 8 月 29 日，http://pkunews.pku.edu.cn/xwzh/2016-08/29/content_294767.htm，2018 年 3 月 2 日。

深圳市政府投资方面取得的工作进展等，目的是进一步推进北京大学深圳校区的建设工作和签约，但迟迟未能推动。

（三）汇丰商学院的强势崛起

这一阶段，海闻教授不再担任北京大学深圳研究生院的院长，全身心投入到汇丰商学院的办学之中。汇丰商学院是北京大学深圳研究生院中办学规模较大的学院，学生、老师多。每年招收的新生占北京大学深圳研究生院的三分之一左右，来自海外具有一流大学教育背景国际化的优秀学者纷纷加盟汇丰商学院，教师队伍数占北京大学深圳研究生院的三分之一。

1. 创办英国校区

2017 年，汇丰商学院购买了英国开放大学位于牛津市的校舍，创办汇丰商学院英国校区，这是中国大学首次在发达国家独立建设自有产权、自主管理、自授学位的办学实体机构。在北京大学 120 周年校庆之际，汇丰商学院英国校区举办了开学仪式，2018 年 9 月，汇丰商学院英国校区迎来了首批 7 位外籍新生。2018 年 3 月，汇丰商学院英国校区正式开课。48 名在读全日制硕士以及 MBA 硕士研究生在汇丰商学院英国校区开始春季学期的学习。2018 年秋季又有 33 名学生前往汇丰商学院英国校区交流学习。2019 年共有 62 名在读全日制硕士以及 MBA 硕士研究生在汇丰商学院英国校区学习交流。

截止到 2019 年 12 月，汇丰商学院英国校区共开设经济、金融、管理等方向共 20 门课程，安排讲座、圆桌讨论、课外实践等多元化活动，建立了规范有效、极具特色的教学培养体系。对汇丰商学院英国校区的发展，国内外知名媒体《纽约时报》《华尔街日报》等纷纷转载及评论，汇丰商学院知名度在国际上迅速提升，汇丰商学院设立英国校区具有重要意义。

第一，增强中国学术研究与高等教育的国际影响力，在西方主流社会里培养北京大学校友。提升中国对西方发达国家的教育出口能力，在西方直接提供具有"北京大学"价值的中国研究生教育，在经济、金融和企业管理等重要领域培养国际人才，加强中国和"北京大学"在国际精英教育品牌中的影响力。

第二，加强中国与英国及欧盟学术界在经济金融及工商管理方面的合作与交流。利用牛津地区的优质学术资源，开展由汇丰商学院引领的经济金融管理领域特别是与中国相关方面的研究，加强北京大学对中国经济问题的国际话语权和学术影响力，为国内经济政策提供具有国际视野的研究和建议。

第三，增强英国和欧盟工商界对中国的了解，推动双边经贸合作。通过在当地开设短期高层培训课程，使英国和欧洲企业家和专业人士更准确地了解中国经济发展及金融市场变化，促进中英和中欧双边的经济、金融、生产、贸易等方面的合作。

第四，增强中国企业家对英国和欧盟的了解，推动中国企业的国际化发展。通过到汇丰商学院英国校区短期培训的机会，为国内企业家和专业人士提供一个有效学习以及与欧洲企业家和金融机构交流的平台，更准确地了解西方经济发展及金融市场的变化，有利于中国企业的国际化发展。

第五，培养北京大学学生的国际学术交流及发展能力。为汇丰商学院国内招录的学生提供到英国牛津、剑桥等大学学习交流的机会，使中国学生的知识结构更具多元文化背景，更具有国际发展的能力。

第六，促进深圳市创新能力的发展。利用牛津教研平台，更加有效地促进牛津大学及英国创新资源与深圳市发展机会及资本的整合，为深圳市创新发展注入新的国际优质资源及动力，进一步推动深圳市的创新活动。

2. 通过国际认证

2018 年 8 月，AACSB 正式宣布汇丰商学院通过 AACSB 认证，这意味着学院在教育质量、学科发展、传承创新及社会影响等各方面得到 AACSB 的认可，跻身世界一流商学院行列，全世界 16000 多所授予商学学位的学院中，仅有不超过 5% 的学院取得了这项精英认证。同年 10

月，汇丰商学院经济学硕士项目年度报告通过欧洲管理发展委员会（EFMD）审核，经济学硕士项目再次获得 EPAS 认证，这是继 2011 年、2014 年以后第三次获得 EPAS 认证。

2019 年 5 月，英国工商管理硕士协会正式宣布汇丰商学院通过 AMBA 认证，获得五年最高认证期限，AMBA 的认证全球仅有排名前 2% 的顶尖商学院获得。MBA、EMBA 项目在教学质量、学生培养、办学体系等获得国际认可。

通过国际认证，汇丰商学院进一步打开国内外市场，学生招收的来源更为广泛，质量显著提高。在 2019 年的全日制学生招收中，2532 名考生竞争 296 个就读名额，录取比例为 11.7%。在 2020 年的招生申请中，汇丰商学院从 1808 名申请免试推研的本科生中录取了 195 名，录取比例为 10.8%。港澳台与国外学生的申请数也逐年攀升。

3. 国际合作办学

2017 年 6 月，诺贝尔经济学奖得主托马斯·萨金特教授受聘为汇丰商学院名誉教授，正式成立北京大学汇丰商学院萨金特数量经济与金融研究所，启动数量经济学博士的培养与教学工作。2019 年 9 月，英国剑桥大学常务副校长马克·韦兰爵士与嘉治商学院院长克里斯托夫·洛克教授访问汇丰商学院，双方围绕未来的创新合作进行探讨和交流。2019 年 12 月，汇丰商学院与剑桥大学嘉治商学院正式启动合作高管教育项目。2020 年，合作高管教育项目将率先推出《企业创新能力提升》（Making Innovation Happen）和《全球化中的企业战略创新与转型》（International Strategic Management）课程。汇丰商学院全日制的学生，可以申请就读剑桥大学的管理学硕士或者科技政策硕士。汇丰商学院的留学生数不断提高，2019 年汇丰商学院共招收 42 个国家和地区的 113 名留学生，接收 44 个国际合作院校的 108 名国际交换生，留学生规模大、覆盖范围广，国际化办学程度高。

经过数年努力，汇丰商学院于 2017 年成立了学术委员会，学术委员会的成立对师资队伍和学科建设与发展起到了推动作用。

办学的第三阶段，汇丰商学院在北京大学深圳研究生院的体系中显得更加独立。为什么这一阶段汇丰商学院取得了众多成果而且显得更加独立呢？究其原因：

一是汇丰商学院办学经费充足。汇丰商学院虽然创建之初仅有100万元的启动资金，但深圳市是改革开放的热土，在这里诞生了很多知名的民营企业，商业氛围浓厚，众多企业的中高层需要进一步学习进修，而汇丰商学院给了他们很好的机会。办学有广阔的市场需求，可以获得较好的经济收益。

二是汇丰商学院的组织结构扁平化。分为几大项目板块，如 MBA、全日制硕士、EMBA、EDP 等，每个项目均由汇丰商学院院领导担任负责人，能快速适应市场，调动各方资源，每个项目特色突出，成果显著。

> 汇丰商学院的 MBA 和 EMBA 项目虽然起步较晚，但是理念超前，以质取胜，成为汇丰商学院的特色之一。这些年，MBA 项目培养深圳地区职业经理人 190 余人，其中 20%—30% 来自金融行业，其次为 IT 行业。从 2013 年起，EMBA 项目培养的学生皆为民营企业家，尤其是深圳市本土的企业家（占到学生总数的 70%）。2015 年至今，在汇丰商学院 EMBA 就读期间企业成功上市的就有 12 家。EDP 项目从开办以来，累计培养了近两万名学员，为深圳市培养了 9000 多名企业家。[①]

三是汇丰商学院专业扎根深圳市市场。商学院一般创办于国际化大都市，深圳市经济总量位于中国大城市前三。2004 年创办的深圳商学院是深圳市本土的第一所商学院。商学院的专业特征明显，由于是专业学院，教育以应用和学生的职业发展密切相关，同时市场价值高，与社

---

① 吴吉：《他们为深圳培养九千企业家》，《深圳商报》2016 年 12 月 5 日第 A07 版，http://szsb. sznews. com/html/2016 – 12/05/content_ 3678958. htm，2019 年 1 月 2 日。

会互动密切。深圳市经济社会的发展对于商科专业的人才需求极大，同时市场竞争化的环境对于企业家及商业管理类人才的继续教育需求旺盛，汇丰商学院的专业发展扎根于深圳市创新创业和高度市场化的环境，有利于迅速发展。

> 世界上实力最强的商学院，如哈佛商学院、沃顿商学院、伦敦商学院等，都在欧美等发达国家的发达地区，随着中国经济的发展繁荣，20世纪90年代中后期，商学院的模式开始引入国内，到2004年，北京、上海已经各自拥有了长江、中欧等多所商学院，而深圳市竟然一所都没有。深圳市的地理位置是巨大优势，北连珠三角，南接东方明珠香港，这个大区域是中国经济最具活力、最繁荣的地区，聚集了大量优秀的大中小企业，仅在深圳市就有华为、中兴通讯、招商银行等，商业活动十分发达，这些都有利于商学院发展。①

从资源依赖理论的角度来看，组织内子单元在组织内部的权力地位是由他们从组织外部获取关键性和稀缺性资源多少决定的。当子单元从外部环境中为组织赢得了越多的关键和稀缺资源，那么子单元在组织内部的影响力和权力会随之变大，在这种情况下，组织在新一轮内部资源分配中，会进一步向这些具有影响力、权力大的子单元倾斜资源，从而导致这些子单元不断变强的循环。

在北京大学深圳研究生院，汇丰商学院作为子单元从外部市场环境中为组织赢得了关键和稀缺资源，如资金、名额、声誉等，它在北京大学深圳研究生院的权力和影响越来越大，组织在内部资源分配的时候，又会倾向于这些权力大的子单元，汇丰商学院在北京大学深圳研究生院的体系中更加强大。

---

① 沈清华：《汇丰商学院：改革开放前沿的商界军校》，中信出版社2014年版，第14页。

（四）国际法学院、人文社会科学学院的没落

在北京大学深圳研究生院办学的第三阶段，相对于汇丰商学院的强势崛起，其他文科学院发展则显得没落。一是在差异化发展阶段创办的国际法学院发展停滞，二是人文社会科学学院所有专业撤离。

国际法学院发展受到冲击主要是两方面，一是不能进行 ABA 认证。二是国际法学院灵魂管理人物的离开，导致了国际法学院在第三阶段优秀师资缺失。国际法学院在第一阶段冲击 ABA 认证时，引进了大量的外籍访问学者，但这些师资资源并不固定。国际法学院仅有 9 位常驻预聘制教师和 3 位合同制教师。相较于国际法学院的师资规划，教师缺口是 13 名，目前的教师人数甚至不能满足基本的培养方案，相当一部分课程需要依赖短期访问学者。此外，由于教室空间的限制和互动式教学方式的限制，每届学生规模突破 115 人后必须实行分班，这也产生了对常驻师资的需求。同时，国际法学院希望招收更多的常驻师资，但实际运行经费不足。由于外籍师资占比高，经费开销大，国际法学院也未建立培训项目，从市场上争取资源，办学经费连年赤字，加上深圳市的专项经费支持停止，国际法学院既难以从校本部获取相应资源，也难以从深圳市政府、市场获取资源，国际法学院面临发展困境。

人文社会科学学院的没落，主要原因是与校本部院系合作的三个专业纷纷撤回校本部，人文社会科学学院只留下一个空壳。人文社会科学学院是唯一保留和校本部院系合作办学的学院，合作通过合同进行明确。在访谈过程中，江老师认为该学院采取与校本部院系合作的方式有其自身学科和经费的考虑。

文科和理工科不太一样，理工科的东西它有客观性。说白了我这个成果出来就是我的，但是文科不是说白了同样一本书同样的一个课，你是不是正宗北京大学的，别人对你的认可是有差别的。如果在这边招一些别的人打着北京大学的旗号，人家就认为你不正宗，所以刚开始我们的口号是不搞第二品牌。后来就是说相对独

立、差异化概念占了上风，但是人文这块来说是一直很难落实的事。你要是想独立办，因为人家来就是认你北京大学人文的品牌，如果你独立了以后人家还认不认。还有从文科的整个收入各方面来说，它也不足以养一个独立团队，文科的收费和你的项目没法养。你要是养一个独立团队，太低了水平不行，高了绝对养不起，这其实都是悖论。北京大学人文本部过来品牌效果上大家认为是正宗，因为人家来深圳市，学生总觉得自己是二流。他本来就有这个心理，觉得不是真北京大学，如果老师是自己聘的，不是原班人马那就更难有认同。①

我当时提过方案，我说怎么弄？咱们招人吗？我也物色人了，真招人了也有制度性障碍，我这里所有学生，走的通道都是校本部的，你招的人做教学计划，校本部根本无法纳入，因为你招的人不是校本部院系的老师，就无法把你纳到这个课程体系里，走不通。②

人文社会科学学院没有足够的办学经费进行差异化发展，同时师资资源等又完全依托校本部院系，没有稳定的师资队伍，办学主导权掌握在校本部相关院系手中，人文学科在深圳市场上也难以获得可供持续发展的资源，不稳定的办学资源投入导致人文社会科学学院的心理学、社会学、传播学三个专业纷纷撤离，人文社会科学学院发展停摆，招生培养暂停。

第三阶段，国际法学院、人文社会科学学院既没有得到可供依赖的校本部学科资源，也没有从深圳市和市场上获得可供发展的经费资源，在办学主体资源投入缺失下，又难以找到替代性资源，自主办学难度增大，发展陷入困境。

---

① 访谈江老师，访谈编号006，2017年4月。
② 访谈江老师，访谈编号006，2017年4月。

（五）健康科学研究院升级调整为深圳湾实验室

1. 深圳健康科学研究院的创建

2016 年 8 月 29 日，北京大学与深圳市政府签署了关于合作举办校区的备忘录，明确北京大学要全力推动"深圳健康科学研究院"的筹建，汇聚海内外杰出人才，促进深圳市健康产业的发展。备忘录签署之后，深圳健康科学研究院获得批准，按深圳市基础研究机构筹建，2018 年 10 月，深圳健康科学研究院注册为其他组织利用国有资产举办的事业法人。深圳市先前建设的广东基因与健康实验室，2017 年通过了广东省科技厅论证，但该实验室的目标、规模和研究领域与深圳健康科学研究院高度相似，北京大学与深圳市认为可以借助广东省省实验室的平台，将深圳健康科学研究院做大做强。

在深圳健康科学研究院的建设过程中，明确了整体建设规划：

一是与国家重大战略目标和深圳市的发展需求相结合。深圳健康科学研究院要做先进性，有实质科学突破，实用性，解决大学和企业不能解决的生物医学领域的重大基础科学问题。

二是与人才引进培养体制改革相结合。深圳健康科学研究院用更新的制度和优厚的科研环境汇聚英才，让国际一流人才在深圳市扎根，同时培养本土人才，配合深圳市人才强市战略。

三是与大科学多学科协同创新相结合。深圳健康科学研究院将实行理事会领导的院长负责制，由深圳市与北京大学共同组建理事会，确定深圳健康科学研究院的方向、章程和领导机构，由北京大学领衔，联合若干优势领域的高等院校、科研机构及行业龙头企业参与共建，吸引全国乃至全球相关优势力量参与协同创新。

四是与深圳市现有优势相结合。深圳健康科学研究院将着眼发展、超前布局、充分发挥和彰显深圳市的体制机制和创新优势，推动跨界融合，不同学科领域交叉，围绕深圳市在互联网、基因检测与分析、生物制药、医疗器械、生命信息等领域的优势，开展源头创新与基础研究，力争实现技术突破，推动应用转化。

五是与深化国际合作相结合。发挥得天独厚的地缘优势，形成多层次全方位的资源整合，探索科技人员、资金、信息等创新要素相互自由流动。要与国际国内一流的大学及研究机构合作。同时，以北京大学国际影响力和深圳健康科学研究院优势科研平台吸引国际一流科研团队来深圳市合作研究。

六是与密切区域合作相结合。充分发挥粤港澳大湾区重大科技基础设施集中建设优势，区域协同，探索理论突破，推动技术突破。利用香港国际知名大学的科研团队及平台条件，加强合作交流，推进科技资源平台结网式发展，进一步形成粤港澳大湾区区域优势。

深圳健康科学研究院建设目标是国家实验室。建设方案明确提出：在深圳市建设世界一流的生命与健康科学研究机构，聚集国际一流科学人才，长期产出原创性、具有国际重大影响力、提升深圳市国际大都市地位、支持高技术发展的科研成果；科研教学相结合，深圳健康科学研究院与深圳市高校密切协同，提升深圳市高等教育水平、扩大深圳市高等教育资源，持续性培养高素质的研究生和本科生；科学研究与医疗紧密合作，提升深圳市医疗水平，攻克医疗难关，造福深圳市乃至世界人民；为深圳市发展提供长期的科学技术基础，贡献于深圳市经济；探索建设全新的科研体系，并形成改革示范作用。

深圳健康科学研究院的建设期为2019—2024年，建设期规划总投入约29.9亿元。其中：北京大学—斯克里普斯转化医学研究所12亿元、北京大学—普林斯顿大学联合研究中心0.9亿元、北京大学—辉瑞联合研究中心5亿元、基础生物学研究所4亿元、系统生物学研究所2.5亿元、精准医学研究所3亿元、医学工程研究所2.5亿元。[①]

深圳市对建设深圳健康科学研究院投入巨大，该研究院配合深圳市在生物医学产业上的规划，结合深圳市已经创建或计划创建的新型基础研究机构，在夯实深圳市生物医学产业的研发基础上以创新链带动产业

---

① 《深圳健康科学研究院建设方案》，2018年。

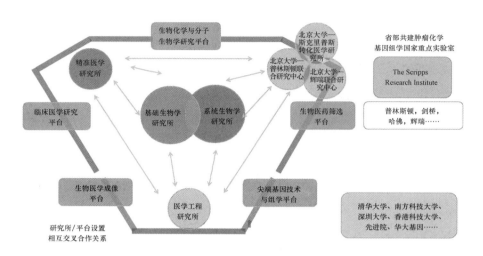

图 4 – 5　深圳健康科学研究院平台研究所相互交叉合作关系

资料来源：深圳健康科学研究院建设方案。

链，进而推动深圳市生物医学领域的发展。深圳健康科学研究院是市校备忘录签署之后推动最为顺利的项目，究其原因：

一是深圳市政府在政策上给予了大力支持。2017 年深圳市出台《关于印发加快深圳国际科技产业创新中心建设总体方案和十大行动计划建设实施方案的通知》，该通知明确了深圳市要突出引领创新、开放创新和制度创新，建成创新能力卓越、创新经济领先、创新生态一流的国际科技产业创新中心。其中重点瞄准世界一流科技前沿，建成一批国际一流的高校、科研机构，布局一批重大科技基础设置，聚集一批国际顶尖创新人才，掌握一批关键核心技术，实现向引领式创新跃升，打造具有强大辐射带动作用的区域创新中心。[①] 深圳健康科学研究院的建设与深圳国际科技产业创新中心的建设方案密切相关。

二是生命产业环境的需要。生命科学是最有可能引导新一轮科技革命的先导学科，是发展的前沿科学领域。深圳市的产业环境的优势在于

---

① 《加快深圳国际科技产业创新中心建设总体方案》，2017 年。

电子产业和信息技术，但城市经济产业不断发展的需求，要求抢占生物医学产业发展的高地，建立完善的科技生态系统，包括建立与国家总体战略相匹配的国际实验室。

三是北京大学的资源投入。北京大学作为国内生物医学领域最先进和完备的研究人才、研究机构以及教育资源的汇聚地，有能力将生物医学领域相关的资源进行整合。

2. 深圳健康科学研究院更名为深圳湾实验室

2019 年 2 月，北京大学深圳研究生院应深圳市科技创新委员会要求，变更深圳健康科学研究院名称为"深圳湾实验室"，并新增举办单位为"深圳市科技创新委员会"和"北京大学深圳研究生院"，以更好的整合深圳市以及粤港澳地区的相关单位参与省实验室建设。

深圳健康科学研究院原本是属于 2016 年签署的《北京大学 深圳市人民政府关于合作举办北京大学深圳校区备忘录》中未来校区规划框架的一个重要部分，但由于协议迟迟未能签订，深圳市又布局未来生命科学、生物医药领域，需要冲击国家级重点实验室，利用北京大学深圳研究生院化学基因组国家重点实验室的相关资源，首先承建广东省重点实验室，并将深圳健康科学研究院的组织结构进行调整，科技创新委员会作为共同举办单位之一，预算由原来深圳健康科学研究院的 30 亿元增长到深圳湾实验室 130 亿元（其中直属机构深圳健康科学院 30 亿—80 亿元），期待该实验室能整合深圳市相关领域具有研究基础和应用优势的单位共同建设，冲击建设国家级重点实验室。在深圳湾实验室的最新简介中，明确深圳湾实验室（生命信息与生物医药广东省实验室）是广东省委、省政府以培育创新国家实验室、打造国家实验室"预备队"为目标主导启动的第二批广东省实验室之一。实验室将协同深圳市以及中国香港和中国澳门相关领域具有研究基础和应用优势的单位共建。

深圳健康科学研究院升级调整为深圳湾实验室后，可以从深圳市的层面协同粤港澳大湾区相关领域的资源，同时获得更多的资源投入。说明了深圳研究生院重点发展的化学生物学科，与深圳市重点支持的生命科学领域的研究，在发展创新型和预见性学科研究方面高度契合，使得健康科学研究成为深圳市重点支持的对象。同时，由于深圳市政府负责资金和政策的制定，深圳湾实验室的组织责任由北京大学深圳研究生院逐步向深圳市政府转移，深圳市政府在运行发展过程中的话语权更大。从资源依赖理论的视角出发，这也是北京大学深圳研究生院自主选择和发展的结果。

五 招生培养：独立招生为主

2014 年之后，北京大学深圳研究生院除个别专业依靠校本部进行招生外，基本实现独立招生。2017 年起，北京大学深圳研究生院的硕士招生全部实现了独立招生，北京大学深圳研究生院的部分学院如汇丰商学院的生源供不应求，生源广、质量好。特别是 MBA 等与深圳市商业市场结合紧密的专业缺口巨大。

表 4-6　　北京大学深圳研究生院 2014—2018 年独立招生名额　　单位：人

年份	硕士招生	独立招生
2014	886	847
2015	904	865
2016	888	849
2017	1046	1046
2018	1168	1168

资料来源：北京大学深圳研究生院数据信息册。

2014 年，北京大学战略研讨会对北京大学深圳研究生院的战略发展进行了集中讨论，学位评定工作是会议的重要议题之一。2015 年 1 月决定设置北京大学深圳研究生院专业学位分委员会，协助校学位评定委员做好北京大学深圳研究生院有关专业学位的学位授予、导师资格及培养方案审议等方面事宜，科学学位的相关事宜仍需委托校本部相关分会进行。北京大学深圳研究生院专业学位分会成立后，印发了专业学位分会职责及议事规则。

> 北京大学深圳研究生院专业学位分会协助北京大学校学位评定委员会工作。具体负责审查并提出专业硕士、专业博士学位授予建议名单，审查并建议增加或撤销专业学位招生授权，负责遴选专业学位研究生指导教师，审查并批准专业学位研究生指导教师招生资格，负责组织北京大学深圳研究生院专业学位学科建设、评估及其他相关工作，审查并批准专业学位研究生培养方案，审查专业学位论文评阅人和论文答辩委员会成员名单，研究提出专业学位与研究生教育工作中有争议的问题的处理意见。[①]

北京大学深圳研究生院建立专业学位分会后，国际法学院、汇丰商学院等学院专业学位学科的建设和人才培养的自主权进一步增强，一揽子解决了专业学位的建设和评审工作，北京大学对深圳研究生院专业学位评定权力逐步下移。

六　师资力量：与本部 Tenure Track 并轨

2014 年，北京大学发布《教学科研职位分系列管理规定》，明确教研系列教师实行无固定期限预聘制（Tenure Track）方式管理。2018年，北京大学决定持续实施人才强校战略，进一步加强人才队伍建设，大力提升人才队伍质量，优化人才队伍结构，对教学科研职位实行分系列管理。规定之初教研系列职位按照无固定期限预聘制（Tenure Track）方式管理，教学系列和研究技术系列职位的管理按照事业单位合同聘任制的有关规定执行，强调合同聘期管理与考核要求。

北京大学深圳研究生院积极响应北京大学的规定要求，开展 Tenure

---

① 《北京大学深圳研究生院专业学位分会职责与议事规则》，2015 年。

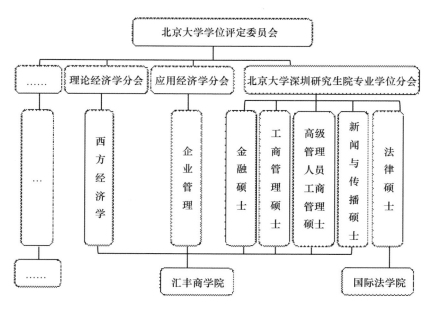

图 4 - 6 北京大学深圳研究生院学术评定路径图

资料来源：北京大学深圳研究生院总结汇报。

Track 评估，希望借此契机与校本部接轨，获得北京大学对教师评估的认定。2018 年北京大学深圳研究生院出台了《教研职位管理操作办法》，明确了改革后教研职位（Tenure Track）的管理以及老体制教师聘任新体制职位和新晋教研系列教师管理等。启动新老人事制度转换评估的初衷在于加强师资力量、盘活存量、引育并举，同时增强教师的身份获得感。

但在与校本部 Tenure Track 并轨的人事制度实施过程中也出现了相应问题。主要集中在早期获得北京大学深圳研究生院 Tenure Track 评估的教授在校本部新体系中不被认可。北京大学深圳研究生院的化学生物学与生物技术学院在校本部未采取人事制度改革之前，就率先进行了 Tenure Track 方式管理，2015 年对 4 位已到聘期的教师进行了评估，按照化学生物学与生物技术学院特别评估委员会——北京大学深圳研究生院学术委员会——党政联席会的流程完成了评估，北京大学深圳研究生院认定其中 3 位教师达到长聘考核标准，但评估材料并未被校本部人才评估小组受理认可，只是拿到了北京大学深圳研究生院"Tenure Track"的内部粮票。这一历史遗留的评定问题未能解决，在北京大学深圳研究生院呈报给北京大学校领导的请示材料中，北京大学深圳研究生院急切盼望推动人事体制并轨改革。

按照校本部《北京大学教师教学科研职位分系列管理规定》及实施细则系列文件，北京大学深圳研究生院推动了教师纳入新体制分系列管理（教研、教学、科研）的人事制度改革。依据规定，教研系列职位按照预聘制（Tenure Track）方式管理，评估、职务晋升程序需经学校人才评估专家小组负责学校层面的评审。但目前存在北京大学深圳研究生院教研教师 Tenure 评估材料不被校本部受理报送学校人才评估专家小组评审的问题，也导致北京大学深圳研究生院教研教师无法获得校本部任职资格认定（职称认定）。

如作为北京大学深圳研究生院 Tenure Track 模式先行的院系，化学生物学与生物技术学院白潮、武天、袁明三位老师（获北京大学百人计划）于 2015 年已进行了 Tenure 评估，但目前材料仍无法报送学校人才评估专家小组进行评审。由于三位老师入职即界定为新体制教师未能参加校本部老体制教师的职称评审，目前无校本部认定的职务任职资格证明文件，以致在项目申报、人才认定等诸多方面无法提供相应的职称证书（如武天、袁明因无校本部职称证书，现在深圳市事业编制系统中仍为助理教授职务）。

随着人事制度改革的推进，以后教研系列教师全部纳入新体制（Tenure Track）进行管理，如果校本部不受理北京大学深圳研究生院新体制教师的职务评审与认定，将使北京大学深圳研究生院的教研教师人事制度改革无法实质开展，也严重影响到教研教师职务晋升的最终确认，盼望校领导予以重视并解决。①

经过与北京大学本部的请示沟通，从 2019 年起，北京大学深圳研究生院与校本部在引进新体制、老体制转新体制以及 Tenure Track 的评估方面进行了有效对接，被 Tenure Track 评估通过而引进的教师能够获得北京大学博导资格的认定。

借助北京大学人事制度改革契机，北京大学深圳研究生院积极推进人事制度改革，有效解决了引进人才的身份认同和博士生导师资源问题，提升了师资水平，强化了队伍建设。从资源依赖理论的角度出发，北京大学深圳研究生院主动寻求与校本部 Tenure Track 并轨的人事改革，是利用校本部人事规则强化师资资源的自主行动。

第四节　竞争徘徊发展办学阶段下的问题

从 2014 年起北京大学深圳研究生院基本转为独立招生，教师也基本上以自聘为主。北京大学深圳研究生院的日常运转和学生培养等工作已基本能够独立运转了。但北京大学深圳研究生院需要扩大发展，在深圳市高等教育竞争环境下借助北京大学校本部的资源，与深圳市深化合作事宜，以此获得深圳市更多的资源投入。但 2016 年签署合作备忘录之后并未有新动作。究其原因，在升级校区过程中，北京大学深圳研究生院的战略发展上升为深圳市与北京大学层面的合作，只能依靠北京大学的办学资源去交换深圳市资金及土地等资源的投入。

同样，北京大学深圳研究生院很多制约性的问题仍然没有解决，其中办学经费和与校本部关系问题的矛盾尤为突出。第三阶段深圳市投入到其他高校的财政经费增多，而对北京大学深圳研究生院的投入基本没变，北京大学深圳研究生院原本期待通过升级校区系统性地解决财务问题，但

---

① 《深圳研究生院人事制度并轨事项说明》，2018 年。

2016 年签订的《北京大学 深圳市人民政府关于合作举办北京大学深圳校区备忘录》仍未落地，北京大学深圳研究生院深受财务困扰。校本部到底管哪些事没有进行具体的明确，有时北京大学深圳研究生院党政联席会决定的事情校本部领导知晓后又重新讨论或推翻，管理体制不顺。

一　问题一：领导层稳定性不足

从第三阶段可以看出，北京大学深圳研究生院的外部环境发生了巨大变化。在对待支持异地办学的发展上，深圳市引入竞争机制，深圳市市场经济发育充分，市场化、投入与产出、成本与效益在深圳市深入人心。北京大学深圳研究生院要成为市场文化环境中的一部分，办学发展的资源获取才有合法性基础。

竞争性的环境凸显，北京大学深圳研究生院亟须通过升级校区促成组织进一步的发展。但是这一阶段北京大学深圳研究生院领导频繁更换，海闻院长由于年龄问题卸任，陈十一院长调任南方科技大学校长，吴云东院长任期一届，詹启敏院长接任。领导层稳定性不足，导致政策和管理连贯性缺失，加之深圳市高等教育飞速发展和兄弟院校的迅速崛起，北京大学深圳研究生院面临的竞争压力越来越大。在北京大学深圳研究生院工作了十多年的古老师认为：领导人更换频繁，政策制度不能一以贯之，难以办好学校。

> 古老师：换一个院长就调整一下，学校怎么可能好呢。我们这才十几年，三天两头换院长，北京大学深圳研究院你要搞得好才怪呢，一个草创的单位你能不能给我稳定十年啊？[①]

二　问题二：资金问题凸显

海闻院长在卸任公开信中指出：

[①]　访谈古老师，访谈编号 026，2019 年 10 月。

担任院长的五年里，为了北京大学深圳研究生院的长远发展，我一直试图解决稳定的经费来源问题。深圳市认为，北京大学深圳研究生院是北京大学和深圳市合办的，应该各出一半的办学经费，所以他们只是给我们差额拨款。由于我们学生人数少，每年的固定拨款只有6000多万元。对于北京大学深圳研究生院这样一个研究型但规模不大的一流大学来说，这点钱是远远不够的。首先，规模小，人均固定成本就很大。其次，要招收优秀学生，要给大量的奖学金。要招聘优质师资，待遇也不能低。由于北京大学深圳研究生院远离北京主校区，吸引同样水平的老师或学生，我们要付出更高的成本！近年来，作为北京大学深圳研究生院院长兼商学院院长，深知财务问题的重要，为了北京大学深圳研究生院的发展，我亲自抓培训和通过各种渠道（包括深圳市政府）筹资，才保证了这些年预算基本平衡。但这种状况是不可持续的。因此，我一直希望在我卸任前能找到一个根本的解决办法。

在海闻院长卸任后的四年里，经费来源问题依然突出，以2018年为例，北京大学深圳研究生院的收入6.8亿元。其中稳定的收入为生均拨款9800万元，其他均为科研、培训、学费等收入。此外，由于学生学费标准调低，每年新入学全日制学费每年减少2000万元。由于办学体量的增加，运行成本逐年增加，仅支出教职工薪酬一项就达1.7亿元，财务状况连年吃紧，难以维持办学。

第三阶段北京大学深圳研究生院的定位、经费问题、名额扩招、与校本部的关系和校区升格发展等问题仍没有得到解决，发展进入慢车道。

从资源依赖理论的视角来看，组织的资源来自于所依赖的外部环境，组织不是孤立存在的，只有将组织置于相关的环境中，获取、吸收以及转化资源，使组织与外部环境紧密相连，形成相互依赖依存的网络。[①] 这

---

① 马迎贤：《资源依赖理论的发展和贡献评析》，《甘肃社会科学》2005年第1期。

一阶段北京大学深圳研究生院在深圳市成长发展，依赖于深圳市高等教育外部环境，这个环境在此阶段发生了大的变化，深圳市高等教育体系不再只是单一和孤立的几所学校，既有深圳大学、南方科技大学等由深圳市举办的高校，也有清华大学、中山大学与深圳市合作办学的异地校区，还有香港中文大学（深圳）、天津大学佐治亚理工深圳学院等中外（深港）合作的高校，高等教育体系得以完善，竞争激烈。由于竞争者的增加，北京大学深圳研究生院需要加大争取资源力度，保持在深圳市高等教育体系中的地位和作用，但深圳市提供的办学资源有限，不能很好地支持和满足北京大学深圳研究生院的转型与发展，主观上希望通过北京大学争取深圳市的资源，但北京大学与深圳市双方并未达成一致意见，合作备忘录签订后协议未能落实，导致第三阶段北京大学深圳研究生院在徘徊中发展。

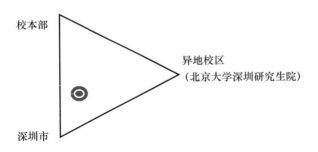

图 4-7　北京大学深圳研究生院第三阶段发展模型

资料来源：作者自行整理所得。

第五节　小结

关注环境的变化对理解组织尤为重要，组织的生存和兴旺不是通过单纯的内部调整就能够实现的。处理和管理环境与组织绩效具有同等重要的作用。这一阶段北京大学深圳研究生院面临的外部环境发生了巨大变化，2016 年 10 月，深圳市委市政府出台《关于加快高等教育发展的若干意见》，确定了深圳市下一步发展高等教育的总体目标、基本思路和主要举措。未来 10 年，深圳市将重点建设一批高水平大学、实施一流学科培育计划、引进和培育高水平师资、与境外著名高校共建特色学院、打造世界一流高职教育等诸方面进行积极探索。在此阶段，深圳市对高等教育的布局更加制度化、体系化，初步形成了以本科教育和研究生教育并重的研究型大学，以教学为主的一般高等院校和以培养应用型人才为主的专科学校、职业技术学院等多层次并重的高等教育体系。

这一阶段深圳市的市属高校深圳大学、南方科技大学发展迅速。南方科技大学 2019 年被泰晤士高等教育亚洲排名为中国内地高校第 10 名，亚洲第 41 名。在《自然》增刊发布的"自然指数 2018 上升之星"中，南方科技大学排名第 4。在 ESI 排名中，南方科技大学化学、材料科学两个学科仅用 6 年时间，就进入了 ESI 全球排名前 1%。而深圳大学也在 2019 年泰晤士高等教育亚洲排名中位列中国内地高校第 28 名，亚洲第 113 名。深圳市自办高校的教育水平和质量不断提升。同时，对于异地合作办学的层次转向本科教育，同时彰显国际化。哈尔滨工业大学深圳研究生院转型升级为哈尔滨工业大学（深圳），重点开展本科生培养条件和培养能力的建设。中山大学·深圳决定构建文、理、医、工相对齐全的学科体系和本、硕、博完整的培养体系，力求若干学科水平居于国内、国际前列。中外合作办学在此阶段引进建立了香港中文大学（深圳）、北理莫斯科大学等。这些学校的建设和发展均得到深圳市资金、土地资源的大力投入。

北京大学深圳研究生院在此阶段感受到了外部高校竞争的压力和深圳市支持高等教育发展资源的动力，积极推动北京大学筹建深圳校区，以期获得深圳市更多的办学资源投入和更大的办学自主权。这也体现了资源依赖所阐述的组织并不是被动的应激对象，面对环境，组织会主动和积极地适应，是具有能动性的有机体。

虽然北京大学与深圳市 2016 年签署了共建北京大学深圳校区的备忘录，但北京大学深圳研究生院的校区升级之路并不容易。究其原因，北京大学深圳研究生院升级为校区需要招收本科生，北京大学深圳研究生院对于校本部存在绝对依赖，升级的重要资源来自于校本部，同时该资源是交换深圳市政府投入资金和土地资源的重要筹码，北京大学本科项目的替代性几乎没有。同时，北京大学对深圳研究生院升格校区考虑众多。担心主要来自两个方面：一是担心本科生项目在北京大学深圳研究生院的质量不济，影响大学声誉。二是担心北京大学深圳研究生院独立发展后不受控制。这也是校本部控制北京大学深圳研究生院升格校区的关键因素。

北京大学深圳研究生院在第三阶段形成了分化的局面。汇丰商学院在强有力领导的带领下，从国内外市场上争取资源，通过国际认证不断自主发展。原属校区框架下的深圳健康科学研究院依赖深圳市提供的资源迅速升级转型为深圳湾实验室，目标瞄准国家实验室。而国际法学院和人文社会科学学院既无法获得校本部资源，又难以从深圳市争取资源，自主发展乏力。

第五章　异地办学校区发展的制度障碍

第一节　国家顶层制度设计

教育部历来对异地办学持慎重态度。2001 年，国务院副总理李岚清在第三次全国高校后勤社会化改革工作会议上提出：高校的规模要与师资和办学条件相适应。经过连续三年的扩招，高校学生人数大幅度增长，受到人民群众的欢迎。一些高校的确还有扩招潜力，今后我们还要根据需要和可能适当扩招，但是，高校的规模不能无限制地扩大，要核定高校的规模。高校要对教育资源进行优化配置，充分利用社会资源发展教育。对于买地搞异地办学，扩大规模，要特别慎重。建大学城要充分考虑客观需要和现实可能性，量力而行。①

2002 年教育部确定了若干项重点调研课题，其中包括学生公寓化管理、网络管理、大学城、并校、分校或异地办学引发的办学秩序问题与学生思想教育工作对策等，异地办学的问题也纳入国家教育政策考量之中。2005 年教育部的工作要点第七条：坚持以人为本，切实解决人民群众关心的热点问题中。强调进一步加强对网络学院、独立学院、异地办学和专升本办学行为的规划和管理。2014 年在教育部和国家发展改革委关于下达 2014 年全国普通高等教育计划的通知中，提出严格普

---

① 李岚清：《加快高校后勤社会化改革 推动科教兴国战略的实施——在第三次全国高校后勤社会化改革工作会议上的讲话》，2001 年 12 月 8 日。

通高等教育招生资格和招生办学秩序管理，并明确"未经审批机关同意，高等学校不得以任何名义设立异地分校、办学点"。

2017 年起，教育部网站多次收到社会各界对异地办学的意见建议，教育部在网站上分别予以答复。教建议〔2017〕第 359 号教育部对第十二届全国人大五次会议第 1285 号建议回复：

> 中国已有的高校异地分校或校区办学，在促进地方经济社会和高等教育发展的同时，也存在着部分高校对各校区统筹定位不够、办学经费缺乏稳定充足的来源、缺乏高水平稳定师资队伍等问题，影响其办学质量水平和持续健康发展。同时，高校设立异地分校或校区，还涉及高等教育布局、教育质量和财政支撑能力等重大问题，必须加强顶层设计和统筹论证。

2018 年 3 月，教育部对十二届人大五次会议第 5440 号建议的回复，回答了关于推动清华大学、北京大学等高校在株洲设立分校或研发中心的问题。

> 高校跨地市州设立具有完整人才培养功能的异地校区（分校），属于高校异地办学。从近年来一些高校异地分校或校区的办学情况看，存在着一定的问题：一是部分高校对异地校区统筹定位不够，未能结合当地经济社会发展需要和学校整体发展规划进行学科定位和建设；二是异地校区办学成本较高，办学经费缺乏稳定充足的来源，影响其持续健康发展；三是异地办学普遍缺乏高水平稳定师资队伍，办学质量和水平难以保证。因此，我们对高校设立异地校区持审慎的态度，原则上不予支持。对于设立研发中心，建议积极对接清华大学、北京大学等高校，就相关合作事宜进行沟通和协商。

同年，教建议〔2018〕第 237 号教育部对十三届全国人大一次会议第 2726 号建议的回复，也体现了对异地办学的态度。

从 20 世纪 80 年代中国曾产生的一批异地分校或校区办学情况看，在促进地方经济社会发展和高等教育发展的同时，也存在着一些难以克服的深层次、根本性问题。由于校园资源、环境、氛围等难以复制，加上管理边际效应递减和高水平师资限制等因素，致使人才培养的质量和规格难以保证，因此教育部对高校异地办学一直持不鼓励、不支持的基本政策，原则上不审批新增高校异地办学。

2021 年 7 月 28 日，教育部印发《关于"十四五"时期高等学校设置工作的意见》，明确："从严控制高校异地办学，不鼓励、不支持高校跨省开展异地办学，特别是严控部委所属高校，中西部高校在东部地区跨省开展异地办学，原则上不审批设立跨省异地校区。高校异地校区本着平稳有序的原则逐步清理规范。"

高校异地办学需要教育部批准，教育部明确表示对于高校的异地办学采取不鼓励不支持的基本政策。在这种基本政策制度之下，全国 75 所教育部直属的高校中，41 所学校均建有异地办学机构。在政策制度环境不友好的情况下，异地办学有着广阔的市场前景。

此外，《高等教育法》等法律法规对异地办学没有明确规定，从国家层面到地方基本处于空白地带，法律政策体系不健全。华东师范大学研究院张端鸿等曾建议国家应及时启动《教育部直属高校异地办学管理办法》的制定，将高校异地办学的行为纳入法制化管理轨道。[1] 地方政府往往根据引进高校的具体情况一事一议，地方与高校之间的合作办学建立在中短期协议的基础之上，也未建立起良好的政策协同，异地办学在实践中难以找到政策资源支持，合作办学稳定性不足。

---

① 张端鸿等：《高校异地办学行为应纳入法治化轨道》，《中国科学报》2019 年 2 月 17 日第 4 版。

第二节　地方政府的制度环境

一　教育制度的资源分配缺位

2016 年 10 月，中共深圳市委、深圳市人民政府印发《关于加快高等教育发展的若干意见》的通知，从国家层面来讲，2015 年 10 月，《国务院关于印发统筹推进世界一流大学和一流学科建设总体方案的通知》。同年，《中共广东省委、广东省人民政府关于建设高水平大学的意见》印发。深圳市《关于加快高等教育发展的若干意见》是在国家《国务院关于印发统筹推进世界一流大学和一流学科建设总体方案的通知》与广东省《中共广东省委、广东省人民政府关于建设高水平大学的意见》的政策基础上，结合深圳市高等教育实际情况出台的。

从《中共广东省委、广东省人民政府关于建设高水平大学的意见》来看，此方案比《国务院关于印发统筹推进世界一流大学和一流学科建设总体方案的通知》还早出台 6 个月。《中共广东省委、广东省人民政府关于建设高水平大学的意见》在建设目标上提出：

> 力争到 2020 年，重点建设高等学校发展定位和目标更加明确，优势特色更加鲜明，综合实力明显上升，若干所高等学校跻身国内一流大学前列，建成一批国内外一流学科，在国际上有一定知名度和影响力，带动全省高等教育整体水平明显提高，成为引领创新驱动发展的战略高地，有力支撑我省经济社会发展。学科专业优势更加凸显，与我省经济社会发展深度融合，整体水平显著提升。建成一批国内一流、国际先进的优势学科创新平台，力争进入世界 ESI 前 1% 和教育部学科评估前 10% 的学科数量翻一番。①

---

① 《中国广东省委、广东省人民政府关于建设高水平大学的意见》，2015 年。

而从深圳市委、市政府印发的《关于加快高等教育发展的若干意见》看，从文本上对照国务院和广东省的方案意见，都有较为相似的痕迹。在目标上强调若干高校跻身全国一流大学和一流学科，一批学科全球领先，开放合作特色凸显，层次机构更加优化。对若干高校跻身一流和一批学科全球领先的描述更加具体。

> 到 2020 年，5—6 所高校纳入广东省高水平大学计划；到 2025 年，3—5 所高校综合排名进入全国前 50。到 2020 年，力争进入教育部学科评估前 10% 的学科达到 25 个以上，进入世界 ESI 排名前 1% 的学科达到 15 个以上；到 2025 年，进入教育部学科评估前 10% 的、世界 ESI 排名前 1% 的学科，分别达到 50 个和 30 个以上。①

从文本内容来看，内容并没有跑出《国务院关于印发统筹推进世界一流大学和一流学科建设总体方案的通知》和《中共广东省委、广东省人民政府关于建设高水平大学的意见》两个政策文本的范围，而是在国家和省一级层面的框架下，对深圳市高等教育的问题特别是高水平大学的建设提出了若干意见。

> 重点建设一批高水平大学。引进国内外著名高校来深圳市合作，重点建设本科层次以上万人规模高水平大学。引进的国内高校及其学科原则上应居全国综合排名前 10 名、学科排名前 5 名，国外合作高校应居世界综合排名前 100 名、学科排名前 20 名。充分发挥合作各方优势，创新体制机制，探索高水平大学建设新模式。②

---

① 《关于加快高等教育发展的若干意见》，2015 年。
② 《关于加快高等教育发展的若干意见》，2015 年。

当我们把政策看作文本时，每个人解读文本会有不同的观点和看法。文本背后也代表着不同利益和话语权的分配。英国学者汤普森界定："诠释学是一门学科，它的主要关注在于说明文本阐释的法则。"①

对于深圳市委、市政府《关于加快高等教育发展的若干意见》的第五点，政策文本首先明确了要重点建设一批高水平的大学，而这种高水平的大学分为两种层次，一是引进的国内著名高校，二是深圳市市属高校。对于国内著名高校，《关于加快高等教育发展的若干意见》的要求是重点建设本科层次以上的高水平大学，并且对引进高校的质量也进行了明确："引进的国内高校及其学科原则上应居全国综合排名前10名、学科排名前5名，国外合作高校应居世界综合排名前100名、学科排名前20名。"对于深圳市市属高校则在《关于加快高等教育发展的若干意见》文本中明确提出给予10亿元的专项经费资助。

此外，《关于加快高等教育发展的若干意见》特别指出对于纳入广东省的一流高职院校和纳入国家世界一流大学建设的高校，加大专项经费资助。《关于加快高等教育发展的若干意见》的第五点非常明确呈现了统一性的意见"推动高等教育发展，重点建设一批高水平大学"。深圳市目前高校14所，重点引进谁？支持谁？对哪些高校给予较高的价值权威性分配？在《关于加快高等教育发展的若干意见》的第五点，点名的两所深圳市市属高校是政策给予较大倾斜的，因为文本中明确提及了对"深圳大学、南方科技大学"给予10亿元的专项经费资助，而在深圳市的其他高校并没有享受重点投入的待遇。

针对《关于加快高等教育发展的若干意见》的第五点，结合深圳市高校的现实情况，笔者认为深圳市委、市政府在该政策文本中，对深圳市市属高校进行了重点价值权威性分配，同时对深圳市市属高校也进行了重点的办学资源倾斜，而对其他在深圳市办学的高校关注支持较少。

---

① Thompson，J. B. Introduction. In J. B. Thompson（Ed.）Paul Ricoeur，*Hermeneutics and Human Sciences*：*Essays on Lauguage*，*action and interpretation*，Cambridge University Press，1981，p. 36.

二　异地办学校区科研经费等配套政策缺失

吸引高层次人才一直是深圳市发展战略的重要举措，作为高层次人才聚集的高校，吸引和建设一支优秀的教师队伍也是学校发展的重中之重。深圳市相继出台了"孔雀计划"和针对高校新引进高端人才科研启动经费的政策。

上述高端人才科研经费启动政策，包含的资源对高校吸引优秀教师无疑起到了非常有效的作用。但是该政策资助的范围仅为深圳市市属普通本科高校，异地办学校区不在政策支持的范围内。同一个高等教育竞争环境之下，异地办学校区并未纳入科研启动经费的配套政策之中。

当然，对政策文本的阐释研究不能仅仅停留在探讨文字或话语的分析，而有必要把政策文本当作一种社会实践（social practice）来理解，因为作为一种记载着政府在特定时空所做的一种权威性价值分配的政策文本，它必然对社会现实及相关个人的存在产生深刻的影响，即政策文本蕴含着重要的社会、政治及权力的含义。① 深圳市出台的《关于加快高等教育发展的若干意见》与《关于安排市属普通本科高校新引进高端人才科研启动经费的通知》作为政策文本记载着深圳市政府在特定时空进行的权威性价值分配。从文本内容来看，背后隐藏的含义为：深圳市政府将大力发展高等教育，一是引进国内外知名高校。二是重点强化对市属高校的投入。其一强调的是深圳市高等教育的增量发展。其二强调的是深圳市对现有市属高等院校的资源侧重，而异地办学校区在此制度环境下得到的资源变得稀少，异地办学校区科研经费等配套政策缺失。

第三节　资源投入的多重性

通过对北京大学深圳研究生院办学历程和路径的梳理，我们可以看

---

① 曾荣光：《教育政策研究：议论批判的视域》，《北京大学教育评论》2007 年第 4 期。

出在异地办学校区的资源投入来源是多方的，这些资源主要来自于地方政府和校本部两个渠道。

一　校区教职人员的来源与管理

异地办学校区的教职人员早期由校本部派出，异地办学校区的主要管理人员来自校本部的管理层。以北京大学深圳研究生院为例，历任院长都是从北京大学校本部派遣而来，或全职或兼职担任院领导。早期的教师也主要依托校本部的各个院系指派到异地办学校区进行工作。这些院领导和早期的教职岗位的教师为校本部的事业编制，后期招聘的教师及其他行政管理人员、技术人员则主要从社会招聘，少部分拥有深圳市事业编制，大多数人员采用合同制形式进行管理。人员编制由于政策边界不清，人事关系复杂，给异地办学校区的人事资源管理造成了一定的困扰。

异地办学校区人事关系实质上是教职员与所在学校签订的劳动合同，而在教职员工与学校之间产生的法律关系。教职员工接受学校的管理，从事学校安排的工作，成为学校的成员，从学校享受相应的政治和经济待遇。在市场经济不断发育的条件下，劳动力管理市场化和劳动用工制度多样化。在北京大学深圳研究生院的人事关系中，呈现出"体制内"和"体制外"多种人事关系，导致"政出多门"和"百花齐放"的局面，人事关系复杂，教职员工在学术、薪酬等待遇上往往同岗不同权，在一定程度上侵害了部分教职员工的合法权益。因此，应规范人事关系，切实发展和谐的人事关系和协调机制，让广大教职员工实现体面工作，充分调动一切积极因素为异地办学校区发展服务。

二　启动经费与运行经费的来源

北京大学深圳研究生院的启动经费全部来源于深圳市政府，早在签约引进高校时，深圳市承诺提供全部硬件资源，创建深圳大学城，兴建校舍、教学大楼等。同时，按照深圳市人民政府的 175 号文件《关于印发清华大学深圳研究生院机构编制和办学投入暂行办法的通知》第八条：按照清华大学核定的年生均培养费标准，深圳市政府按照45.5%的比例进行财政补贴，实行生均差额拨款。2019年5月，深圳市政府常务会通过了北京大学深圳研究生院提交的申请全额生均拨款的报告，会议议定：

1. 原则同意从2019年起，由市财政按照市属高校生均拨款给予北京大学深圳研究生院生均拨款经费，拨付数额每年由财政局、市教育局根据纳入国家招生计划的全日制在校生人数核算后确定。

2. 原则同意2019年实行生均拨款，实行生均综合定额补贴超出的部分，从2019年初安排的高等教育办学经费中列支。

3. 请市教育局市财政局协调北京大学深圳研究生院积极争取北京大学的支持，按教育部对北京大学深圳研究生院全日制学生划拨的学生培养经费足额投入到北京大学深圳研究生院，进一步提高办学经费保障水平。

在北京大学深圳研究生院创建十八年之后，深圳市解决了全额拨款的问题。但受地方政府高端人才科研经费政策的制约，北京大学深圳研究生院科研经费资源依赖受到不同程度的影响。

三 校本部无形资产的投入

北京大学深圳研究生院在创建的过程中，大学本部除进行人员、学科等资源的投入外，还进行了无形资产的投入，主要包括北京大学的品牌投入。北京大学品牌无形资产巨大且不可再生。北京大学的品牌在创建异地办学的过程中，对于异地办学校区吸引工作人员，开展科研合作等，发挥着至关重要的作用。大学系统有自己的声望等级，处于最高声望等级的大学有着更大的吸引力。在大学体系中，北京大学是很多人公认的全国最高学府，处于大学系统的最顶端，在它下面的则是其他著名大学、地方性大学以及地区性大学。[①] 在这个声望体系中，北京大学声

---

① 郭建如：《声望、产权与管理：中国大学的校企之谜》，社会科学文献出版社2010年版，第335页。

望等级高，人们会认为在这个大学工作的老师会有更高的学术水平。

在访谈过程中，一位早期来北京大学深圳研究生院工作的韩老师认为，北京大学的品牌在创建北京大学深圳研究生院，特别是对于吸引老师愿意"低待遇"留校工作发挥着特别的作用。对外说"我是北京大学的老师"，对个人而言、对于获取项目而言，都是可以增值的。

> 韩老师：我们靠的就是北京大学这块牌，如果没有北京大学的支持，尤其是理科院校，你要想发展，考核的就是项目、文章、学生，学生质量现在在逐渐变好，刚开始的时候如果没有校本部的支持我就没有学生，我也没有招生资格。如果说在校本部受益大，你肯定觉得依托校本部比较好，但是校本部如果给你束缚制约，你又觉得还是独立好。但实际上仔细想想，如果没有北京大学这块牌子北京大学深圳研究生院算什么？全中国这么多高校，不就是北京大学、清华大学在第一梯队吗？就是因为国家的支持，人们的认可和名校情结。大家现在觉得北京大学深圳研究生院不错，大家愿意来很多时候还是看的是北京大学这块牌子。
>
> 问：这是无形资产？
>
> 韩老师：你应该知道，深圳大学城的待遇其实都是很差的。很多人有北京大学情结，如果你跟北京大学没有关系了，你对我有什么吸引力？没有什么吸引力了。很多人为什么来这里又跳走了？就是因为他跟北京大学没有感情，很多人留在北京大学，虽然待遇很差，因为有情结在里面，我跟北京大学有各种各样的渊源，留在这里，不管别人怎么看，但我自己感觉我是北京大学的老师，这种感觉是不一样的。但如果你跟北京大学一点关系都没有，我可能就要考虑了，你给我的待遇这么差，别的地方给我的待遇更好，他可能就走了，就是这样。但是如果北京大学深圳研究生院跟北京大学没有关系这个情怀就没有了，这就是一个完全新的学校，我在这里就要讨价还价，我就要考虑这些问题，在你这里我能得到什么，可能

更考虑个人的问题，就不会考虑整体的发展。①

无形资产的建设与使用没有政策可依，异地办学校区对校本部无形资产的资源依赖缺乏政策资源支持，对无形资产的资源依赖存在"走到哪里黑，就在哪里歇"的问题。

四　校本部学科资源的投入

异地办学校区资源依赖于外部环境，处在相应的环境之中，与外部环境紧密相连，形成相互依赖的网络。同时，去获取、吸收以及转化资源，异地办学校区需要向高校本部寻求政策支持，获得招生名额、学科发展、师资力量等发展的资源。此外，异地办学校区本身也需要有效的对内抓管理、强素质、聚人心，有强有力的领导去争取政策资源，推进学科建设。

早期北京大学深圳研究生院的学科资源通过合作办学战略研讨会进行明确，"根据北京大学建设一流大学的发展目标和深圳市经济、社会发展的需求，北京大学深圳研究生院暂定五个学院，并将北京大学国家重点实验室中与北京大学深圳研究生院学科发展密切相关的四个国家实验室在深圳市建立学科"。早期北京大学深圳研究生院的学科布局和建设，主要依托了校本部院系的力量帮助建设，是属于院系延伸特点明显的组织安排，其学科发展需要的配套资源基本来源于校本部院系。

第二阶段北京大学深圳研究生院的学科发展随着相应学院的建设和部分学院的改组及调整完善，每个学院都发展数个不同学科方向，在校本部框架内进行确认。目前北京大学深圳研究生院共有经济学、法学、理学、力学、工学、管理学 6 个学科门类，化学、地理学、社会学、生态学、建筑学、工商管理等 11 个一级学科，涉及 23 个专业方向。学科建设的背后是学位专业的评价认定，以及学生名额、师资资源、经费等

---

① 访谈韩老师，访谈编号 014，2017 年 11 月。

相应配套政策资源的支持。从北京大学深圳研究生院的发展我们可以看出，如果异地办学校区期望发展的学科与校本部的办学理念相左，异地办学校区的学科建设很难获得相应学科资源配套。

学科建设是异地办学校区发展的关键，其背后配套性资源的投入呈现多重性特征，校本部掌握其学科评价、学位审定和学生资源；异地办学校区自身通过全球化人才的招聘投入师资资源；地方政府投入经费支持等，投入的多重性意味投入资源的各方对异地办学校区的发展有一定的话语权。埃哈尔·费埃德伯格在《权力与规则》中指出：现实中的人类关系和社会交互作用是一个复杂的整体，始终存在潜在的不稳定性。协作关系的构建方式因组织和环境而异，造成了每个组织、每个集体行动必须予以解决关键性的问题。① 对于异地办学校区来说，组织需要发展，必须行动去解决关键性的问题。每个阶段组织面对的关键性问题并不一样，从校本部和地方政府获得的资源也各不相同，但每个阶段的异地办学组织也在寻求关键办学资源促进组织成长。

第四节　大学的组织特性与管理关系

异地办学校区的性质是高等教育办学单位，也有着一般大学的组织特性，即松散型的组织，异地办学校区的组成部分都有很强的独立性。此外，大学组织目标是多元的。根据高等教育发展规律，好的大学都经历了近百年的沉淀与发展，所取得的成绩并不是一蹴而就的。但政府则看重政绩，经济发达的深圳市更是倡导"时间就是金钱、效率就是生命"。在重视发展节奏的深圳市，异地办学尤其不易。当地政府和纳税人希望办学尽快出成绩出效果，如招生培养人数达到一定规模等。但异地办学校区不太可能在短期迅速崛起，而是遵循着高等教育发展的规律，需要一定的时间。以美国加州大学为例，从 1868 年成立至今，经

---

① 李友梅：《组织社会学与决策分析》，生活·读书·新知三联书店 2009 年版，第 6 页。

过了一个世纪的探索，不断解决冲突和磨合才使其异地办学从形成、摸索、成熟到发展为多校区集团，其加州大学伯克利分校、戴维斯分校成为众多学子的第一选择。

在异地办学校区与本部管理关系问题上存在错位。以北京大学深圳研究生院为例，该院在创办之初就是独立法人身份，院长也一般由校本部的副校长担任，副校长属于整个校领导班子的核心成员，在重大决策上有发言和投票权，在一些问题上能以副校长的身份去影响其他校领导和校本部其他院系和部门，也在一定程度上帮助异地办学校区解决了某些发展中的问题。

从这个层面来看，北京大学深圳研究生院是一个副校级的独立校区，其发展应该由校本部领导层进行决策。由于北京大学深圳研究生院涉及的关键问题如学科发展、招生名额、学位审核、职称评定等必须通过校本部的相关院系和部门，实际上沦为异地的二级学院，与最初的定位名不副实，体制未理顺。2012 年，北京大学深圳研究生院向北京大学请示《关于我院亟待解决的若干问题的意见》，其中第一条就是关于名称问题。

> 由于我院现在所设的七个学院逐步都已独立招生，如毕业证书中院系名称仍统称为"北京大学深圳研究生院"，不能准确体现学生所修专业所属的学术院系；另外我院作为研究生培养的管理机构，不宜作为院系出现在毕业证书中。如今正值 2012 届学生临近毕业，学生因上述问题在就业、公证等方面遇到许多阻碍，学生对此反映极为强烈。此问题实乃当务之急，请学校对此予以重视。

> 鉴于我院现在所设各学院在学校论证北京大学深圳研究生院建设方案时已经校长办公会讨论通过。为此我院希望，对我院下设各学院按照北京大学的院系对待，即在北京大学的单位编码中给予单独的院系编码；在名称设置上，北京大学深圳研究生院各学院均命名为"北京大学某某学院"，在日常行政、教学、科研管理上归属

于北京大学深圳研究生院。对新设学院我们将按照学校相关规定，按程序报学校审批。此外，北京大学深圳研究生院的学院不与本部和医学部的院系同名，本部和医学部新设院系也不与深圳校区的院系同名。

表面的名称问题其实更多反映的是管理问题，北京大学深圳研究生院的二级学院到底是校本部的二级学院还是二级学院下设的三级学院？北京大学深圳研究生院作为研究生培养的管理机构，应该为学部级别的管理主体，而不能等同于二级学院。体制不顺导致异地办学校区存在很多问题。如在财务上，由于两个法人单位，北京大学深圳研究生院不能作为北京大学的单位申报，因为钱在这种体系下"进不来"。

> 韩老师：以前我做的项目，那个项目的负责人是本部的老师，我是参加的，它会拨一部分经费直接给北京大学深圳研究生院，北京大学深圳研究生院花了以后把账报到本部去，这样就没问题了。现在一追究我们是两个法人，北京大学的钱拨给我们就是外拨，外拨不合法。
>
> 问：它不认你是北京大学的？
>
> 韩老师：对，它认为我们是两个单位，所以就存在着这个问题，当时我们跟他们去谈过，到科研处、财务处都去谈过这个问题。当时我那个项目结题的时候，正好我在那里，审计在那里审，我去给他们解释，反正那一次解释过去了。后面还有几个项目，一刀切，就是说你不能再拨了，所以我后面的几个项目是这样的，比如说这个钱分三期过来，可能过了一期、过了两期，第三期就过不来了。到现在为止，我再申报项目的时候就作为一个独立的单位，你也可以参加北京大学的，钱是来不了的。
>
> 问：不以北京大学名义，以北京大学深圳研究生院名义申报？
>
> 韩老师：对，好处是说我是一个独立的单位，不好的地方就

是，因为现在这种大项目都是十家八家参加，如果你在北京大学里面它可能就把你放进去了，如果你要是作为北京大学深圳研究院，相当于作为一个单位，它可能就得考虑，我们这几年所有的项目都是以北京大学深圳研究生院的名义去申报的，这是制度的问题，我们也不懂。①

同时，我们也可以从北京大学深圳研究生院的管理实践中看到，理事会作为异地办学主体三方决策和管理的平台，理应积极主动参与办学管理，履行理事会职责，在办学过程中行使决策、批评、建议和监督的权利，但在办学管理过程中，理事会往往是"不理事"或"少理事"，更没有结合异地办学的实际情况，制定异地办学校区发展战略规划、管理制度和实施细则，异地办学缺乏法律保障和相应的制度激励与约束。

由于办学初始没有对异地办学校区组织特性进行明确定位，导致管理关系不够清晰，进而影响研究项目等资源的争取。办学主体三方往往是"各吹各的号，各唱各的调"，在异地办学校区发展和管理中难以形成协力与合力。

第五节　大学的文化与当地的文化

高校组织不同于其他组织的重要特点之一，就是有着较为传统的民主精神和大学文化传统。创建于 1898 年的北京大学更是如此，作为百年名校，北京大学有着悠久的传统，特别是蔡元培先生就任北京大学校长后，实行"循思想自由原则，取兼容并包主义"的方针，影响深远。

五四运动的民主与科学精神发源于北京大学也扎根在北京大学。"思想自由、兼容并包""民主与科学"的理念与价值印在北京大学的骨子里，对组织的管理也产生着深远的影响。校领导对待有争议的事

---

① 访谈韩老师，访谈编号 014，2017 年 11 月。

情，往往是反复磋商，甚至无果而终。由于民主自由风气盛行，导致在管理过程中，对异地办学校区发展过程中遇到的问题人人都可以发表观点，伸张自己的主张，反复讨论，议而不决，影响到大学对异地办学校区的管理。北京大学深圳研究生院招生本科生和创建医学院的议题，自2009 年起北京大学深圳研究生院就一直向校本部请示报告，但至今未正式落地。

此外，异地办学校区发展好不好，也与异地办学校区领导的管理风格息息相关。大学与异地办学校区之间存在着感情的纽带，大学视异地办学校区为自己的孩子，这个孩子远离校本部，但这个孩子也不是大学本部唯一的孩子，他还有各个院系、中心等这些身边的孩子。校本部的各院系和部门有着天然的优势，比较容易解决发展过程中的问题。而异地办学校区发展中的问题，由于距离问题或者沟通问题，发展问题和管理问题并不能及时摆在校本部领导的面前，带来一定的滞后性。这种滞后性往往又带来"过了这个村，没了这个店"的后果。当然，校本部在处理异地办学校区问题的过程中，也会充分考虑本部各学院、中心的意见，由于各学院、中心可能与异地办学校区在某些发展方面存在竞争关系，全盘考虑校本部各学院、中心的发展也会影响到异地办学校区相关问题的解决。

深圳市是一座年轻的城市，具有包容开放、创新创业、无限多元、市场发育、充满活力的城市文化特点。深圳市政府更加重视效率和发展，希望各高校异地办学的方向与城市新兴发展的方向契合，重视产、学、研的科技转化，提倡创新创业，这些城市文化资源依赖因素也左右在深圳市异地办学校区的发展。

第六节　小结

就国家制度政策环境而言，对异地办学持不支持不鼓励的态度，"未经审批机关同意，高等学校不得以任何名义设立异地分校、办学点"。但这种不鼓励的大环境下蕴藏的是地方政府和高等学校合作办学的巨大市场需求。地方政府的政策资源是充分利用各方面的教育资源，发展当地高等教育事业，服务地方经济。同时，随着时间的推移，深圳市高等教育体系进一步完善，资源竞争更加激烈，地方政府的制度考量更加倾向于地方市属高校。

异地办学校区是高等教育办学单位，是建立在高校和地方政府签订的协议之上的特殊形态，有着一般大学的组织特性，国家和地方政府的政策资源环境深刻影响着异地办学校区，带来办学管理、人事关系、资源投入、学科建设等一系列问题，管理问题在办学过程中不断产生。

对于异地办学校区组织来说，由于办学活动具有群体性，它的资源投入是多元的，以地方政府和校本部的资源投入为主。当异地办学校区发展到一定阶段以后，自有资源变多，也进一步加大了对自身发展的投入。另外，异地办学校区本身也在不断调整转型，以适应外部政策资源环境的变化和影响，努力从各方面争取资源。适应政策资源环境，争取国家和地方政府的政策资源支持是异地办学校区一项长期的工作。同时，异地办学校区在办学发展过程中，文化影响也是多元的。大学文化和城市文化的差异也无时无刻不在塑造着异地办学校区。

第六章　主要结论与反思展望

北京大学深圳研究生院的发展变迁启示我们，资源依赖形成的交换体现的是一种互惠互利的契约关系，资源权力是同构的。在当前共生时代下，办学主体需要与各种合作资源融合，成为教育生态的共同体。资源环境直接影响异地办学校区的形塑，资源投入与取舍应当审慎选择时机与背景，适时调整利益格局和资源配置。按照资源依赖理论，许多教育资源无法自我满足，必须依靠更多的外部资源禀赋，推动组织成长发展。异地办学校区在谋求生存依赖外部资源的同时，也在不断自主行动寻找替代性资源，既有依赖也有自主。同时，还需要不断创造和发展更多优质的内部资源，优质的内部资源能带来更多与环境的互动，优质的内部资源具有更多的流动性，对异地办学校区的发展起到积极的推动作用。我们看到异地办学校区在母校和地方政府资源互动中呈现的组织环境图景，在依赖资源与自主发展的互动中，资源的互动能串联起各种异地办学角色，营造共同办学的生态环境，帮助办学主体寻找共同的价值契合点，在异地办学的立法和政策制定，纵向与横向上综合施策，逐步解决异地办学校区事权与人、财、物不匹配等问题上形成共振与认同，创造有利于异地办学校区不断健康发展的文化氛围。

第一节　异地办学阶段演变机制分析

一　办学主体资源投入变化与异地办学阶段的演变

北京大学深圳研究生院的诞生从而产生新的组织环境，三个办学阶段的组织演变，让我们看到不同资源投入对组织产生的影响和形塑。这种影响和形塑来源于不同的资源环境。资源环境不一样，异地办学组织的演变也不尽相同，一般而言，异地办学校区诞生于 20 世纪 90 年代末地方政府与高校双方的资源互换依赖关系之下，高校提供优质的高等教育资源，从而交换未来可供发展的空间资源。地方政府提供空间资源与财政资源，吸引高校在本地生根开花结果，换取属地化的高等教育资源。杰弗里·菲佛和杰勒尔德·R. 萨兰基克（Peffer and Salancik）认为环境包括对组织活动和成果有影响的世界上的任何事情。也许组织对环境做出反映的最大的影响力之一就是组织本身，组织环境不是既定的事实，他们是通过关注和解释的过程而形成的。通过部门或者职位的设置，组织会更加关注环境的一些方面。① 北京大学深圳研究生院办学三个阶段跌宕起伏的过程，彰显着办学主体三方背后资源的争取和放弃，尤其在北京大学品牌资源的利用上，办学主体三方的争取显得尤为激烈。北京大学与深圳市合作创办北京大学深圳研究生院勾勒出一幅异地办学组织的环境图，北京大学因为设置了这个组织机构，更加关心深圳市投入的资源，也愿意将资源投入到北京大学深圳研究生院。而对于北京大学深圳研究生院而言，在异地合作办学的环境之中，它需要得到校本部和深圳市的资源以促其成长发展。

在北京大学深圳研究生院发展的第一个阶段，北京大学提供的品牌资源和学术声誉，以及人力资本是促使北京大学深圳研究生院能落地发展的关键资源，尽管在第一阶段深圳市提供了支持学校建设发展的经费和用地，但是北京大学的资源支持促使了北京大学深圳研究生院的最初建立和发展，北京大学投入的人力资本、声誉、社会地位通过教学、科研和社会服务等活动转化成为学生培养、科研产出等。

在"校本部院系主导"的办学阶段，支持北京大学深圳研究生院正常开展教学的关键资源来自校本部院系，这些关键资源控制并形塑了

① ［美］杰弗里·菲佛、杰勒尔德·R. 萨兰基克：《组织的外部控制：对组织资源依赖的分析》，闫蕊译，东方出版社 2006 年版，第 15 页。

北京大学深圳研究生院早期的办学模式。校本部院系因为互惠资源而来，也因为环境变化当初的资源不再有吸引力而离开。对于北京大学深圳研究生院而言，早期开展的正常教学科研活动，离不开校本部院系提供的学科资源、师资资源和学生资源。这些资源的归属来自于校本部的院系。北京大学深圳研究生院之所以获得这些资源，一方面是北京大学战略层面的政治压力，更重要的是校本部院系早期对于空间资源和学生名额及经费资源的诉求，通过与北京大学深圳研究生院签订短期协议的方式实现互换互惠资源，短期协议维系的资源互换是不稳定的。我们可以从案例学校看出"校本部院系主导"的办学虽然在早期使得异地办学校区能迅速开展教学科研活动，但弊端也是明显的。当空间资源和经费资源已不是校本部院系需要交换的核心资源，甚至影响到校本部的正常办学时，短期协议维系的互惠关系破裂，校本部院系选择撤回相应的学科资源、教师资源等，迫使异地办学校区思考如何转型。

在"差异化发展"的办学阶段。异地办学校区体现了组织自身的选择能力，通过对依赖关系的了解设法寻找替代性资源，从而减少对校本部院系资源的"唯一性"依赖，进行组织变革，适应环境。北京大学深圳研究生院在此阶段通过向市场和地方政府寻求资源支持，全球招聘优秀师资，建立独立的行政管理团队，重点发展与校本部差异化的学科，逐步摆脱对校本部院系师资资源和学生名额资源的依赖，办学独立性增强。虽然在资源依赖理论中，杰弗里·菲佛和杰勒尔德·R.萨兰基克更强调环境和形势偶然性作为组织行为的决定因素，对于个人管理的行动全能信念提出质疑。但笔者认为，对市校合作产生的异地办学校区组织而言，战略性和管理能力卓越的领导非常重要，能在组织中发挥巨大作用。异地办学校区领导人威望高、战略管理能力强，能充分调动了各方面办学的积极性，争取大量的校本部和地方政府资源，促进异地办学校区取得长足发展。

北京大学深圳研究生院在第二阶段的发展虽获得很多外部资源，摆脱了校本部院系的资源依赖，但关键性的资源仍依赖于本部，包括学术评价、发展规模等。这些关键性的资源决定着北京大学深圳研究生院能否从有到优、从弱到强、实现持续健康发展。北京大学深圳研究生院属于独立事业法人单位，但实质上是北京大学管理框架下的办学组织。学术评价和学生名额资源对北京大学而言，属于稀缺资源，这些资源校本部不愿意下放，最重要的理由是北京大学品牌资源的重要性，必须打造好这个品牌。从这里我们也可以看出，对异地办学的高校来讲，他们担心不能很好地控制异地办学校区，影响母校品牌声誉，导致母校不能长期用品牌资源与其他社会组织换取自己所需资源。

在"独立徘徊发展"的办学阶段，面临其他高校激烈竞争的教育环境，北京大学深圳研究生院试图进行校区升格，但本科资源稀缺，校区升格难以落实。第三阶段，我们看到了北京大学深圳研究生院与深圳市政府对获取优质本科资源的渴求和校本部难以割舍、议而再议的复杂心情。

组织的生存和兴旺不仅仅是通过内部调整，而是通过关注环境的变化来理解组织。激烈竞争的外部环境，促使许多异地办学校区向升格独立换取更大的办学空间和财政资源方向上努力，以期获得更多的办学主动权。而地方政府也愿意用空间资源和财政资源换取一流的本科属地化发展。很多异地办学高校则难以下定决心用本科资源换取异地办学校区进一步的发展，主要担心异地办学校区的独立和脱离、本科培养质量以及高校的声誉问题。在这方面北京大学表现得尤为突出。北京大学深圳研究生院在第三阶段，争取资源权力主要集中在北京大学品牌的利用上。北京大学深圳研究生院和深圳市政府都希望将本科落地，北京大学深圳研究生院主要考虑自身发展，为了获取与深圳市市属高校同等的国民待遇和全额办学拨款。而北京大学则更多的是考虑品牌得失带来的后果。资源依赖理论很好地对这种权力资源动态的争取进行了诠释。

异地办学校区从诞生到发展，我们可以清晰地看到办学主体三方资源投入对异地办学校区办学模式的形塑，以及异地办学校区在不断地寻找替代性资源，减少对资源的唯一性依赖。异地办学校区的行动不是盲目的，在不同的发展阶段有着不同的特点，同时也产生了不一样的问题。有些资源依赖可以去寻找部分替代性资源，支持办学组织的发展。一旦触及校本部最核心的资源利益时，异地办学校区虽然渴望进一步突破，但并没有实质的权力，导致组织难以实现突破性发展。

二　办学主体之间：模糊的边界与脆弱的关系

北京大学深圳研究生院诞生于北京大学与深圳市政府的协议。这种协议性的组织和北京大学这种长期一体化的组织形态相比是不同的。同时，这种协议也不是短期的，不是属于"短租式"的办班协议。因此，北京大学深圳研究生院的归属具有模糊性。协议对其组织的定义是政府投入为主的公办性质的学校，同时也是北京大学在国内唯一一所以研究生教育为主的直属异地校区。深圳市政府对其投入硬件资源、经费资源，并给予一定的办学运行经费。虽定义为公办性质学校，但不完全隶属于深圳市政府。长期以来，北京大学深圳研究生院在深圳市政府和校本部之间徘徊，既有"婆婆"又有"妈妈"，北京大学深圳研究生院在归属模糊的边界上难以生存发展。

同时，北京大学深圳研究生院为了生存发展，动态地接受办学资源的引导，经常将自己的办学边界进行选择性的位移，构建"协商性的环境"。北京大学深圳研究生院在争取深圳市政府资源时，要求明确"全额拨款事业单位"性质，就是在深圳市政府构建的政策环境下，建立协商环境，要求与深圳市市属高校待遇相同。同样，在争取校本部资源时，希望通过明确校区定位获得资源投入，提出"既然学校负有统筹深圳研究生院师资的责任，同时北京大学深圳研究生院作为全额拨款事业单位，其全部编制均应为事业编制，不应该自设编制"。

虽然北京大学深圳研究生院诞生在契约关系之上，但契约本身只有"要约"没有"制约"，没有充分体现办学主体三方的责任、权利和义务，办学主体关系脆弱。

从全国异地办学高校来看，大多异地办学校区的组织形态介于长期协议和短期协议中间，既没有一体化组织的长期稳定性，也不像短期协议那样匆促，具有不稳定性。它既可能往长期稳定的一体化组织方向发展，也可能偏向短期协议组织的形态。而短期的协议组织形态，又会导致异地办学组织短期行为多，长期行为少，影响教职员工的职业稳定性和归属感，脆弱的协议关系，对异地办学组织的长期发展不利。

三　权力运行逻辑：依赖、控制与突破

资源依赖理论解释了资源的交换和环境的互动，更重要的是资源背后的权力运行。资源依赖理论强调了从环境的角度去理解组织的抉择，组织对外部环境产生依赖，而环境同样也会给组织提出要求，因此产生了组织的外部控制，而控制的本质就是权力。杰弗里·菲佛和杰勒尔德·R.萨兰基克（Peffer and Salancik）认为资源对于组织的发展具有重要性。重要性主要涉及三个方面，一是资源交换的相对数量，二是资源对于组织所起到的关键性作用，三是资源的稳定性。一个组织对另一个组织的依赖与对方能提供的资源成正比，对外部资源的依赖导致了潜在的服从，资源可替代性越少，依赖越强，权力的控制也越强。

从异地办学三方资源互动的角度勾勒一幅资源权力运行的逻辑图。异地办学的诞生，一般是由经济发达地区发出邀请，利用资金和土地，吸引知名高校来办学，高等教育的学术资源是经济发达城市所看重的。地方政府与高校合作均有资源的付出，但决定是否落地诞生出"异地办学校区"，高校掌握着更多的权力。权力的背后是学校的学术资源、品牌资源、教师资源等。排名越靠前的学校，权力越大，议价能力越强。

在异地办学校区发展过程中，异地办学校区早期始终处于弱势地位，异地办学校区的体系是脆弱的，需要校本部和地方政府共同的资源支持，而此时地方政府资源是较为恒定的，校本部院系由于投入学科资源、师资资源、学生名额等在异地办学的校区有较大的权力，在一定程度上控制并影响着异地办学校区的发展。早期异地办学校区出现的各种

问题大多是资源供给问题和发展问题，也会引起各方面的关注，带来舆论影响。异地办学校区自身也希望发展，发展权力随着校区的建设发展逐步增强。异地办学校区会不断地寻找替代性资源巩固和发展自身的权力，实行差异化和国际化的发展。但对于异地办学校区而言，权力的增长是试探性的，校本部不断地给予异地办学校区自主的权力，但仍需要保证一致的办学质量和水平，对于异地办学校区的权力也是控制的。

异地办学校区的资源环境随着时间的推移也在发生不断变化，在激烈竞争的高等教育办学大潮中，一般而言地方政府都会通过引进和发展更多类型的高校，形成属于自己的高等教育系统，通过更多财政资源和空间资源的竞争机制，吸引、调动着各类高等教育机构往地方政府希望的方向发展。由于充足的财政资源和寸土寸金的空间资源，地方政府的权力增大，议价能力上升。异地办学校区则希望通过升格校区，争取更多优质资源获得更多的办学自主权。但对异地办学的高校来讲，对于是否赋予异地办学校区更多的稀缺资源去交换财政和空间资源一般难以下定决心。究其原因，对于异地办学校区，校本部应该放权到哪一步未有定论和研究，权放多了怕异地办学校区独立跑了，权放少了异地办学校区资源不济又难以发展，一直处于比较纠结的状态，这也是大部分异地办学校区所面临的尴尬局面。

四　制度障碍：异地办学校区所需资源难以保障

在中国高校异地办学发展历史进程中，异地办学校区所需的资源在制度层面上难以保障。从国家顶层设计而言，教育部历来持审慎态度，并明确表示不赞成高校创办异地校区，原则上不予审批。

异地办学校区的诞生是建立在市校双方协议约定的基础之上，对于异地办学机构发展而言，需要市校双方的共同投入与认可。与校本部一体化的组织形态而言，异地办学校区需要融入大学本部，同时需要适应地方政治、经济、文化环境，与市属高校组织相比，更为复杂多元。这种建立在市校双方协议约定基础上的组织发展本身就是不稳固的、脆弱的。

在办学过程中，异地办学校区机构归属的模糊性影响地方政府长期稳定的投入，异地办学校区往往难以享受和本地高校相同的"市民待遇"，地方政府在政策制定和经费支持方面更多考虑市属高校，异地办学校区难以获得长期稳定和积极的制度支持。而远离校本部的办学也使得异地办学校区得到"母爱"更难，很多校本部制定执行的政策制度没有将异地办学校区纳入考虑的范畴，异地办学校区在校本部获取的资源有限且不稳定。

在这种"两边不靠"的制度体系下，异地办学校区所需的稳定资源难以得到保障，从上至下受到影响。北京大学深圳研究生院难以获得与深圳市市属高校相同的广东省高水平大学建设的经费资源，因机构归属问题不能参与相关经费的竞争与申请。同样也难以获得教育部拨给北京大学双一流建设的经费。学科建设体系也未完全纳入大学的管理与评估之中。北京大学深圳研究生院招聘的教师和行政管理人员在"两边不靠"的制度体系下，学术发展和职业发展受到限制。"两边不靠"的体制让异地办学校区难以通过稳定的制度体系获得相应资源。

五 关键性资源的缺失：影响组织行动的另一个视角

资源依赖理论主要强调了组织对于生存发展所需资源的依赖，以及不断寻找替代性资源的自主选择。这一视角主要是从组织自身基于生存发展的行动发展的理论关切。笔者发现，当组织在与环境的互动过程中面临关键性资源的缺失时，组织的行动是审慎的。笔者认为关键性资源是不可替代、难以再生的资源。并不是所有组织都拥有此种资源。当北京大学深圳研究生院在寻求升格的过程中期望获得北京大学本科资源以期得到深圳市政府进一步的经济资源和土地资源时，北京大学面临关键性资源本科交换的境地时，组织行动十分审慎，即使在备忘录中进行要约，依然影响了组织的行动决策。从深圳市政府的角度而言，土地资源是发展的关键性资源，在面临土地资源交换时，谈判是持久的，也影响组织与环境的互动和组织的行动决策。

第二节 异地办学校区"寻求长大"
与"难以长大"之谜

从北京大学深圳研究生院的案例关注异地办学校区的发展，我们可以看到异地办学校区作为组织而言，是具有主观能动性的。在面对外部环境变化和压力时，一直设法寻求替代性的资源，从而避免对环境资源唯一性的依赖。2014 年前后，众多高校涌入深圳市或新建异地办学校区，或在原来的办学基础上升格，也都体现了异地办学校区在不断寻求长大的过程。虽然到深圳市建立异地办学校区的高校数量急剧增加，但办学规模并不大，办学成效有待观察。

异地办学校区寻求长大是有内驱力的，只有办出特色、扩大规模才能获得更多的空间、经济等办学资源，掌握更多的办学话语权，才是有"美誉度"的校区，才能获得更多的社会赞誉。异地办学校区在属地不断发展能带来学术、人才、品牌资源，为地方经济社会发展服务，地方政府也愿意提供更多的资源促进异地办学校区长大。

但是什么因素让异地办学校区又难以长大呢？笔者认为市校双方要达成共识需要时间，同时异地办学校区属于大学本部又远离本部，属地在地方又不归属于地方政府全权管理，这种办学体制让双方在投入资源的时候，各有利益考虑。地方政府希望异地办学校区能开设本科，而校本部又难以放权，害怕异地办学校区不受控制脱离独立，也担心学校声誉受到影响。大学在乎的是对传统文化的维持和对声誉的爱惜，而地方政府则希望在较短的时间和较少的投入下，通过创办异地办学校区，快速推动地方经济社会发展，提升城市整体水平。

此外，市校双方主要领导频繁的更替对异地办学校区的定位产生深刻影响。一旦主要领导进行更换，需要时间磨合，造成发展机遇流失。同时，异地办学校区虽然想快速成长，但囿于自主造血能力弱，需要地方政府经济支持，在学科发展、学术评价等方面又依赖于校本部，诸多涉及异地办学校区发展的关键资源埋没在自己手中，以致想长大却难以长大。

第三节　政策建议

异地办学应用法治化的思维提升管理现代化水平，加快推进异地办学主体三方间在招生培养、学科建设、队伍建设、办学经费及硬件投入等方面的立法和政策制定工作，从纵向与横向上综合施策，逐步解决异地办学校区事权与人、财、物权不相匹配的问题。

一　国家层面：建立异地办学审核准入制度

在国家政策制度层面上，对于高校异地办学，限制办学的政策制度不能很好地满足社会对高等教育的需求，而应将"堵"的政策制度变为"疏"的政策制度，建立异地办学审核准入和评估制度。一方面为当地经济社会提供高等教育智力支持，另一方面切实保证异地办学的质量水平。克服"一管就死，一放就乱"的现象。由教育部建立审核准入与退出机制，设立准入与退出条件，对新建的异地办学校区，在建设标准和质量上进行分类评估，满足办学条件的给予准入，强化异地办学校区的内涵与质量建设。对于已建成的异地办学校区，应鼓励办出特色，保证办学质量，为地方经济社会和高等教育发展发挥作用。同时按一定周期进行评估，对不满足办学条件的异地办学校区，实行"关停并转"。发挥市场机制的作用，引导高等教育资源有序流动。

二　校本部：明确校区定位，理顺体制机制

（一）明确异地办学校区在大学发展的定位

就校本部而言，对于异地办学校区应明确校区的定位，协调资源投入，以创高等教育品牌、拓展空间资源与服务社会为己任。从异地办学

校区的发展而言，办学定位决定着办学方向，异地办学校区要持续稳定健康发展，需要明确办学定位并长期支持，大学本部在政策支持上不要左右摇摆，充分依托异地办学校区的区位优势、发挥品牌优势、凸显资源优势、转化差异优势，协调资源投入和明确与校本部相关学科、产业，要密切结合地方现代产业布局，推进学科深度交叉融合和科技创新应用，致力于培养具有国际视野、站在科技前沿的引领人才，回应国家、全球和人类社会的重大关切，为大学的双一流建设和高等教育改革发展提供价值增量。

（二）在保证办学质量的前提下逐步放权

对于大学本部而言，往往通过学位评定、学生名额、职称评价、学科设置等对异地办学校区实行管控，以确保其学生培养质量和保证大学声誉。但异地办学校区自身发展需要动力机制，特别是自身对于办学的主动权。大学本部应在保证办学质量的前提下逐步放权，激活异地办学校区内部动能，赋予其更多的自主权，在人才引进、学位评定、科研服务等方面释放授权力度，支持异地办学校区在高等教育领域不断创新改革。

（三）基于组织特性选定战略型领导者

资源和权力只有处于动态中才产生新的生命力。权力可以通过营运得到资源，资源也可以通过营运得到权力，二者相辅相成。基于异地办学组织管理特有的复杂性，要办好异地办学校区，需要选派战略型领导者，对异地办学校区进行统筹管理。异地办学校区在地理上远离本部，在业务上又与校本部息息相关，同时众多事务又属于地方政府管理，需要同时争取校本部和地方政府的资源支持。基于资源协调和行政管理的复杂性，异地办学校区需要能够统筹协调各方资源的战略型领导者，推动相关的制度设计和协调各方资源。这个领导者既能够在校本部有相当的行政管理地位，熟悉了解校本部各方面情况，又需要能与地方政府的领导平等对话，从而更好协调涉及异地办学校区主体三方资源，促进异地办学校区健康、持续发展。对于异地办学校区的历史问题，校本部应在深入调研的基础上，逐一消化解决。理顺与异地办学校区、与地方政府的关系，使异地办学校区与校本部和地方政府有效对接，为异地办学营造良好的发展环境。

三　地方政府：理顺管理机制，增加资源投入

（一）充分落实好国家政策

认真落实教育部印发的《关于"十四五"时期高等学校设置工作的意见》。按照资源依赖理论，异地办学面临着新的与以前不同的限制条件，面对环境的约束，异地办学应积极与政策环境互动，本着"平稳有序、逐步清理规范"的原则，一是统筹整合现有异地办学校区，进一步明确各类高校的定位与发展，合理规划高校功能，对异地办学实施优势资源互补与整合，变比较优势为竞争力更强的综合优势，实现一加一大于二的改革效果。通过整合，提升异地办学的综合实力，在整合发展中推动异地办学水平不断提高。二是在现有办学资源的基础上"自力更生"，充分统筹利用省内高等教育资源开展合作办学，在教育体制改革方面先行先试，充分落实高等学校办学自主权，加快创建一流大学和一流学科。发挥中外合作办学对异地办学教育体制机制改革"反哺"作用，支持异地办学强化产学研深度融合的创新优势，增强异地办学服务地方经济社会发展的能力。

（二）构建公平完善高水平的高等教育体系

公平主要体现在教育发展政策的制定和教育经费的投入之上，面对众多类型的高校，地方政府在政策和资金的支持上，应该一视同仁，不搞"内外有别"，凡是在地方政府办学的高校同等对待。不管市属高校还是市校合作高校，制定统一的财政拨款政策，在人才引进、科研平台建设、教学实验室建设、信息化建设等政策支持上一视同仁。完善主要指学生培养层次全流程的构建，要支持异地办学校区构建全流程的学生培养层次，让异地办学校区真正扎根深圳市创新发展。

高水平的高等教育体系一是聚焦国家战略目标，瞄准关键核心技术

特别是"卡脖子"的领域，加强关键学科建设，加快技术攻关和科技成果转化，推进产学研用一体化；二是面向深圳市经济社会发展特别是构建大湾区发展格局需求，必须加快推进"双一流"建设，优化学科结构，走"差异化、国际化"道路，加强创新型人才培养；三是立足深圳市协调发展，提升深圳市经济社会发展战略水平。

（三）充分利用双区建设契机争取更多教育自主权

《粤港澳大湾区发展规划纲要》与《关于支持深圳建设中国特色社会主义先行示范区的意见》指出教育发展引领城市的重要性。中央对深圳市高等教育提出了更高的要求——探索高等教育发展的中国模式，满足人民对高质量高等教育的迫切需求。深圳市的异地办学校区依托的母校均为中国顶尖高校，培养的人才比重多为硕士生和博士生（深圳大学城三院（校）博士生占深圳市高校博士生的85.3%，硕士生占比54.09%），培养层次和专业与深圳市高新技术产业和重点发展学科紧密相关，但研究生、博士生的比重较北京、上海等一线城市低（深圳市在校研究生只有北京的6%，上海的10%）。因此，深圳市应利用双区建设契机，一是向教育部争取更多的办学自主权，对在深圳市的高校赋予其教学、科研、社会服务、学生培养、学科发展等方面更多的自主权。二是统筹向教育部申请更多的带帽硕博名额，依托异地办学校区进行培养，这样既能利用一流大学的师资进行学生培养，又能发展壮大异地办学校区的规模。

（四）构建多重教育经费投入体系

一是深圳市可联合异地办学校区的母校向教育部申请办学经费和办学资源，获取更多的政策和经费支持;.制定针对异地办学经费支持的政策文件，加大对异地办学校区的专项经费支持，如专项支持人才引进、平台建设、重大科研攻关等，弥补异地办学校区办学经费不足的问题，更大程度上发挥异地办学校区的科研和人才力量；二是深圳市可联合社会力量共建高等教育发展的专项资金池，各高校根据深圳市需求提出项目申请，保证重点经费及时划拨；充分用好国家重点实验室的中央财政拨款优势，提升高校在产学研链条中享有的资源配置；三是鼓励异地办学校区开展灵活多样的资金筹措渠道，在政策范围内探索高校基金会创新运作模式，发挥社会力量在高等教育中的作用，引入深圳市企业参与联合办学，探索企业冠名权，引导鼓励更多的企业设立科研教育基金，构建多重的教育经费投入体系。

（五）协同国家实验室与异地办学校区共建合作

异地办学校区的发展可充分发挥推进国家实验室的协同作用。鹏城实验室已跻身为国家实验室，深圳湾实验室是国家实验室的预备队，两所实验室瞄准集成电路、脑科学、人工智能、生命信息、生物医药、医学工程等领域开展研究。国家实验室有来自中央财政拨款的优势以及多平台的协作优势，异地办学校区则具备跨学科专家、科研力量及高水平学生队伍，协同国家实验室与异地办学校区共建合作，充分利用双方优势，实现资源共享，帮助异地办学校区解决名额、经费等瓶颈性问题。

（六）统筹完善异地办学校区的空间布局

用动态发展的视角规划异地办学校区用地，考虑办学规模增长、校园文化活动增加等因素，合理适当超前布局异地办学校区空间；未来校区建设优先划拨现有校区临近用地，以实现集约发展；合理规划宿舍生活区、教学科研区以及公共用地，减少师生通勤压力，优化运营管理，提升资源利用率；对于规划新增用地，考虑适当简化转规、拆建等流程，以尽快落地投入使用，缩短过渡期，保证教学平稳有序；对于高水平科研团队、重点科研平台等优先保障办公空间与科研设备空间；保障完善高水平人才居住条件，加快博士后公寓建设等。

（七）推进市校职员队伍双向流动

实现异地办学校区干部队伍与深圳市干部组织体系的有效衔接，打通职业发展及干部交流的通道，建立与深圳市党政机关事业单位双向流动机制，推动干部在深圳市相关部门的挂职、轮岗等对外交流，并在政策上给予保障。此外，市校双方共享干部培训各类资源，加强对中层干部、中青年骨干各类培训，提高治校理教和推动科学发展的能力，提升干部专业化、职业化能力。

（八）对异地办学中的市校双方实施动态办学评估

市校合作双方定期对异地办学校区的建设进展、办学情况，以及政府资源配置、建设进展进行双边评估，建立一套符合异地办学校区办学规律、办学特点的绩效考核机制并由第三方进行评估。从深圳市办学的实际情况来看，建议每五年对异地办学校区的办学绩效进行一次评估，根据评估结果动态调整下一周期的资源投入政策，并给予适当奖励补贴。评估的目的在于及时掌握和全面了解异地校区的办学情况，有利于从全市角度优化高等教育资源配置，统筹布局全市高等教育发展方向。从异地办学校区来看，双方动态绩效评估对办学虽有目标绩效压力，但有助于政府资源配套、校区用地、场地建设的推进落实，根据明确的考核和奖励标准，异地办学校区可以在评估周期内有灵活调整的空间和办学动力。

四　异地办学组织：调动内部资源，促进校区发展

从资源依赖理论的视角出发，资源依赖克服或替代是摆脱资源依赖的重要途径，在资源权利管理活动中组织体制的不断变革，战略或定位、理念的不断调整，根据需要招募新的老师和储备人才等等，这些都有助于克服资源依赖作用，实现从资源依赖中进行自我突围。异地办学校区在起步阶段可以说是一穷二白，没有什么自有资源，随着办学实践的推移，异地办学校区的资源在沉淀，也在不断强化。但在相当长的一段时间内，由于关键资源掌握在他人手中，异地办学校区没有重要的筹码，用于与校本部、与地方政府进行资源交换与合作，常常处于弱势从属地位，看人脸色办事、办事难等情况经常发生。要突破这种困局，异地办学校区应善于应对组织环境，适应文化结构差异，移植校本部学术文化，寻找适合生长的土壤，努力创造资源权力并消费资源。

（一）完善治理模式，强化基础扩展规模

异地办学校区要推进深圳市、校本部的资源供给机制适应办学发展，理顺学校与异地办学校区、异地办学校区与下属二级学院、学术与行政、基础研究与应用研究等内部关系；进一步加强与深圳市的紧密对接，积极探索适应异地办学校区发展的治理机构，运用更加规范的运行管理和更具活力的激励机制，形成内在驱动—制度激励的内部治理模式。大型组织对于它们的环境拥有更多的权力和杠杆手段，它们拥有更强大的力量对抗变化的直接压力，拥有更多的时间认识并适应外部的威胁。异地办学校区作为高等教育组织形式的一种，要更好地发展与面对环境的变化，需善用政策机遇，强化发展基础，扩展校区规模，形成办学特色与规模效应。

（二）抓发展机遇，推动体制机制创新

中共中央《国务院关于支持深圳市建设中国特色社会主义先行示范区的意见》明确指出："提升教育医疗事业发展水平，支持深圳市在教育体制改革方面先行先试，支持深圳市强化产学研深度融合的创新优势，以深圳市为主阵地建设综合性国家科学中心，在粤港澳大湾区国际科技创新中心建设中发挥关键作用。"在政策机遇面前，异地办学校区应主动落实国家建设世界一流大学或一流学科的战略布置，选择世界顶尖水平并引领深圳市及粤港澳大湾区发展的新型重点学科，构建围绕信息科技、生物医药、绿色生态、城市规划、先进材料、金融管理、跨国法律、人文社科的学科体系，为深圳市及粤港澳大湾区与国家发展战略提供强有力人才和学术支撑，建设成为世界一流、引领中国异地办学高等教育发展的新型校区。弘扬改革开放精神，推动体制机制创新，争取更多办学自主权，释放建设动能，形成人才培养、科学研究、社会服务、文化创新和国际化发展的"先行示范"经验。

（三）厘清学科方向，服务湾区社会发展

充分发挥本部学科优势，在现有学术积淀、学科布局的基础上，扎实走好差异化发展之路，集中力量发展特色、重点学科；对所在城市的教育发展方向与支持政策有充分理解把握，既要发挥一校之长，又要避免"抢热度""扎堆发展"。加强学科国际评估，建立符合异地办学校区特色的学科评估体系；加强与本部相关学科的"共建"与合作，做到互补发展、共同提高。

立足"双区建设"，主动对接国家战略，聚焦信息科技、生物医学、环境能源等关键领域，建设世界一流的前沿交叉学科；创新科技视角，建立"议题驱动式"交叉学科科研体系；打造"产学研用金"大协同创新模式，创造协同效应，在构建本部学科特色的创新体系及协同共生的学术生态体系建设过程中发挥校区效能。

（四）推动校际联动，共享教学科研资源

深圳市异地办学发展的二十年里，深圳大学城中的北京大学深圳研究生院、清华大学深圳国际研究生院和哈尔滨工业大学（深圳）在转型升级过程中，学生规模在不断扩大，生师比不断提高，这意味着每名教师需要面对更多的学生，承担更多的教育任务，难以专注提升教学科研质量。而新建的中山大学·深圳等由于建校时间短，教学科研等起步也存在困难。在此情况下，建议强化校际联动，探索共享教育资源，充分利用在线教育方式，一是将学校本部课程特别是公共课和部分专业课、学术讲座等资源共享给深圳校区，二是探索在深圳市发展的高校建立校际共享课程的学分互认机制，优先在大学城三校试验开展，解决课程资源不足和提高课程质量问题。此外，重大科研设备也可探索建立共享机制，提高使用效率，共享科研设备资源。

（五）加强侨联机制，积极对外拓展资源

建立侨联机制，控制或协调自己其他形式上独立的实体有关的行动。① 赛尔兹尼克最早指出通过共同决策加强组织与环境的关联。异地办学校区的发展离不开所在城市与校本部的支持，但不能完全"等、靠、要"政策资源，也需要联动相关外部力量，参与办学机构的组织决策。对于异地办学校区来说，共同决策的方式包括董事会的建立，邀请地方政府相关部门的官员担任异地办学组织的董事会成员，从而加强

---

① ［美］W. 查理斯·斯科特、杰拉尔德·F. 戴维斯：《组织理论：理性、自然与开放系统的视角》，高俊山译，中国人民大学出版社 2011 年版，第 22 页。

与环境的关联。同样，异地办学校区的各部门经常邀请校本部相关院系的领导及老师前来指导工作，或进入相关专业板块的咨询机构也是主动建立与环境联系的策略之一。异地办学校区可积极引进国际教育创新资源，加强与世界一流高校的合作交流，开展高水平的国际教育，建设具有世界顶尖水平并服务粤港澳大湾区发展的人才培养体系。

（六）理解多元诉求，调动师生办学热情

根据发展定位，制定人才引进计划；积极拓展外部资源，引进重点领域的学科带头人；加大对优秀青年教师的支持和培养力度，解决人才发展的后顾之忧；建立健全科学合理的考核评价体系，进一步完善教师薪酬体系，为教师创造良好的发展软环境；加强教学质量评估体系建设，为高水平人才培养提供坚实保障。大力推动干部备案工作，加强干部在校地之间的流动；建立职员人事体系，明确职业发展路径，完善轮岗机制；完善职员薪酬体系，做到稳定可预期、发展可持续，充分调动队伍积极性。打通意见建议反馈渠道，沟通交流机制下沉，听取师生有关学校发展、校园生活等多方面意见，加强"主人公意识"，调动师生办学热情。

（七）强化文化育人，营造办学发展氛围

明确自身定位，发挥优势特点，融合大学精神与城市地域特色，突出中国特色社会主义先行示范区与粤港澳大湾区的时代背景，打造既有本部文化传统，又有所在城市特色的创新融合的新型校园文化。开设与改革开放、经济特区建设、双区建设相关的异地办学校区特色思政课程，讲好深圳市中国特色社会主义发展故事，提升异地办学校区学生的家国情怀，强化时代赋予新青年的责任使命。开设面向留学生的中国文化相关课程，促进跨文化交流融合，提升国际化校区的多元文化氛围；打造丰富的异地办学校区校园文化生活，加强师生的归属感。在宣传上突出时代特色与地域特色，营造干事创业的氛围，打造异地办学校区的教育品牌，提升校区的国际影响力。

第四节 创新、反思与展望

一 本书的主要创新

本书以异地办学校区案例为观察对象，对十八年来在办学主体三方的资源给予和互动下的办学阶段展开深入剖析，希望通过异地办学校区办学的演变，了解异地办学主体三方（即地方政府、校本部和异地办学校区）互动的轨迹，以及从资源依赖的角度关注办学主体三方互动下对异地办学校区的形塑过程。希望通过异地办学的案例去推及中国异地办学面临的现实问题，加深对此类高等教育组织形式的理解。异地办学作为一种新型的高等教育组织模式，为大学使命和功能的拓展和地方经济社会发展作出了一定贡献，解决了在一定阶段高校和地方政府在高等教育大众化过程中面临的问题。但这种组织出现时间较短，研究者较少，深入细致地对这种组织进行探讨，有助于促进异地办学校区组织的不断完善，从而推动国家科教兴国战略目标的实现。本书的创新主要体现在理论拓展、知识增进、实践改进三个方面。

首先，本书将理论与实践紧密结合，有效拓展了资源依赖理论的实践检验范围。对于中国的异地办学现象，学界研究不深入，能有效引入理论深层探讨的文章极少。本书将资源依赖理论引入并关注到高等教育领域中一个较为特殊的组织形态上，对研究对象、研究问题背后的逻辑进行了详细梳理，加深了对这类组织问题的深入理解。资源依赖理论在解释组织行为中一般关注经济型组织，对于高等教育类型的组织关注较少。本书在新的组织研究中对于该理论的适用性进行了有效解释，拓展了资源依赖理论对于高等教育领域组织的实践检验范围，提升了对异地办学校区组织行为和办学模式演变的解释能力。

其次，本书关注到了异地办学校区背后办学主体三方的互动和资源赋予的过程，分析了异地办学校区十八年发展过程中组织形态和办学阶段的演变，揭示了异地办学校区涉及办学主体三方的互动关系和异地办学校区自身的成长路径，并通过理论深入阐述了异地办学校区变迁背后的逻辑，对于大学异地办学组织领域的知识增进作出了一定贡献，让高等教育领域的研究者和实践者从一个特定视角对异地办学组织有更深入的了解。

最后，本书通过对具体案例的探讨，有助于为同类组织形态的发展提供有益的借鉴。异地办学校区发展的背后是高等教育资源是否应该在异地开展和如何有效在异地发展的问题。高等学校和地方政府有共同的利益诉求和不同的办学动机，在合作进行异地办学的过程中，高等学校与地方政府应如何进行制度化的建设、如何达到共赢合作，又会共同面对怎样的问题是发展此类组织需要关注的。本书通过对具体案例的分析和探索有助于学界、业界与政府界充分了解此类高校办学组织，从实践出发，经理论检视与提炼，又反哺至现实，并为其发展提供有益的借鉴。

二 反思与展望

笔者在研究过程中，一直努力在理论与现实中穿梭，尽量做到用理论的视角照亮现实的路途，同时让现实经得起理论的检视，能与理论进行对话。尽管笔者在研究的案例校区工作了近十年的时间，获得大量的基础资料，对于案例校区的发展脉络有深刻的了解，但囿于笔者的理论功底和时间精力等各方面因素，研究仍有局限。

首先，对案例选取与推广的反思。本文选取的案例研究对象为本人工作的异地办学校区，至今发展有十八年的历史，属于国内顶级的研究型高校与经济发达城市合作办学的典型。在研究过程中，笔者的研究视野虽在横纵向上都有一定拓展，如横向上涉及国内外相关办学校区，纵向上触及国内异地办学的发展路径，但研究主要的学术旨趣和研究重心放在对案例校区的深入分析之上。同时，囿于案例校区的办学主体的性质与地位，本书的结论很难大规模的推广与应用，具有一定局限性。

其次，对于资料收集与分析的反思。本书主要关注的是异地办学校区三方办学主体的资源投入和互动情况，所以本书主要从办学主体三方中收集相关资料。这些资料的历史跨度较长，资料繁多，虽然笔者已尽量对所有收集的资料进行了归整和分析，但对于最终的资料运用与选取笔者仍有遗憾，囿于篇幅和精力笔者难以更全面的分析。此外，来自办学主体三方的资料占比各不相同，特别是大学本部高层研讨会上对于异地办学讨论的会议纪要和决策难以获取，以致研究中呈现的分量不尽一致，对于办学主体三方互动的过程和解释不够深刻。

再次，对于研究者身份的反思。由于研究者在案例校区进行管理工作近十年，对案例校区的办学历程和发展情况比较了解，且能较好地获得全面的资料，并能直接参与观察。但较之"局外人"，研究者本身沉浸在研究场域中，带有感情色彩，可能对研究的客观性与可靠性产生威胁。同时，本书中的众多访谈对象多为决策管理人员、教授，与研究者身份有一定差距，在具体访谈中，很难完全做到平等对话，对于部分访谈，研究者有先入为主的观念，这对研究资料的客观真实性产生一定影响。

最后，对于理论视野的反思。本书选取了资源依赖理论的视角关照现实的问题。囿于研究者的学术底蕴和理论视野，在本书中只选取了一个视角进行分析与解释。但具体的现实问题是纷繁复杂的，一个视角只能看到现实问题的一角，虽然研究者通过资源依赖理论对于研究问题和现象进行了较为合理的解释，但也造成了一定局限，忽视了从其他理论角度看待现实问题的方向。

本书虽从具体案例出发，以资源依赖理论的角度对异地办学校区的办学进行了历史脉络的分析和阐述，取得了初步的研究成果，但基于研究者的反思，未来将对关注的现实问题做更深入和长远的研究分析。

从一个案例到多个案例的拓展，勾画中国异地办学校区的发展图景。目前研究者主要聚焦具体的异地办学校区的一个案例进行分析，未来可以应用推及到在深圳市进行异地合作办学的其他校区，如清华大学深圳国际研究生院、哈尔滨工业大学（深圳）等，关注这些学校办学模式形塑的过程是否与案例校区一致。此外，延展到中国其他地区的异地办学校区的研究分析中去，从一个异地办学的案例到多个案例去分析这类型高等教育组织的组织形态、行为和形塑轨迹，勾画中国高等教育领域中异地办学校区组织的发展图景。

从资源依赖到多种理论视角的发展，用更宽的理论视野解释异地办学校区现实问题。异地办学校区面临和凸显的问题复杂多样，虽然研究者用资源依赖理论的视角解释了这类组织办学模式的变迁过程，并进行了深入分析。但研究者认为，有更多的力量作用于这类组织形态变迁之上，如政治的逻辑、制度的逻辑等，因为研究者视野和研究篇幅的局限，未在本书中探讨其他视角的可能性，未来可以用更宽的理论视野去分析异地办学校区的形塑过程和办学问题，以达到对此类组织研究的全面性。

参考文献

中文著作

陈列：《市场经济与高等教育——一个世界性的难题》，人民教育出版社 1996 年版。

程良龙：《中外合作办学历史、政策与现状》，北京交通大学出版社 2014 年版。

费孝通：《江村经济》，江苏人民出版社 1986 年版。

郭建如：《声望、产权与管理：中国大学的校企之谜》，社会科学文献出版社 2010 年版。

梁北汉：《国际性城市与高等教育》，海天出版社 2002 年版。

林金辉、廖菁菁：《中外合作办学与高等教育改革》，厦门大学出版社 2018 年版。

刘世定：《占有、认知与人际关系——对中国乡村制度变迁的经济社会学分析》，华夏出版社 2003 年版。

潘懋元：《理论自觉与实践建构：高等教育的历史、现实与未来》，北京师范大学出版社 2014 年版。

沈清华：《商界军校：北大汇丰商学院创业史》，中信出版社 2012 年版。

王思斌：《社会学教程》，北京大学出版社 2003 年版。

许庆豫、葛学敏：《国别高等教育制度研究》，中国矿业大学出版社 2004 年版。

宣勇：《大学组织结构》，高等教育出版社 2004 年版。

阎凤桥：《大学组织与治理》，同心出版社 2006 年版。

阎光才：《识读大学：组织文化的视角》，教育科学出版社 2002 年版。

于显洋：《组织社会学》，中国人民大学出版社 2001 年版。

张兴：《高等教育办学主体多元化研究》，上海教育出版社 2003 年版。

章琰：《大学技术转移——界面移动与模式选择》，北京大学出版社
　　2008 年版。

周雪光：《组织社会学十讲》，社会科学文献出版社 2010 年版。

朱国云：《组织理论：历史与流派》，南京大学出版社 1997 年版。

祝爱武：《责任与限度：高等教育办学主体研究》，教育科学出版社
　　2014 年版。

中译著作

［德］马克斯·舍勒：《知识社会学问题》，艾彦译，华夏出版社 2000
　　年版。

［法］爱弥尔·涂尔干：《教育思想的演进》，李康译，商务印书馆
　　2016 年版。

［加］加奈特·简：《激流中的高等教育：国际化变革与发展》，北京大
　　学出版社 2011 年版。

［美］W. 查理斯·斯科特、杰拉尔德·F. 戴维斯：《组织理论：理性、
　　自然与开放系统的视角》，高俊山译，中国人民大学出版社 2011
　　年版。

［美］伯顿·克拉克：《高等教育新论——多学科的研究》，王承旭等
　　译，浙江教育出版社 2001 年版。

［美］伯顿·克拉克：《建立创业型大学：组织上转型的途径》，王承旭
　　译，人民教育出版社 2003 年版。

［美］杰弗里·菲佛、杰勒尔德·R. 萨兰基克：《组织的外部控制：对
　　组织资源依赖的分析》，闫蕊译，东方出版社 2006 年版。

［美］凯勒:《大学战略与规划》,中国海洋大学出版社 2005 年版。

［美］克拉克·克尔:《大学的功用》,陈学飞等译,江西教育出版社 1993 年版。

［美］李·G. 鲍曼、特伦斯·E. 迪尔:《组织重构——艺术、选择及领导》,桑强等译,高杰英等校,高等教育出版社,2005 年 11 月版。

［美］丽贝卡·S. 洛文温:《创建冷战大学:斯坦福大学的转型》,叶赋桂等译,清华大学出版社 2007 年版。

［美］罗伯特·K. 殷:《案例研究方法的应用》,周海涛等译,重庆大学出版社 2017 年版。

［美］罗伯特·伯恩鲍姆:《大学运行模式》,别敦荣译,中国海洋大学出版社 2003 年版。

［美］若雷、谢尔曼:《从战略到变革:高校战略规划实施》,周艳、赵炬明译,青岛大学出版社 2005 年版。

［美］史蒂文·瓦戈:《社会变迁》(第五版),王晓黎等译,北京大学出版社 2007 年版。

［美］托马斯·酷恩:《科学革命的结构》(第四版),金吾伦、胡新和译,北京大学出版社 2012 年版。

［美］詹姆斯·G. 马奇:《决策是如何产生的》,机械工业出版社 2013 年版。

［美］詹姆斯·S. 科尔曼:《社会理论的基础》,邓方译,社会科学文献出版社 2008 年版。

［英］D. S. 皮尤:《组织理论精粹》,彭和平等译,中国人民大学出版社 1990 年版。

中文论文

陈芳:《高校多校区管理模式的探讨》,《教育教学论坛》2012 年第 29 期。

陈运超:《略论多校区大学管理的实践研究——兼论美国多校园大学系

统与中国多校区大学的管理》，《清华大学教育研究》2002 年第 4 期。

崔东方：《对当前高校布局结构性调整的理性思考》，《郑州纺织工业学院学报》1999 年第 10 期增刊。

崔秋灏等：《高校异地办学的利弊及建议》，《吉林教育科学》（高教研究版）2001 年第 2 期。

戴庆洲：《对高校异地办学建立教学质量监控体系的探讨》，《江苏高教》2000 年第 5 期。

杜燕锋：《美国高校海外分校：历程、现状与趋势》，《外国教育研究》2016 年第 4 期。

郭建如：《高校体制改革过程的社会学分析》，《高教探索》2001 年第 3 期。

韩明英：《浅谈高校异地合作办学模式下学生管理工作——以广西财经学院防城港校区为例》，《科技风》2015 年第 1 期。

孔垂谦：《制度环境与大学组织的现代性——制度环境变迁与中国现代大学的曲折发展》，《清华大学教育研究》2004 年第 2 期。

孔环等：《多校区异地办学师资队伍建设的实践与研究》，《理工高教研究》2010 年第 2 期。

蓝汉林等：《中外多校区大学管理的比较研究》，《高教探索》2005 年第 4 期。

李舟：《广东省高校异地办学现状调查与初探》，《高校教育研究》2009 年第 1 期。

林英杰等：《高校新校区建制与校园文化移植》，《中国大学教学》2003 年第 2 期。

马迎贤：《资源依赖理论的发展和贡献评析》，《甘肃社会科学》2005 年第 1 期。

马迎贤：《组织间关系：资源依赖视角的研究综述》，《管理论坛》2005 年第 2 期。

孟祥林：《高等学校多校区办学的国外实践与我国的发展选择》，《华北电力大学学报》（社会科学版）2009 年第 4 期。

彭永宏等：《美国多校区大学管理模式对我国高校管理模式的启示》，《惠州学院学报》（社会科学版）2010 年第 1 期。

钱勤元：《关于高校异地合作办学的几个问题》，《东南大学学报》（哲学社会科学版）2000 年第 4 期。

唐安阳等：《重点高校异地办学共建管理体制问题探析》，《高校教育管理》2010 年第 2 期。

汪小布等：《重点高校异地办学的三种模式分析》，《教育学术月刊》2012 年第 10 期。

王国均：《美国多校区大学研究及其启示》，《比较教育研究》2002 年第 2 期。

王璞：《美国大学海外分校全球扩张历史和战略研究》，《比较教育研究》2017 年第 1 期。

王旭东：《论地方高校社会服务职能的拓展》，《中国高教研究》2007 年第 8 期。

谢广宽等：《美国加州大学多校区系统的发展及其总分校关系的演变》，《高等教育管理》2013 年第 5 期。

邢志杰：《中国大学异地办学的发展与问题研究》，《现代大学教育》2005 年第 3 期。

许长青：《新时期我国高等教育办学主体多元化若干问题探析》，《清华大学教育研究》2004 年第 1 期。

许建飞：《高校与地方政府合作办学的探索与实践——张家港校区发展的思考》，《江苏科技大学学报》（社会科学版）2010 年第 2 期。

阎小培等：《对"中山大学—珠海"办学模式的理性思考》，《中国发展》2002 年第 3 期。

张明星等：《种群生态理论研究文献综述》，《华东经济管理》2006 年第 11 期。

张瑞芳：《全球海外分校的内涵、历史发展及其影响研究》，《世界教育信息》2017 年第 21 期。

外文文献

Anthony Giddens, *The Constitution of Society*: *Outline of the Theory of Structuration*, Cambridge: Polity Press, 1984.

Cinebell, S., & Shadwick, G., "The Importance of Organizational Context on Employees' Attitudes: An Examination of Working in Main Offices Versus Branch Offices", *Journal of Leadership and Organizational Studies*, Vol. 12, No. 2, 2005.

Giddens, Anthony and Christopher Pierson, *Conversations with Anthony Giddens*: *Making Sense of Modernity*, Stanford University Press, 1988a.

Jeff Hoyt and Scott Howell, "Why Students Choose the Branch Campus of a Large University", *The Journal of Continuing Higher Education*, 06 Jul 2012.

John W. Meyer and Rowan Brian, "Institutionalied Organizations: Formal Structure as Myth and Ceremony" *American Journal of Sociology*, Vol. 83, No. 2, 1977.

Michael T. Hannan and Glenn R. Carroll, eds., *Dynamics of Organiza Tional Populations—Density, Legitimation, and Competition*, Oxford: Oxford University Press, 1992.

Nickerson, M., & Schaefer, S. "Autonomy and anonymity: Characteristics of Branch Campus Faculty", *Metropolitan Universities*: *An International Forum*, Vol. 12, No. 2, 2001.

Nigel Healey, "University of Nottingham. Managing International Branch Campuses: What Do We Know?", *Higher Education Quarterly*, Vol. 69, No. 4, 2015.

Pfeffer, Jeffrey and Salancik, Gerald R, *The External Control of Organizations*: *A Resource Dependence Perspective*, California: Standford University

Press，2003.

Robert Birgeneau，George Breslauer，Judson King，John Wilton，and Frank Yeary，"Modernizing Governance at The University of California：A Proposal that the Regents Create and Delegate Some Responsibilities to Campus Boards" *Research & Occasional Paper Series*：*CSHE*，Vol. 4，No. 12，June 2012.

致　　谢

　　本书自 2018 年下半年起，几近四载，翻阅中外文献，访谈相关人员五十余次，五易其稿，用美国学者杰弗里·菲佛和杰勒尔德·R. 萨兰基克提出的资源依赖理论（resource dependence theory）寻找剖析异地办学组织运行和发展的机制，勾勒同类组织发展的基本形式，试图揭开中国高等教育异地办学的神秘面纱。

　　本书的研究从理论视角关注异地办学组织的变迁，在理论与现实中来回穿梭，对我来说是一种艰苦而幸福的研究过程，在此过程中，我收获了众多的关心与指导，在该书即将付梓问世之际，我谨向所有关心支持本书编写的朋友们致以衷心的谢忱。

　　在研究的生涯里，我庆幸遇到了一位好导师，我感激郭建如教授为我打开了一扇新的学术大门，让我从教育管理研究领域的"门外汉"，开始学会用学术理论的视角看待生活工作中的问题。郭建如教授强调要从现实工作生活中寻找问题，扎根实际去探寻逻辑与真理，他对学术严谨的态度、睿智的思想深刻影响着我，我享受着每一次探讨学术问题的快乐，那是一种对于问题新发现、新认识的愉悦之情。在研究期间，我常常感觉掉进了一个黑洞，感到困惑和无助，找不到问题解决的出口，但郭建如教授的提点和指导总能让我获得新的灵感，使我能不断拓展精进。

　　在北京大学教育学院，我还遇到了很多优秀的老师，他们学术造诣深厚，让我充分感受到教育学者的魅力。阎凤桥、陈洪捷、鲍威、林小英、郭文革、杨钋、刘云杉、哈巍、贾积有老师等都曾关心并指导过我的研究，促使我不断加深对研究问题的思考。

在本书的研究与成稿的过程中，海闻、陈十一、许建领、栾胜基、白志强、张锦、谭文长、杨震、王汝志、李贵才教授，史守旭、张永宏、牛宏伟、安晓朋等从事教育管理的领导老师们，他们毫不保留地对我的工作与研究给予指导和帮助，使我不断理解与领悟教育组织的转型和对教育管理的认识。陈素婷、杨宁、郝丹、马世妹、王军、韩知非、陈真真、游艺、陈平等同学也一直鼓励支持着我的研究，在我困顿迷茫时用真挚的友情温暖我。感谢我的师兄张凌老师，与我不断深入探讨，给予我很多切实的帮助。疫情期间，我和师兄每隔两天带着自己的研究书稿在校门口互换，看完对方的文章后互相交流探讨，这些思想的碰撞最终转化为研究的文字，得以与读者见面。

在本书的撰写过程中，我得到了北京大学相关院系、北京大学深圳研究生院、深圳职业技术学院和深圳市教育部门的大力支持，数位北京大学的领导与教授、北京大学深圳研究生院创院的老师以及历任深圳市教育部门的领导为我的研究提供了一手资料，并在百忙之中抽时间与我交流异地合作办学的心得。由于学术匿名保护的考虑，我没有办法一一列举他们的真实姓名，但每一位访谈者敞开真心的话语和从不同角度给予本研究的讨论，使我受益良多、感激不尽。

在本书付梓之际，我要特别感谢家人给予我的默默付出和关心支持，为我追求学术理想分担生活的重担。没有他们的支持与付出，我可能做不出这些成绩。我要特别感谢亲爱的母亲王茂金，三十四年来母亲为我倾注了太多的爱与心血，直至我有了自己的孩子，才能设身处地的感受为母的艰辛，是她无私地包容与支持，让我心无旁骛做好自己的研究。

我还要特别感谢我的一双小小的儿女王润岩和燕语岩，兄妹俩彼此的友爱和无邪的笑容融化了我研究写作过程中的不安与焦虑，他们给了我不断学习和成长的动力，我希望自己能成为他们心中不断奋发向上、正能量满满的母亲。我更希望用本书感谢和告慰在天堂的奶奶王克凤，她是一名中学语文老师，在她八十年的人生旅途中，一直"马不停蹄"地学习和生活，这种向前走不畏艰难的精神一直激励鞭策着我，我深深怀念她。

本书的出版得到了中国社会科学出版社的大力支持，责任编辑赵丽老师为本书的编辑出版付出了大量心血。本书在写作过程中参阅了学术同仁的研究成果，在此一并致以诚挚的感谢。

由于本人能力有限，书中难免出现错漏之处，诚请专家同仁与广大读者不吝赐教。

燕　山

2022 年 8 月 27 日